新文科背景下
公共管理类专业建设研究

李增田　薛立强　主编

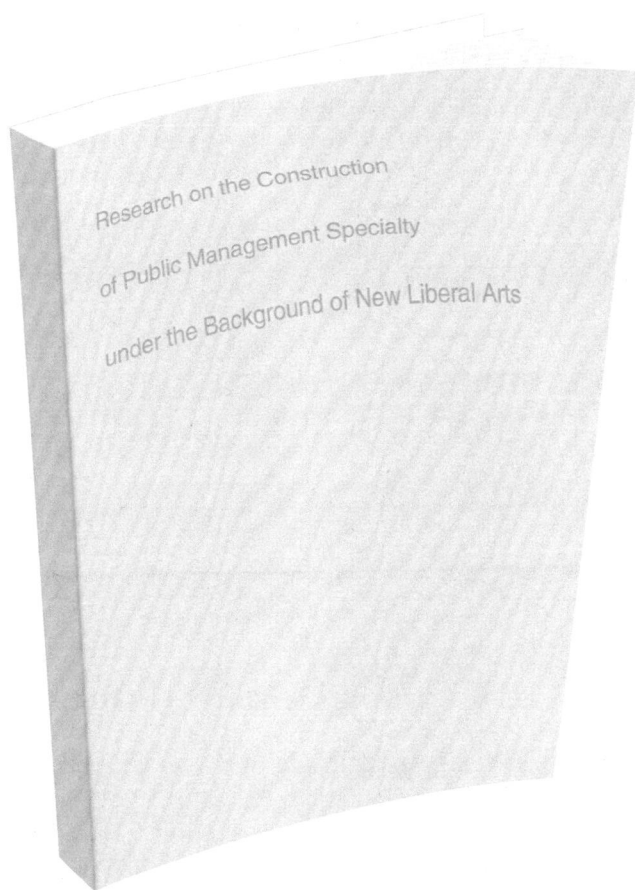

Research on the Construction

of Public Management Specialty

under the Background of New Liberal Arts

天津出版传媒集团

天津人民出版社

图书在版编目(ＣＩＰ)数据

新文科背景下公共管理类专业建设研究 / 李增田,
薛立强主编. -- 天津 : 天津人民出版社, 2022.10
ISBN 978-7-201-18871-3

Ⅰ.①新… Ⅱ.①李… ②薛… Ⅲ.①高等学校—公
共管理—学科建设—文集 Ⅳ.①D035-53

中国版本图书馆 CIP 数据核字(2022)第 191310 号

新文科背景下公共管理类专业建设研究
XINWENKE BEIJING XIA GONGGONG GUANLI LEI ZHUANYE JIANSHE YANJIU

出　　版	天津人民出版社	
出 版 人	刘　庆	
地　　址	天津市和平区西康路35号康岳大厦	
邮政编码	300051	
邮购电话	(022)23332469	
电子信箱	reader@tjrmcbs.com	

责任编辑	郑　玥
特约编辑	王　倩
装帧设计	汤　磊

印　　刷	北京虎彩文化传播有限公司
经　　销	新华书店
开　　本	710毫米×1000毫米　1/16
印　　张	15.5
插　　页	2
字　　数	200千字
版次印次	2022年10月第1版　2022年10月第1次印刷
定　　价	69.00元

前　言

　　2017 年，党的十九大从新时代坚持和发展中国特色社会主义思想的战略高度，作出了优先发展教育事业、加快教育现代化、建设教育强国的战略部署，针对高等教育提出，"加强一流大学和一流学科建设，实现高等教育的内涵式发展"。随后中央召开全国教育大会，对加快推进教育现代化、建设教育强国，进一步进行了总体部署和战略设计，并于 2019 年初颁布了《中国教育现代化 2035》和《加快推进教育现代化实施方案（2018—2022 年）》，对推进教育现代化、建设教育强国的具体步骤和举措进行了战略规划和系统设计。

　　为深入贯彻落实党的十九大和全国教育大会精神，全面落实《中国教育现代化 2035》和《加快推进教育现代化实施方案（2018—2022 年）》，扎实推进高等教育内涵式发展，教育部于 2018 年 9 月 17 日印发了《关于加快建设高水平本科教育　全面提高人才培养能力的意见》（简称"新时代高教四十条"），其中提出把大力推进一流专业建设和实施"六卓越一拔尖"计划 2.0 作为加快建设高水平本科教育全面提高人才培养能力的重要举措和途径。2019 年 4 月 9 日，教育部发布《关于实施一流本科专业建设"双万计划"的通知》，正式启动一流本科专业建设"双万计划"，决定从 2019 年到 2021 年，用三年时间建设一万个左右国家级一流本科专业点和一万个左右省级一流本科专业点。2019 年 4 月 29 日，教育部、中央政法委、科技部等 13 部门在天津大学联合启动"六卓越一拔尖"计划 2.0，全面启动"四新"（即新工科、新医科、新农科、新文科）建设，提高高校服务经济社会发展的能力。由此，如何开展新文科建设和一流本科专业建设成为各高校的重要探索。

近年来，天津商业大学公共管理学院秉持"以人为本，开拓创新，突出特色，追求卓越"的办学理念，紧紧围绕"提高人才培养质量"这一根本任务，以教育部开展的"本科教学工程"为抓手，通过政策引导、制度创新和加大经费投入等措施，积极推进教育教学改革，先后在专业建设、课程建设、教学团队建设、教学方式方法改革、人才培养模式创新等方面取得了不少成绩，形成了一些标志性成果，有力地促进了学院人才培养质量的提升。但从另一方面来说，无论是与其他高校的同行相比，还是与本校兄弟学院相比，我们在教育教学改革方面取得的成绩还是极为有限的，还存在着不小的差距。基于这一认识，在全国高校着力开展一流本科专业建设和"四新"建设的大背景下，我们于2021年5月组织全院老师、其他学院、职能部门的部分教师和行政人员，召开了一次以"新文科建设语境下的公共管理类一流本科建设"教学研讨会，这部论文集就是参会教师呈现于这次研讨会的论文。就主题和内容而言，这些论文既有涉及人才培养模式的、课程建设和教学过程、教学方式方法改革创新的，也有涉及基层教学组织建设和教学管理研究的，还有涉及学生思想政治工作的，研究内容广泛，基本涵盖了教学研究的各个方面，而且体现了较高的学术水准和应用价值。这些成果不仅是老师们不断探索、实践教育教学的改革，特别是与新文科建设和本科一流专业建设有关的经验总结，也是老师们多年倾心于教育教学工作的真实写照。我们相信，将这些经验总结持续地落实于我们的教学实践中，并在落实中不断完善，必将对我们推进新文科建设和深化开展一流本科专业建设具有重要的推动作用。

编　者

2022 年 5 月 1 日

目　录

第一部分

人才培养模式创新

地方本科院校公共事业管理专业
应用型人才培养模式研究
——以天津商业大学为例

廖青虎　刘迎良

一、引言

伴随着我国经济转型期的发展,一方面,社会对高层次应用型人才的需求越来越多,另一方面,高等教育尤其是地方普通本科院校在办学过程中同质化现象越来越严重。早在 2015 年,国家教育部发布《关于引导部分地方普通本科高校向应用型转变的指导意见》,提出促进各地方普通高校向应用型本科发展。2018 年 9 月,习近平在全国教育大会上发表重要讲话,提出培养更多高质量应用型、技术型、创新型人才,更好地服务地方经济发展。2020年,《国家十四五规划纲要》明确提出"建设高质量教育体系",培养应用型本科人才,服务地方经济的发展。

进入"十四五"时期,地方本科院校的人才培养模式创新与转型发展,成为一个亟待解决的问题。公共事业管理专业自 1998 年进入教育部本科人才培养目录之后,为国家的公共卫生、公共环境、城乡事业等发展培育了大量的专业人才,尤其是在新冠肺炎疫情防控期间,公共事业管理培养的公共卫生、社会工作者等在基层疫情防控中发挥了重要作用。但是近些年,地方本科院校的公共事业管理专业在人才培养方面同质化现象越来越严重,很多本科院校公共事业管理专业的人才培养逐渐失去了自己的特色,其主要原因有二:一是没有立足地方经济社会的发展需求,不能实事求是,从实际出发培养人才。二是守旧思想严重,不能紧跟时代步伐,动态调整人才培养体系。进入"十四五"时期,公共事业管理应立足社会需要,准确定位,培养"适销对路"的应用型人才,为地方经济的转型升级提供人才保障。

天津商业大学公共事业管理专业已有 20 年的发展历程。2021 年,为适应国家基层治理体系和治理能力现代化建设、天津市智慧平安社区建设的需求,公共事业管理专业重新凝练专业方向为社区建设与治理,相应的,公共事业管理专业的人才培养模式也应进行调整和创新。基于此,本文以天津商业大学公共事业管理专业为研究对象,根据"十四五"期间公共事业管理专业(社区建设与治理方向)建设需求,提出其人才培养的创新模式,并拟在教学实践过程中实施。

二、文献述评

近二十年,针对公共事业管理专业的人才培养方向、人才培养模式的研究,已经有不少学者进行了较深入的探讨,并取得一定的研究成果。

在公共事业管理专业本科招生之初,郑文范、孙萍等设想了公共事业管理专业的人才培养方式,他们支持公共事业管理专业进行不同学科的跨交流培养,不同学位之间的兼顾共同培养,不同学校之间的合作培养等。[1]后来确实有些学校按照做这种人才培养模式进行了实践,例如:暨南大学、北京师范大学公共事业管理的跨学科、跨学位培养等。宣勇、何作井将公共事业管理专业的人才培养目标定位为复合型人才培养,他们对公共事业管理的学制模式进行了研究,探讨了不同于传统四年的学制模式——"2.5+1.5"的复合型本专业人才培养计划。[2]官爱兰(2006)以为公共事业管理的人才培养,应解决培养"什么样的人"的问题,她探讨了高校、社会和政府部门"三位一体"人才培养模式,[3]这种人才培养模式也确实得到了各个高校的支持和落实,很多

① 参见郑文范、孙萍、马立晓:《论公共事业管理专业人才的联合培养方式》,《中国高教研究》,2000 年第 4 期。
② 参见宣勇、何作井:《"2.5+1.5"复合型公共事业管理人才培养模式的实践与探索》,《中国行政管理》,2002 年第 5 期。
③ 参见官爱兰:《公共事业管理本科专业建设探讨》,《华东交通大学学报》,2006 年第 1 期。

高校的公共事业管理专业人才开始大规模建设校外教学基地、实践基地,甚至有些学校直接将社会从业人员请入高校课堂。颜军等(2008)指明公共管理事业专业不是基础理论教育专业,应该适应人才市场需要,培养"就业主导型"的人才。①潘成彪(2010)从专业定位、人才培养目标、师资建设、学生就业方向四个角度分析了公共事业管理专业发展过程中出现的不足之处,并从这四个关键角度分析讨论未来专业人才多元化培养的建设构思。②何云峰、冯敏星、郭晓丽从高等教育立德树人任务角度出发,强调公共事业管理专业培养模式的重点方向应该偏向培养人的能力。③李天兵、赵鹏程重视高校人才培养中的"核心能力",其提倡各高校公共事业管理专业要不同提炼学科特色,凝聚专业方向,以不断提升人才培养中的核心能力,从而构建了基于"核心能力建设"的培养模式。④赵翠翠(2017)从师资与学生培养两个主体结合的家督,提出了以胜任力理论为基础,提出了"师资+学生"的公共事业管理专业人才培养模式,强调了师资建设在公共事业管理专业中的重要性。⑤近两年,孙钦荣等学者开始聚焦于公共事业管理专业的专业特色凝练,突出专业特色在人才培养中的作用。⑥

文献综述表明,学者们从不同角度探讨了公共事业管理专业的人才培养模式,并在指引公共事业管理专业人才培养实践方面发挥了重要作用,这为新时代我国公共事业管理专业的发展奠定了重要的理论基础。然而,目前我国公共事业管理人才培养模式的研究还存在如下问题:首先,没有将学科

---

① 参见颜军、陈家长、庞甲光、张亚峰:《以就业为导向的公共事业管理专业建设与改革——以成都理工大学为例》,《经济师》,2008 年第 8 期。

② 参见潘成彪:《公共事业管理专业人才培养模式——基于多元化结构与动态平衡的思考》,《今日科苑》,2010 年第 6 期。

③ 参见何云峰、冯敏星、郭晓丽:《公共事业管理专业人才能力体系构建及教改路向选择——基于能力本位理念的启示》,《中国农业教育》,2012 年第 3 期。

④ 参见李天兵、赵鹏程:《公共事业管理专业人才培养模式研究——基于核心能力建设》,《南昌教育学院报》,2017 年第 3 期。

⑤ 参见赵翠翠:《地方高校公共事业管理专业人才培养模式的构建——基于胜任力理论的思考》,《白城师范学院学报》,2017 年第 12 期。

⑥ 参见孙钦荣、苗贵松:《公共事业管理专业产教融合式人才培养实践论——以 C 高校为例》,《常州工学院学报》,2021 年第 1 期。

竞赛和理论学术研究放入专业人才培育计划中。近几年,本科生创新创业大赛、"互联网+"创业大赛等兴起,在本科生教育中的重要性越来越重要,但是目前还没有学者将学科竞赛纳入公共事业管理专业人才培养模式中。其次,公共事业管理专业本科生参与公共管理案例大赛等理论学术研究的积极性越来越高,但是还没有学者将其纳入公共事业管理的人才培养模式研究中。基于此,本文结合天津商业大学公共事业管理专业人才培养的实践,拟将学科竞赛、学术理论研究纳入人才培养模式中,并在实践中实施。

三、"四位一体"人才培养新模式的构建

自成立之初,天津商业大学公共事业管理专业根据自身的师资,结合天津经济社会发展的需求,将人才培养方向定位于"管理秘书",并培养了大量的政府事业单位秘书、商务秘书等人才。近几年,天津商业大学公共事业管理专业不断践行将"以学生为本"的人才培养理念,并适时将人才培养方向定位于"社区建设与治理",不断致力于提升学生的就业水平和就业质量。通过对该专业的师生进行调研并与时俱进,"十四五"期间,公共事业管理专业将构建"课岗赛研"四要素融合的新型人才培养模式。具体内容如下。

(一)加强课程建设,夯实人才培养基础

课程建设是高等教育人才培养的基础,创新公共事业管理专业的人才培养模式,必须还要不断加强课程建设,夯实公共事业管理专业的人才培养基础,具体可从三个方面入手:

首先,不断丰富课程内容,重构课程体系,使得课程内容体现商科特色。天津商业大学公共事业管理专业在制定培养方案的过程中,不仅考虑到了学校作为地方院校的实际情况,还融入了许多有专业特色的课程,如智慧城市管理学、智慧社区建设、智慧社区建设与治理、电子政务及物业管理等,最终使得课程更加体现专业的特色性及其与其他专业的差异性。

其次,加强课堂教学效果,夯实学生的理论基础。天津商业大学公共事业管理专业在学校的带领下,拟构建一个涵盖"校—院—专业"的三级教学

督导体系。在学校和学院两级教学督导基础上,本专业在期中教学检查、期末教学检查和日常教学中,系主任和副主任,要时刻关注教学效果情况,监督、辅助专业课程教学,做到了对各方的全面覆盖。在条件具备的情况下,在每个周三的教学研讨中,对于部分课程实施了集中备课和研讨,使课堂教学质量得到最大限度的提升。

最后,注重学生实践能力的培养,强化学生专业素养。公共事业管理专业不断拓展经费来源,增加校外实践基地,提升学生们的实践能力培养。一方面,从学校的专业建设经费和学生的实习经费中抽取一部分资金进行实践基地的建设投入,增加实习实践课程的开设数量,让学生将书本上学到的智慧社区建设、智慧城市管理等专业知识在实习实践中得以运用,最终调动了学生学习的积极性。

(二)重视岗位体验,提高人才培养的针对性

顶岗实习在各政府事业单位、国有大中型企业和世界 500 强企业的新员工培训学习中得到了普遍的应用,在提高新员工的岗位胜任能力中发挥了重要作用。本专业在"十四五"期间,拟将顶岗实习模式,引入人才培养中。

首先,推动暑假顶岗实习的实施与完善。通过以往的调查和研究发现。我校公共事业管理专业的学生对实习课程比较感兴趣,比较倾向于利用暑假时间进行实习实践,为了增强本专业同学对工作岗位的熟悉程度。我们根据"十四五"期间的公共事业管理专业拟实行暑期顶岗见习制度,利用大三的暑假期间,对本专业的学生进行了为期半个月的实习实践,实习的单位就是在本专业的校外实习基地,其中有和平区民政局、红桥区和南开区部分社区等单位。为了使本专业的学生进一步熟悉自己即将要奔赴的岗位,我校通常会在每年的 4~5 月份,积极地联系与学校密切合作的用人企业,做好充分准备,请他们积极配合学校对公共事业管理专业的学生进行暑期顶岗见习活动,还将一些适合本校学生实习的企业作为将来的实践基地,不仅有利于后续工作的顺利进行,还可以继续推动学校和企业间更长久的合作。

其次,完善毕业实习环节的指导。为了使本学校毕业生顺利就业,学校严格按照毕业实习环节相关管理制度,完善实习基地搭建,不断努力推动建

设一批适合学生顶岗实习的基地。根据学生实习实践过程当中的反馈情况和问题,提出有效的解决办法,为了应对突发事件的产生,还要搭建规范的快速处理应急预案,保障学生实习环节能够顺利进行,为学生更好的就业铺平道路。

(三)以竞赛促进学习,提升人才培养的实效性

大学生创新创业大赛、中国"互联网+"大学生创新创业大赛等赛事引起了本专业本科生的极大关注,并积极报名参加。在"十四五"期间,本专业拟将学科竞赛纳入本科生人才培养模式中,以学科竞赛促进学生学习,提升人才培养的实际效果。

首先,积极举办各种与公共事业管理相关的知识答题大赛。相比较一些重视实践和操作的理工科来说,公共事业管理这一专业所涉及的专业基础知识是比较多的,包括应用写作、行政管理知识、礼仪实训等。对于学校所开设的该专业核心课程来说这又是需要学生必须掌握的,对于这一类知识如果仅仅依靠背诵可能比较枯燥单调,因此可以通过举办一些知识竞赛,例如每年举行的公共管理素养大赛等,使同学们在参与比赛的同时对专业知识有个深刻的记忆,提高学生在公共事业管理专业知识方面的素养。

其次,有效组织各种类型的专业技能大赛。在举办专业技能大赛时要以专业特色为基础,考察学生们对专业知识的运用能力,从而有助于增强学生实际解决问题的能力。现在很多院校开展的相对较好的技能大赛,包括像公共管理实务竞赛、以专业理论为基石并运用理论来解决问题的竞赛等。

最后,有效鼓励学生去参加各个层级的学科知识竞赛。对于公共事业管理来说,大学生创新创业大赛、中国"互联网+"大学生创新创业大赛和"挑战杯"是相对来说规模比较大的竞赛。在"十四五"期间,本专业拟积极鼓励学生去参加申报该类大赛,同时在学生遇到案例编写困难或者知识储备不足等问题时,院校老师应积极对学生进行指导帮助,化解竞赛过程中所遇到的难题。此外,还应该对学生进行奖励,不论是物质奖励还是精神奖励都应该涉及,这样可以在本专业内形成良好的氛围,推进专业的进一步发展。

（四）强化研究性学习，增强人才培养的创新性与开拓性

公共管理案例大赛在培养学生的理论研究能力、创新能力方面具有重要的作用，本专业拟将强化学生的研究性学习纳入人才培养模式中，具体可从以下三个方面入手：

首先，强化公共事业管理专业导师制。导师制是公共事业管理专业的人才培养亮点，已经具有多年的实践经验，并在人才培养过程中发挥了重要作用，学生在大类选专业以后，就跟随导师学习，在专业学习、考研、就业等方面都得到了老师们的指导。在"十四五"期间，本专业将继续完善"导师制"，通过学生与老师双选的方式，促进导师制的持续推进和完善。

其次，鼓励学生积极加入老师的课题研究组。依据公共事业管理专业的导师制，让公共事业管理专业的本科生更早的能够接收到老师的专业指导，组建成由专业指导老师带领的本科生学术团队，积极主动地参与老师的课题研究组中，形成良好的学术研究氛围。

最后，指导学生参加天津市公共管理专业大赛研究项目。由专业老师指导学生进行课题申报，通过对项目的实践调研，丰富学生实践经验，提升学生的学术水平，同时为打算考研的学生奠定学术基础，争取每个学生都能一战成硕，进而提高公共管理专业的学术威信力。

四、结束语

现阶段，地方普通本科院校在办学过程中同质化现象越来越严重，这已经无法满足现代社会对高层次应用型人才的多样化需求。公共事业管理专业是一个应用性比较强的专业，但在本科人才培养的过程中，由于没有充分考虑地方经济社会发展的需求，也没有适应时代发展，很多本科院校公共事业管理专业的人才培养逐渐失去了自己的特色。进入"十四五"时期，公共事业管理应立足社会需要，准确定位，培养"适销对路"的应用型人才，为地方经济的转型升级提供人才保障。本文以天津商业大学公共事业管理专业为例，探讨其应用型人才的培养模式。为适应国家基层治理体系和治理能力现

代化建设、天津市智慧平安社区建设的需求,天津商业大学公共事业管理专业重新凝练专业方向为社区建设与治理,从课程建设、顶岗实习、学科竞赛、理论创新四个方面,提出了"十四五"期间的"课岗赛研""四位一体"人才培养创新模式,具体包括:加强课程建设,夯实人才培养基础;重视岗位体验,提高人才培养的针对性;以竞赛促进学习,提升人才培养的实效性;强化研究性学习,增强人才培养的创新性与开拓性,并拟将该"四位一体"人才培养创新模式在"十四五"教学实践过程中予以实施。

作者简介:廖青虎,男,管理学博士,天津商业大学公共管理学院副教授。
　　　　　　刘迎良,男,管理学硕士,天津商业大学公共管理学院讲师。

高校开展地方特色文化教育的价值与实践

——以天津为例

王瑞文　邹鑫如　王迎新

中国教育已经进入现代化建设的新阶段，高等教育要主动适应新时代经济社会发展的需要，牢牢把握新时代人才培养的方向要求，培养德智体美劳全面发展的社会主义建设者和接班人。高校不仅承担着人才培养、科学研究、社会服务等多重任务，还受其所在地域影响，承担着服务地方科技经济、传承地方特色文化的重要任务，高校需要对人才培养模式进行探索与革新，尤其是将文化育人、实践育人融入高校教育改革中，不断提高高校对国家和地方服务的水平与贡献程度。习近平在党的十九大报告中指出："文化自信是一个国家、一个民族发展中更基本、更深沉、更持久的力量。"在现代的教育理念中，通识教育是一种综合全面的教育理念，旨在培养具有专业知识、思维敏捷、德智全面发展的复合型人才。同时在大思政格局下，如何开发利用好本地本校文化资源推进通识教育，是需要高校进行深入探索和研究的重要议题，本文以天津市为例，对高校开展地方特色文化教育的价值进行剖析，并探讨教育实践路径，以期为高校人才培养体系的建设提供一些有益参考和借鉴。

一、高校开展地方特色文化教育的价值

（一）助力人才聚集，服务地区经济社会高质量发展

人才是经济社会发展的重要保障和强大后援，是拓展先进生产力的关键因素。各地区在经济社会高质量发展和构建新发展格局的关键时期，人才

作用更为重要。经济社会高质量发展的人才聚集需要用政策吸引人,更要用情感留住人,高学历人才一直是各城市和地区争夺的焦点。2021届全国普通高校毕业生总规模达到909万,虽然毕业生就业是在全国地域内的流动,但对某一特定城市来说,吸引外来优质人力资源和保持当地毕业生的留存率一直是各地区人才政策的重要目标。以天津为例,与其他直辖市相比,天津的高校毕业生留存率不高,对人才的吸附力还不够强,2018年天津发布海河英才行动计划,对学历型人才落户给予支持,也是提高在津高校毕业生留津比例的切实举措。但是目前天津高校大学生对天津的认知教育普遍不足,在校学生对于天津印象不清、定位不准,导致人才虹吸效应不明显,这也是除北上广之外的许多城市普遍存在的问题。高校对于地域文化的运用相对缺乏,大学阶段地域文化教育普及率较低,亟须增设介绍当地文化特色的课程或教学环节,教学目标指向于学生对本地发展历史、发展优势及城市文化的掌握,培养具有"恋校情结"的学生,形成高端人才的聚集,是服务地区经济文化建设的价值需求。

（二）助力城市文化传播能力和城市凝聚力的提升

每座城市都有着自身鲜明的地域特色,城市的特色文化在区域文化传承过程中起着重要作用,对区域性的文化传播、民俗生态产生深刻影响。近年来,城市的文化软实力是区域间综合实力竞争的重要因素和城市发展的重要支撑,城市文化软实力通过多种文化合力发挥城市文化的凝聚力、引领力、吸引力和对外影响力。文化软实力,内可凝聚力量,助力城市经济社会的可持续发展;外可铸就形象,拓展文化建设对社会经济运作系统所产生的协调、扩张和倍增效应。作为城市文明传承者的高校学生是对外形象宣传的重要力量,增强对本地区多元历史文化的理解和接受,是培育大学生对城市的热爱情感和发展城市文化的重要条件。地方特色文化教育可以通过特色课程设计进行地域文化的传播,使学生了解当地的人文地理、历史文化、风土民俗、生活特色,从城市文化优势和特色中凝练城市精神,通过系列课程理论教学与实践指导,使学生获得鲜活的文化认知和审美体验,并培养学生对城市文化的传播能力,使学生对城市文化的实质内涵和发展理念有深度理解和透彻把握,掌握全面宣传城市文化的知识与能力,即使学生离开求学的城市,也会怀有对这座城市的热爱,在适宜的场合宣传城市的精神和文化,为城市发展播下宣传的火种。

(三)助力高校特色发展,培养优秀人才

高校肩负着人才培养、科学研究、社会服务、文化传承创新和国际交流合作的重要使命,要更加注重以文化人、以文育人,增强师生文化自信。高校人才培养应体现对人的发展的关注,地方文化有着鲜明的特色和生命力,同时还具有独特的教育价值。地方特色文化与大学思想政治教育不可分割,是高校"课程思政"重要的载体和资源,地方特色文化是在漫长的历史长河中形成的丰富文化资源的表达,承载着地方特有的精神传承的基因,深刻影响着当地人们的道德观念和行为规范,包含着优秀传统文化、革命文化、红色文化,地方文化被赋予了更多的时代内涵和历史使命,形成了新时代发展的创新精神和实践精神,成为高校思想政治教育的宝贵资源和重要载体。通过深入挖掘这些地方特色文化中的"课程思政"内涵,充分发挥地方文化的优势,将其融入对学生的思想政治教育中,结合高校和教师的共同作用,提升高校思想政治教育的有效性和针对性,让学生不仅获得知识、技能,更能提高文化素养,并激发学生的主动性,引导学生自觉将个人的发展和地方经济建设和社会发展结合起来,让学生对思想政治教育等意识形态形成具象感知,提升理论理解力和思辨创新能力。在高校教育实践中,通过开展地方特色文化教育,围绕培育和践行社会主义核心价值观的主线,以校外实践与研学并重的教学模式,建立社会服务平台和实践基地,促进形成高校特色人才培养体系,形成培育大学生成为城市文化践行的志愿者,以提升城市文明程度,实现"以文化人"的育人使命,为国家培育全面发展的优秀人才。

二、高校开展地方特色文化教育的探索与实践

(一)文化育人理念不断深入

早在 1998 年,教育部就出台了《关于加强大学生文化素质教育的若干意见》,这一政策对推动 21 世纪高等学校人才培养模式、课程体系和教学内容的改革,培养社会需要的高质量人才具有重要意义。这里的文化素质教育重点是指人文素质教育,对大学生加强文学、历史、哲学、艺术、科学等方面的教育,以提高全体大学生的文化品位、审美情趣、人文素养和科学素质。经过 20 年的改革与实践,高校大学生人文素养得到明显提升。进入新世纪以后,我国高校开始探索通识教育改革,通识教育已经成为我国高校优化专业人才培养体系、提升创新人才培养能力的重要举措,以"文化育人"的通识教育核心理念,促进通识教育与多元文化的有机融合,构建起全员参与、多元协同的育人体系,进而推动通识教育理念与实践的创新发展,提升学校创新人才培养质量。[①]党的十八大以来,习近平赋予中华优秀传统文化时代内涵,将中华优秀传统文化提升到崭新阶段,高校高度重视大学生传统文化教育,开设文化教育类课程种类繁多, 如山东高校普遍在必修课和选修课中开设了优秀传统文化相关课程,并设置了相应学分,64 所省属本科高校共开设优秀传统文化课程两千两百多门。[②]各省市在推进优秀传统文化进入高校课堂教学、开展主题活动、建设校园文化育人平台等方面都取得了良好效果,文化育人理念持续深入。

(二)地方特色文化教育的实践和研究不足

相比通识课程中文化素质教育课程的蓬勃发展, 各地区高校设计具有地域文化特色的课程并不多。文化育人是高校通识教育的核心,通识教育课

---

① 参见刘强:《中国高校通识教育价值理念与实践逻辑的有效建构》,《当代教育论坛》,2020 年第 1 期。

② 参见《山东五十万大学生浸润传统文化课堂》,中华人民共和国教育部,http://www.moe.gov.cn/jyb_xwfb/s5147/201806/t20180619_340228.html。

程应是富有启发性、饱含人生智慧与真理的课程,高校对通识教育文化的建设应关注通识教育中的精神文化建设,用知识和文化背后所蕴含的内在精神力量来感染和鼓舞学生,高校应充分利用各自地域优势,首先让学生了解自己求学的城市,倾力于培养精通当地历史文化、服务于地方经济文化建设的现代化人才。从已查阅到的相关报道及文献资料来看,全国各地对开展地方特色文化教育的重视程度还不够,或者教育条件并不成熟。比较成功的个案来自成都大学,自 2014 年由文学与新闻传播学院启动"成都通"人才培养模式至今,已逐步形成了较为完善的课程培养体系,《成都通》课程构建的教学和实践模块也已比较成熟,在人才培养方面取得了一些成绩。①其他文献资料的介绍,如江苏省扬州工业职业技术学院开设地域文化选修课程,福建三明学院将三明文化教育融入高校思想政治教育,湖南部分高校开设《湘湖文化》课程,上海高职院校推动海派文化融入思政教育,浙江省衢州职业技术学院实施"衢州有礼"课程思政教学,等等,这些高校都还在摸索探讨阶段,没有形成课程或人才培养的体系。另外这些资料显示职业技术学校对地方文化教育比较关注,学习主题一般是对优秀地域历史文化的传承与发展,而其他高校对此还不够重视,对于地方文化教育在高校形成差异化、特色化人才培养方面的作用还不显著。

(三)天津市开展天津城市文化教育的有益尝试

天津是一座多元文化交汇的美丽城市,东西方文明的碰撞和陆海文化的交融产生了津味文化、红色文化、海洋文化、洋楼文化,形成了城市独特的文化魅力。天津市高等教育实力雄厚,共有普通高等学校 56 所,基于这样的地域和文化优势,天津市各高校在传播天津文化、服务地方经济社会发展、人才培养体系改革方面也进行了一些探索。2021 年 7 月 12 日,由天津大学出版社出版的《天津文化地图》首发,同时也是天津大学 2021 年首批本科生录取通知书的签发仪式。《天津文化地图》以"热爱我求学的城市"为主题,放

① 参见冯和一:《地方高校特色课程构建与教学实践探索——基于成都大学"成都通"课程》,《教育与教学研究》,2020 年第 6 期。

入本科生录取通知书的套盒中，专门向来津求学的大学生介绍天津城市文化，体现出对学生精神生活的关怀。这是天津大学注重文化教育导向，使大学生主动介入天津的城市生活，从而增进对天津的情感的一次创新。天津市地方高校近年来也加强对学生开展天津城市文化教育，天津师范大学建成"学生中华优秀传统文化学习体验中心"；天津商业大学开设《天津文化》全校选修课程，带领学生进行天津城市文化社会实践；天津城建大学组织开展文化传习所，进行非遗文化传承等，这些高校逐步将天津文化融入大学通识教育，是开展天津文化教育的有益尝试。

三、高校开展地方特色文化教育的建设路径

大学生基于对一座城市的模糊认识，从天南地北奔向一所高校求学，这是对一座城市由认识到选择的过程。在求学的几年中，如何将这种模糊认知上升为准确认同，就是高校开展本地区特色文化教育的目标，让大学生了解这座城市的历史和文化，从而爱上这座城市，再到毕业后选择留在这座城就业，愿意为母校所在城市的发展献上一份力，这个过程离不开高校对城市特色文化的宣传，离不开对学校对学生树立城市文化自信的培育。高校要切合当地实际，开展形式灵活的地方特色文化教育。

(一)与新时代高等教育高质量内涵式发展同向发力

人才核心素养的培养，既需要在高校高质量内涵式发展过程中提升专业知识和能力，更需要人文知识的浸润和涵养，需要从思想道德文化、审美文化等多元优秀文化中汲取力量，城市特色文化作为城市发展的灵魂和生命力应在最佳选择范围中，将其纳入本科教学体系，发掘与传承、发展与利用优秀地域文化，从新理念、新模式、新课程方面有力推动高校高质量内涵式发展，为促进学生全面发展同向发力。

(二)与新时代高校思想政治理论课改革创新同频共振

各高校结合本校实际，统筹校内通识类课程，引导学生认识世情、国情、

党情,坚定"四个自信",做德智体美劳全面发展的社会主义建设者和接班人。依托高校思想政治理论课改革创新,开展高校地区特色文化的通识课程,有效地将本土文化元素纳入本科教学,发掘与传承、发展与利用优秀地域文化,拉近大学生与城市之间的距离,强化大学生的地域文化自信与自豪感,培养大学生的爱国爱家情怀。

（三）与新时代高校人才培养体系同轴共转

实现人才培养体系建设的思想政治教育、学科建设、教学设计、管理服务的全方位贯通,以社会主义核心价值观为引领,运用通俗话语体系,系统全面介绍当地的城市文化特色,从学术视角挖掘、传承与弘扬城市文脉。实现培养过程的贯通,从入学教学、课程设置、师资配备、系列讲座、社会实践、志愿服务等全方面实现同向同行、同轴共转。

（1）课程开设方式。各地区可根据高校实际情况可以采取两种方式:第一种是在学校内选择合适学院试点先行,开设城市文化特色课程,试行后在学校范围内全面铺开。第二种是在高校现有的思想政治理论课课程体系中设置一定学时讲授地区特色文化内容。

（2）教材选用。给地区组织专门力量撰写适用于高校学生使用的当地特色文化教育通用教材。可按照地方优秀传统文化、近代文化、红色文化、民俗文化等不同类别划分模块。

（3）建立"理论精讲+活动引领+项目实践"的三课堂联动的课程教学体系。第一课堂要优选知识内容进行课堂知识传授,第二课堂要组织相关文化活动进行知识引领,第三课堂要组织学生进行校外实践,实现"三课堂联动",将当地文化资源与思想政治教育相融合,与志愿服务相结合,与职业能力培养相契合。

（4）组建高素质的师资队伍。高校采取多种方式遴选热爱当地文化的教师组成授课团队,鼓励各专业教师参与对当地特色文化的研究,有计划、分批次对高校教师进行培训,梳理各类课程与当地特色文化内在的哲学思维和文化联系,增加教师对地方特色文化资源的认知和理解,增强教师整合文化资源与课程资源的能力。

（5）拓展校外教学与实践空间。积极拓展当地文博艺场馆、历史遗迹、名人居所、红色遗址等校外教学和实践平台，要求大学生开展对当地文化的多维调查作为教学实践，拓展学生传承优秀传统文化的素质，训练学生全面调查、研究、宣传的能力，提升文化发现能力、文化研究能力和文化传播能力。

作者简介: 王瑞文，女，博士，天津商业大学公共管理学院教授。

邹鑫如，女，天津商业大学公共管理学院硕士研究生。

王迎新，女，天津商业大学马克思主义学院副教授。

公共管理类研究生
全过程参与式培养模式研究

王雪丽　易星宇

一、问题的提出

2020年7月29日,我国首次研究生教育会议在北京召开。这是我国研究生教育史上的一个重要里程碑,全国各界对于研究生教育发展的关注达到了前所未有的高度。习近平专门对研究生教育工作作出重要指示,李克强作出重要批示,孙春兰在会上发表重要讲话,表示要深入学习贯彻习近平关于研究生教育的重要指示精神,全面贯彻党的教育方针,落实立德树人根本任务,以提升研究生教育质量为核心,深化改革创新,推动内涵式发展。这些都充分体现了以习近平同志为核心的党中央对研究生教育的高度重视。

公共管理类研究生教育肩负着为党政机关、企事业单位、社会团体、非营利组织、智库机构等培养具备公共管理与公共政策分析能力的高层次专业人才的重任。研究能力、创新能力和实践能力是公共管理类研究生培养的三个核心能力。与其他学科研究生教育相比,公共管理学科在人才培养方面有其特殊性。与文史哲等人文学科专业相比,公共管理类研究生既要具备扎实的管理学、政治学、社会学、经济学、法学等多学科理论素养和创新思维,又要能够走出书斋,深入公共管理实践发掘问题、并解决问题。而与理工科专业相比,公共管理类研究生不仅要具备科学精神,而且要培养人文情怀,既要能够扎根田野搞调查,又要具备良好的沟通与协调能力,既要能够高屋建瓴出理论,又要能够脚踏实地解决公共管理实践中面临的各种急难险重问题。然而长期以来,各高校公共管理类研究生培养中普遍存在"重视教师理论讲授,轻学生主动参与"的问题,严重制约了公共管理类研究生人才培养效果。其结果就是:公共管理类研究生学术兴趣普遍不高、学习主动性不强、创新意识和能力不足、缺乏实践锻炼导致对公共管理实务不熟悉、理论研究与实践相脱节等问题凸显。为助力公共管理类研究生培养工作高质量发展,有效激发研究生学习的内生动力,通过建构导师与研究生"双主体"新型导学关系,引入全过程参与式培养模式,很有必要。

二、建构导师与研究生"双主体"新型导学关系

导师和研究生作为研究生培养过程中最重要的两大主体,其相互关系如何定位会对研究生人才培养质量产生不可估量的影响作用。导师和研究生之间的关系,因不同于单一的师生关系,被学界普遍称为"导学关系"[1]。在传统认知中,导师和研究生之间是教与学、支配与被支配、控制与被控制的关系。近年来,一些研究生戏称自己的导师为"老板",跟导师做课题也时常被调侃为"给老板打工",无疑是导学关系在现实中的异化表现。无论是对导学关系的传统认知,还是近些年出现的导学关系异化现象,实际上都与"以学生为中心"的教育发展理念背道而驰。在上述导学关系中,研究生很难有机会主动参与到整个培养过程的设计中来,其学习和研究的主观能动性也因此很难被充分调动和激发出来。为此,一些学者就导学关系尝试提出了以人为本的"双主体"关系[2],认为导师和研究生之间应该是一种契约关系,导师负责为研究生的学习提供方向性指导,激发其创新思维,培养其主动学习的热情与能力,并通过创造条件和营造氛围为其学习研究提供帮助;研究生则在导师的指导和帮助下,发挥主观能动性,主动学习探索,自主完成全流程培养过程。在这种"双主体"导学关系中,研究生在整个人才培养过程中不再是一个被动的客体,而是成为与导师处于平等位置的主动参与者,导师和

---

① 参见宋成:《研究生教育中的导学关系:影响因素与对策构建》,《学位与研究生教育》,2021年第3期。

② 参见楼成礼等:《以人为本,重构研究生教育的"导学关系"》,《教育发展研究》,2004年第6期;施鹏,张宇:《美国研究生教育中导学关系的特点与启示》,《学位与研究生教育》,2016年第10期。

研究生双方之间也不再是简单的教育者和受教育者之间的单线性关系,而是彼此合作、教学相长、互利共赢的平等双向互动关系。

表1 "单主体"导学关系与"双主体"导学关系的区别

	"单主体"导学关系	"双主体"导学关系
主体地位	导师中心化	学生中心化
关系方向	单线关系	互动关系
关系表现	教与学	教学相长
关系实质	师徒关系	类伙伴关系
培养结果	传承型人才	创新型人才

如表1所示,"单主体"导学关系与"双主体"导学关系在主体地位、关系方向、关系表现、关系实质、培养结果方面均存在显著区别。其中在"单主体"导学关系下,导师在人才培养过程中居于绝对中心地位,相应的,在导学关系的方向上表现为导师与研究生之间单线性的知识传授关系,更加侧重导师的教与研究生的被动学,其关系实质是师徒关系,培养出来的人才知识与技能传承有余,而创新思维和能力不足;而在"双主体"导学关系下,特别注重发挥研究生在人才培养过程中的主体性作用,强调以学生为中心,相应的,导学关系表现为导师与研究生双向互动和教学相长,其关系不再仅仅是"师"和"徒"的关系,而是更加接近于彼此合作、互惠共赢的伙伴关系,培养出来的人才创新意识和解决问题能力会更加突出,更符合公共管理类研究生内涵式发展的培养目标。

这种"双主体"型导学关系,明确了导师与研究生在人才培养过程中平等协同的相互关系,为在公共管理类研究生培养中引入全过程参与式培养机制提供了必要的前提条件。

三、全过程参与式培养模式的流程设计

参与式培养模式的设计灵感来自参与式教学模式。所谓参与式教学是指让学生充分参与到课堂教学设计过程中,通过"教"与"学"的有效结合,形成师生之间的高效互动,达到教学目标的一种教学模式[①]。参与式教学改变

了传统课堂中以教师单向知识传授为中心的"独角戏"教学模式,强调学生是课堂教学的主体,学生通过自主完成课前预习、积极参与课堂互动、课后及时总结并主动探讨解决问题的办法等途径,达到预期学习目标,由"要我学"变为"我要学"[②],可见,参与式教学可以有效激发学生的学习参与热情和学习的主动性。研究生相较于本科生有着更加丰厚的知识储备和更高水平的科研素养,因此研究生的课堂教学更加适合采取参与式教学模式。但是公共管理类研究生的就业方向及学科特点,决定了在其人才培养过程中仅仅引入参与式课堂教学,根本满足不了公共管理类研究生的人才培养要求。为此,需要在公共管理类研究生人才培养全过程中,进一步强调研究生的主体地位,建构一个基于"双主体"导学关系的参与式培养模式。参与式培养模式区别于简单的参与式课堂教学,强调研究生的主动参与不仅体现在课堂之上,而且要延展到课堂之外,甚至是校园之外;参与也不仅仅体现为配合导师完成课堂互动、课题研究等研学过程,更重要的是要让研究生能够真正参与到个体人才培养计划和流程的设计中来,充分调动和发挥研究生在人才培养中的主体性作用。

---

① 参见刘瑶:《论大学参与式教学的有效性》,《中国教育学刊》,2015 年第 S1 期。
② 参见英爽:《建构主体间交互成长的研究生教育质量体系——基于心理契约和服务本质视角》,《学位与研究生教育》,2019 年第 12 期。

课堂教学

课程方案设计
课前预习
课程互动
课程总结、反馈

充分尊重学生主体地位

师生全程互动参与

充分尊重学生主体地位

师生全程互动参与

师生问答、主题发言、
分组讨论、情景模拟
角色扮演、翻转课堂、
主题辩论……

培养计划制定

公共管理类
研究生人才培养目标

实践教学

确定研究方向
确定选学课程
制定学业规划
制定职业规划
……

设计实践方案
参加实践活动

社会实践
项目调研
案例开发
……

师生全程互动参与

研讨互动

师生全程互动参与

充分尊重学生主体地位

团组研讨
主题分享
学术交流
……

充分尊重学生主体地位

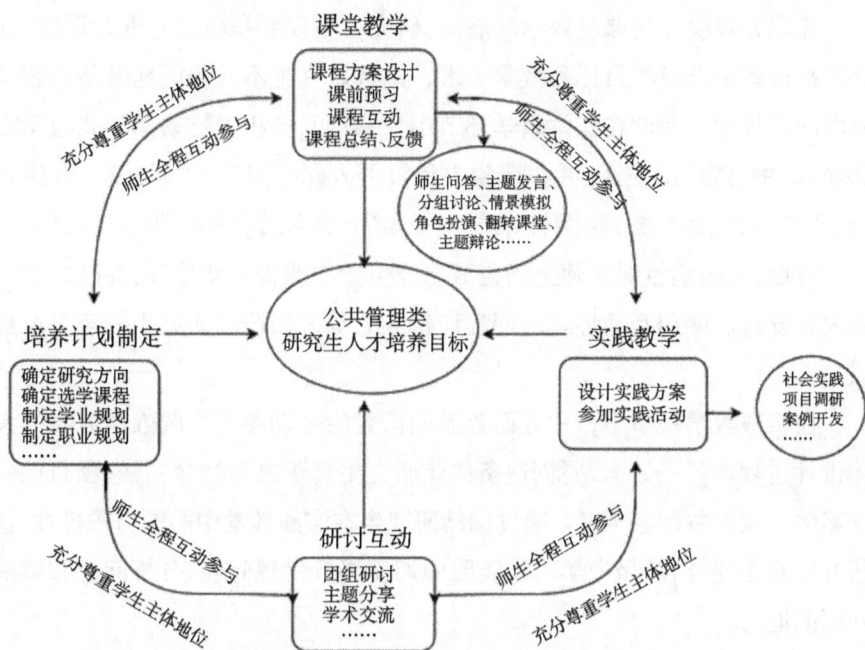

图1 基于"双主体"导学关系的公共管理类研究生全过程参与式培养模式

如图1所示，参与式培养模式强调研究生在人才培养全过程中的主体性作用，贯穿人才培养从"入口"到"出口"的每一个培养环节。从研究生入学后个性化培养计划的制定，再到课堂教学和社会实践方案的设计，以及研讨活动等组织与开展，其间的每一个培养环节都要充分发挥研究生的参与能动性，让研究生同导师一起成为人才培养全流程的设计者和主动参与者。这种参与式培养模式可以形象地表达为"一个中心，四个方面"。其中，"一个中心"是指所有参与机制的设计都要服务于公共管理类研究生的人才培养目标，即培养具备公共管理理论创新能力、公共政策分析与研究能力以及公共管理实务操作能力的高层次专业人才；"四个方面"是指分别从培养计划制定、课堂教学、实践教学、研讨活动等维度全方位引入师生互动参与机制，充分尊重研究生在人才培养中的主体性地位。

具体来说，在培养计划制定过程中，要充分考虑学生的个体差异和研究兴趣，经由导师和研究生一对一的反复沟通，就研究方向、选学课程、学业规划、职业规划等方面制定符合每一名研究生实际情况的个性化培养计划。

课程方案设计是课堂教学的基础,研究生不仅要积极参与课堂活动,授课教师也要结合教学目标和教学要求,邀请研究生不同程度地参与到教学方案的设计中。因此在课堂教学环节中,一方面,要积极推动参与式教学在课前、课中、课后的应用,并在课堂中积极引入师生问答、主题发言、分组讨论、情景模拟、角色扮演、翻转课堂、主题辩论等形式多样的课堂互动形式。另一方面,要鼓励授课教师主动邀请研究生参与课程方案设计,并随时就课程内容安排、课程互动形式、课程评价方式等方面征求研究生的意见或建议。

在实践教学环节中,一方面要鼓励研究生主动参与实践教学方案的具体设计过程。另一方面,要创造条件让研究生真正成为社会实践、项目调研和案例开发的主动参与者。通过调动研究生在实践教学中的参与积极性,让研究生真正能够在"做中学",在实践中切实提升发现问题、分析问题和解决问题的能力。

在研讨活动环节中,一是要为研究生的团组讨论创造更多机会,比如通过参与导师科研项目,参与项目研讨,或是由研究方向相近的几位导师组建导师组,联合培养研究生,增加不同导师的研究生之间的研讨交流。二是以"公共管理研究生论坛"的形式,定期组织研究生就自己的论文写作进展情况、调研工作和研究心得等做主题分享,为研究生提供尽可能多的交流与展示机会。三是为研究生拓展学术视野、参与前沿学术探讨搭建平台,比如支持研究生参加国内外高水平学术会议交流或参与学术前沿讲座的研讨活动等。

四、全过程参与式培养模式的保障措施

如前所述,全过程参与式培养模式是建立在"双主体"导学关系基础上的一种全新的公共管理类研究生人才培养模式。这种新型的参与式培养模式的有效运行有赖于配套制度的支持与保障。具体来说,需要重点加强如下四个方面的保障措施:

一是要进一步明确导师与研究生双方在参与式培养过程的主体责任,

通过明确研究生参与权利、导师权力约束机制、双方申辩权利、导师更换程序等,建立健全导学关系监督与疏导制度体系,为建构"双主体"型导学关系提供可靠的制度保障。

二是建立健全必要的激励机制,鼓励授课教师在课堂上积极引入参与式教学模式。充分尊重导师利于研究生培养的个性化做法,给予导学关系充分的自主发展空间。鼓励院校创造各种条件,充分调动研究生的参与积极性,比如借鉴西南交通大学公共管理学院的做法,与基层单位合作,定期选派一些品学兼优的公共管理专业研究生到基层担任乡镇、科局的领导助理,培养和锻炼其处理实际问题的能力[①]。

三是借助现代信息技术为参与式培养模式提供线上线下相融合的导学互动平台,为导师和研究生之间、研究生之间提供更加多元丰富的沟通与协作渠道。

四是探索将研究生在学期间学习质量满意度和参与人才培养各环节情况纳入公共管理类研究生人才培养效果评估指标体系,充分发挥研究生在参与式培养过程中的主体性作用。

作者简介:王雪丽,女,博士,天津商业大学公共管理学院副教授。
易星宇,女,天津商业大学公共管理学院研究生。

---

① 参见《西南交通大学创新基层挂职锻炼模式提高研究生社会创造力》,中华人民共和国教育部官网,http://www.moe.gov.cn/jyb_xwfb/s6192/s133/s210/201105/t20110523_120033.html。

高校创新型人才培养模式研究

吴凤余

人类迈进 21 世纪,面对的是新世纪、新时代的挑战,我国传统的高等教育人才培养模式已难以适应我国社会主义市场经济和科学技术的迅速发展,并在一定程度上阻碍着我国高等教育的发展,给高等教育教学改革和建设带来了瓶颈制约。同时 21 世纪是创新的世纪,高等教育的基本任务之一就是培养和造就富有创新精神和创新能力的高素质人才。

一、创新型人才的内涵

创新是一个内涵十分丰富的概念,不同的人对创新概念有不同的解释。通常认为,创新是指对现有的思维模式提出有别于常规或常人思路的见解为导向,利用现有的知识和物质,在特定的环境中,本着理想化需要或为满足社会需求,而改进或创造新的事物、方法、元素、路径、环境,并能获得一定有益效果的行为。所谓创新型人才,就是具有创新精神和创新能力的人才,能够孕育出新观念,并能将其付诸实施,取得新成果的人,通常表现出灵活、开放、好奇的个性,具有精力充沛、坚持不懈、注意力集中、想象力丰富,以及富于冒险精神等特征。本项研究将创新人才定义为:能够运用智慧和技能创造产生经济、社会价值的新奇迹的各类人才。创新型人才的基本内涵特征有以下六方面。

(一)浓厚的创新意识

创新意识是指人们在客观事物的刺激下,自觉产生改变客观事物现状的创新意愿和创新欲望。创新意识是创新活动开展的先决条件,也是创新能力开发和创新思维培养的原始起点。包括:强烈的好奇心、旺盛的求知欲、适度的怀疑感、积极的进取心态和求索意识。创新型人才的内涵最突出的表征是具有浓厚的创新意识。因为创新意识是创新的先导,没有创新意识就不可能有创新实践活动,更谈不上有创新成果。创新意识是以推崇创新、追求创新,以创新为荣的观念和意识。只有强烈的创新意识,才有强烈的创新动机和创新目标,才能充分发挥创新能力和聪明才智,释放创新激情。

(二)高尚的创新人格

创新人格是指有利于创新活动顺利开展的个性品质, 它具有高度的自觉性和独立性,是一个人的品质与德行问题。创新人格的特点,是以服务社会为己任,敬业爱岗,刻苦钻研,开拓进取,坚韧不拔。创新人格是创新主体进行创新活动的心智基础,创新人格作为创新个体相对稳定的心理模式,持续表现出创新意愿和创新倾向的习惯性,坚定的自信、坚忍的毅力、开放的思维、自制的意志等都是创新主体进行创新活动的心智要素。离开自信与进取,离开独立思考与自制自控,缺乏一种积极、向上、进取的学习和创新心态,个人创新主体的创新能力就不可能形成,也就谈不上开展创新活动了。创新人格是创新主体进行创新活动的能力基础, 创新人格不仅仅意味着思维的质疑性、独立性、原创性,还意味着行为的有恒性、敢为性、灵活性和自律性。具有创新人格的人在追求创新目标上的有恒性、在实施创新构想上的敢为性、在克服创新困难上的灵活性和在控制创新行为上的自律性,都为其提升竞争能力、凸显竞争优势,最终形成创新能力提供了极好的基础。

(三)丰富的创新知识

创新型人才必须具备扎实深厚的理论基础和渊博的科学知识。创新是对已有知识的发展 ,所以基础理论一定要深厚扎实,知识面一定要广阔,创新才会基础牢,起点高。在"知识爆炸"的今天,创新型人才要特别善于积累新鲜知识、有效知识,了解和掌握科学前沿的知识及发展趋势,这些都是创新研究的必要条件。知识结构一定要合理。基础知识与专业知识的结合,理科知识与文科知识的交融,既要有知识的广度,又要有知识的深度。特别要注意交叉学科的知识,边缘学科的知识。因为许多学科都是互相渗透,没有绝对界限。创新型人才要善于掌握多学科知识,完备的知识结构有利于增强综合思维能力和创新能力。创新型人才要有广博而精深的文化内涵。不仅要有理科知识还要有文化知识。不能"有知识无文化",人们常说"有知识有文化才是全才,有知识无文化是偏才"是很有道理的。总之,文化素养越高,眼界就越宽广,思路就越敏锐,创新能力就越强。

(四)高超的创新能力

创新能力是指发现新问题,提出新方法,开展新技术,建立新理论的能力,包括善于学习的能力和创新实践能力,除此之外还包括:获得信息的能力,在信息社会里,信息就是资源,信息就是效益,要学会搜集有效信息,实现对信息的有效利用,抵制不良信息的侵袭和腐蚀。掌握和应用信息的技术,及时汲取最新知识,不断充实和提高自己的创新能力。自主创新能力是一种认知、人格、社会层面的综合体,是知、情、意的统一,涉及人的心理、生理、思想、人格诸多方面的基本素质;吸附能力,指敏锐的感知、记忆等心理知觉能力,能迅速而有效地获取知识和本领。具有吸附能力的人,兴趣广泛,过目不忘。干什么,爱什么,专什么,专中有博,博中有专;应变能力,指能适应各种变化无常的自然的,人文的和生活的环境。具有应变能力的人无论是在政治道路、生活道路。还是在研究道路上,往往处变不惊,镇定自若地解决各种始料不及的难题;分析能力,就是能将一个完整的统一体分解为一个个相对独立的部分进行研究。然后发现问题,找到原因,得出结论。分析能力的强弱与否,关键是能否发现问题,一个善于发现问题的人,往往是勤于思索的人,发明创新的人;整合能力,指能从各种表面毫不相干,杂乱无章的事物中,找出它们的内在联系,并能把它们组合成一个统一的整体。此外,还有创新的沟通和交流能力、将挑战化为机遇的能力、利用各种资源形成完整解决方案的能力等等。

(五)科学的创新实践能力

"实践是检验真理的唯一标准","实践出真知",任何科学研究都离不开科学实验,任何创新都离不开科学实践。创新型人才的科学创新实践能力表现在善于把创新思维、创新思想转化为解决问题的实践能力,动手操作实验活动的能力,及最终解决问题的能力,自主创新能力和核心竞争能力。

二、构建高校创新型人才培养模式的对策

(一)更新教育观念,由接受教育向创新教育的转变

长期以来,我国高校一直把受教育者获得知识的多少作为衡量教学质量的标准,忽视了学生创新能力和创新人格的发展,培养出来的学生大都循规蹈矩,缺乏分析问题、解决问题的能力。因此必须正确处理好教师与学生的关系,确立以学生为本的前提,转变教育思想,特别是确立以能力为本的教育质量观和教育价值观,坚持知识、能力、素质全面协调发展是高校进行创新能力的基础。以通识教育为基础,发展专业特色人才,通识教育作为创新型人才的基础,培养学生全面的综合素质,在此基础上突出创新意识、创新思维、创新能力的培养。在教学的过程中,要将培养学生的创新意识、创新思维、创新能力作为一种教育理念渗透到教学计划、专业设置和实际的教学当中去。不仅要进行大量的基础知识的传授,还要注意培养学生的创新意识和创新能力。目前的教育现状中可以看出,学生缺少的就是主动探索的精神,缺少直接体验的实践,这也可能是造成"高分低能"现象的原因之一。因此在以后的教育教学中,应该让学生理论联系实践,大力开展创造性的实践活动。全面深入地开发学生潜在创造力,以培养学生创造性思维为核心,突出创造性思维;注重个性发展,让学生的禀赋、优势和特长得到充分发展,以开发其创造潜能;注重启发诱导,激发学生主动思考和分析问题,重视非智力因素,培养学生良好的创造心理素质。

(二)优化课程体系,改革教学内容

首先,课程设置灵活多样。注重教学内容和课程体系的改革与整合,在保持相对稳定的同时根据社会需求不断的优化学科专业结构,并且要加强对新兴学科专业的建设和管理,把拓宽专业口径与灵活设置专业有机地结合起来。适当的压缩必修课,加大学生选修课的范围。在选修课的设置上要加强交叉学科知识,增加前沿和热点知识,充分挖掘学生的创造潜力。其次,课程设置的过程中要丰富学生的创新思维,强化文理互补及其交叉学科的相互融合,促使自然科学、人文科学和社会科学的相互融合和交叉,实施宽厚的基础教育的同时加强宽口径的专业教育,为创新提供坚实的基础知识。打破过去过窄的课程体系,逐步形成培养学生创新能力的全新的课程体系。及时更新教学内容,要着力于删改陈旧的、不合时宜的部分,补充反映最新科技发展成果、新理论、新思想以及社会发展中急需的内容;教学内容改革要体现在课程体系,落实在课堂教学。教学内容要遵循学生身心发展的规律,做到因材施教和注重学生的个性,特长的发展。

(三)改进教学方法,运用新的教学手段

教学过程实质上是一种师生共同适应、共同发展的交流过程。教师要善于精选教学内容,抓住重点,突破难点,在传授学习方法、打开学生思路、提高学生分析问题和解决问题的能力上下功夫。要始终以学生为主体,采用启发式、讨论式、参与式、案例等多种教学手段,把传统的教师讲、学生听的单向教学方式转变为师生互动的双向教学方式。要重视培养学生的研究型学习能力和创新精神,使教学的方法、途径、目的、内容都呈现出灵活性和多样性。要重视对学生实践能力的培养,加强教学实践环节,坚持理论联系实际,培养、开发学生的创造能力,提高学生对未来工作的适应能力,使学生在实践中感悟、体验、发现问题,进而提高学生分析问题、解决问题的能力。要改革传统的学生评价体系,加强对学生竞争意识、创新精神、团队精神的考察,加强对学生研究型学习表现及成果的考核,加强对学生学术能力和创造能力的评价。

在教学的过程中,学生知识、能力、素质的获得需要多种教学方法的结合,如果采用多种教学方法会调动学生各种感官参与教学活动,调动学生学习的积极性。鼓励学生登台讲课,在教学中,要为每一个学生提供锻炼胆量的机会和条件,学生在讲课的过程中,会经历备课、准备问题、回答问题等很多的过程,既锻炼了学生发现问题和解决问题的能力,又锻炼了学生的胆量和语言表达能力。课内外相结合,利用实验室、博物馆、实习基地等和教学任务相关的,使学生的理论知识结合现场的实践,巩固了学生的知识,刺激了学生创新思维能力。

(四)强化师资队伍建设,大力培养创新型教师

高水平的教师队伍,是教育质量得以保证的重要条件,高校师资队伍建设必须走专兼结合的道路。综观我国高校师资队伍存在的知识、能力、素质结构不尽合理的现状,加强教师培训,努力提高教师,特别是中青年教师的技术应用能力和实践教学指导能力。

首先,建立一支专兼结合、学科结构合理、学历层次高、知识技能水平高、素质高的师资队伍,已经成为高校教育改革迫在眉睫的任务。高质量师资队伍才能适应实践性教学的需要,才能给学生以充分的指导,才能培养职业能力强的专门人才,才能保证创新型人才培养目标的实现。

其次,创新型教师要具有要具备调整心态的能力、组织教学管理能力和组织课堂纪律的能力以及能够处理好师生关系的能力。除此之外,创新型教师应具有较高的专业素养、人文素养和良好的身心素质。因此要优化知识结构,不断提高教师的业务素质和学术水平,有计划地选派优秀青年教师到国内外一流大学学习或深造,开阔视野,开阔思维空间,拓宽他们的知识面。鼓励教师跨学科进修,组织跨学科课题研究。高校要鼓励教师去学习一切有益的人文文化,使教师的思想境界、道德修养等方面都得到提高。教师还要不停地进行反思,并通过反思互相学习和积累经验。

最后,引入竞争机制,提高教师的整体素质,面向企业和科研机构广纳贤才,通过全社会市场化的人力资源的重新配置,把高素质教育人才更大范围的聚集,促进教师资源的合理配置,按照"公平、公正、公开"的原则,积极

完善教师聘任制。

（五）强化实践教学，加强实训基地建设

创新精神和创新能力的培养必须通过学生参加各种实践活动来实现。毕业的大学生普遍反映毕业后适应社会周期长，导致实际工作能力差；接受知识的能力强，但是研究创造能力差；掌握很多书本的知识，但是解决实际问题的能力差、表达能力差等一些不适应现象。这种现象不能满足社会对创新人才的需求，所以要加强实践锻炼的教学环节。

很多高校对大学生的科研活动没有形成一个好的管理体制，加强和鼓励本科教学参与科研，对参与者进行正确引导，根据师资条件建立导师制，加强导师对学生的指导和监督。开始把科研作为创新学分的教学环节，开设了基于研究的教学，培养学生的进取精神、批判精神。加大实践教学，培养应用技能。专业的技能培养在课堂上是很难培养出的，必须走出去，到实际的岗位中观察学习摸索，也许在课堂上花费巨大的精力也不能讲明白的一个道理在实践现场就会迎刃而解。高校教育的大部分课程非得有大量的实训教学不可。实训基地的建设与有效运行，对高校教育人才培养起着举足轻重的作用。高校人才培养途径多种多样，培训形式也应采取多样化选择。专业实习、社会实践和课内实验、校内实训都是培养人才的重要环节，要有机结合起来。校内外实践教学基地是实施实践教学的基本条件。高等院校应切实加强实训（实习）基地的建设，改善教学实践环节的实施条件，改革管理体制，尽可能按功能设置实验室，统筹规划，优化配置，使一个实验室能够承担不同专业、不同课程的实验教学任务。实行实训（实习）基地的开放管理，保证学生有大量的时间参与实训（实习），有利于发展学生的创新能力。高校实训教学的校外的社会调查、校内的模拟实验和专业对口机构的上岗实习等都是强化实践教学，从实训上培养学生创新能力。

（六）营造创新氛围，建设有利于创新人才成长的环境

首先，要为创新型人才培养提供良好的文化环境，创新型人才的培养既需要指引和指导，更需要良好氛围的感染和熏陶，大学的校园文化建设对创

新型人才起着潜移默化的作用，高校要努力为大学生创新能力的培养营造民主、开放、进取的校园环境，积极创造和谐的人际关系、和谐的校园环境。

其次，要为创新型人才培养提供良好的基础保障，学校应该为创新型人才培养提供充足的试验技术设备，为大学生提供课内外创新能力培养的实验室、创新研究基地，等等。除此之外，学校还应该对学生的科技创新项目提供一定的经费和物质支持。另外，还要为大学生的创新能力提供必要的学术交流场所，学生可以在这里畅所欲言，大胆发言，从而为学生的创新能力提供良好的信息。

总之，创新型人才的培养是一项长期而又难度较大的任务，同时也是一项复杂的系统工程，不可能一蹴而就，只有不断探索、不断改革、不断完善才能真正培养出一大批适应现代社会发展适应时代要求的创新型才。全面激活学生的创新潜能，不断培育出基础扎实具有创新维、创新人格和一流实践能力的创新型人才。

作者简介：吴凤余，男，学士，天津商业大学公共管理学院讲师。

第二部分
课程建设研究

大学生素养训练拓展教育的
"课程思政"引领与建设路径 *
——以《人际交往与沟通》课程为例

郝雅立

应用型人才的培养需要大学生不断提升自身综合素质，人际关系是任何一个社会人不可逃避的话题，人际交往与沟通是社会人与人之间、人与群体之间、群体与群体之间永恒存在并持续进行的活动。人际交往与沟通能力是应用型人才必备素质，需要在入学伊始加以正确引导。

一、大学生素养训练课程的思政必要性

新时期国家发展与社会进步的时代使命为当代大学生素养标准提出新的要求。一直以来，我国各个层面的教育都将学生的素质培养、素养训练作为重要内容，大学作为培养社会储备劳动者、生力军的重要场所，更要关注大学生素养训练和素质拓展提升工作。长期推行以来，效果如何不得而知。与之相关的一项研究在对 16 省 83 所高校 1.6 万名本科生进行能力测评后发现，大学生人际交往能力的年级差异不显著，绝大多数院校对学生的能力增值具有正向效应，在对本科生的批判性思维能力、问题解决能力、创造力、人际交往能力上产生的增值效应量依次变小。①近年来，高校学生非正常死

＊本文为天津市普通高等学校本科教学质量与教学改革研究计划项目"新文科建设背景下地方普通高校公共管理类—流本科专业建设研究"（项目编号 B201006906）的研究成果。

① 参见沈红，张青根：《我国大学生的能力水平与高等教育增值——基于"2016 全国本科生能力测评"的分析》，《高等教育研究》，2017 年第 11 期。

亡事件频发。复旦投毒案、中国传媒大学一研究生疑因论文被卡坠亡事件、湖南大学毕业生跳江殉情事件、广东外语外贸大学学生疑因偷外卖坠楼事件……一桩桩悲剧提醒我们，大学生人际交往能力建设与素质提升需要更加被关注，大学生素养训练课程的思政建设需要更被重视。

与学生接触时间越久，也越会发现学生提升自我素养的需求日益强烈。大学生素养提升课程的设立旨在解决学生价值取向偏差、缺少理想信念、精致利己主义、诚信精神和责任意识不足、通用性技能欠缺等问题，它不同于通识课重视普遍性、广博性知识的传授，也有异于专业课强调专业领域知识储备与技能提升。它出自以生为本的理念，立足于人的切实需要，兼顾基础性知识的传播、应用性技能的培育、个体性需求的解决的一类课程。这类课程需要思政引领才能凸显其现实意义和社会价值：它需要思政方向的引领才能保证基础性知识传播的正确性和科学性，需要思政元素的挖掘才能促进应用性技能培育的适用性和高效性，需要思政资源的融合才能利于个体需求满足的同时实现利他、利社会。这类课程因契合大部分学生的实际需要而备受欢迎，在知识传授和技能培养中要聚焦高校育人的价值本源，坚持立德树人的育人目标，充分利用课程内外各种思政资源，打造具有特色的于学生有最大收获的示范课程。

二、《人际交往与沟通》课程建设的思政目标

《人际交往与沟通》课程是大学生综合素养培育和能力提升课程体系中的组成部分，该课程意识到人际交往能力、沟通技巧和冲突管理在大学生成长成才过程中的重要性，希望通过以"课程思政"为载体，以社会主义核心价值观为引领，充分挖掘课程中蕴含的思想政治教育因素，引导学生树立正确的人生观、世界观、价值观，培养合理的人际互动观，锻炼大学生积极健康、理性有为的社会交往心态。

（一）引领塑造社会主义核心价值观

美国心理学家哈维格斯特的"发展任务说"强调一个人的发展需要社会

支持,这种社会支持"将决定一个人在工作、学习以及生活中能够与他人和谐的相处、沟通与交流等,而这一支持的获得则依赖个体是否具有科学的核心的价值观体系"①。立足于社会主义核心价值观,本课程把价值观培养和塑造深度植入课程内容和教学过程中,追求"立德"教育目标,鼓励学生在社会生活和实践中遵循价值引领,发挥正面能量。

第一,在文明交往与和谐沟通中建立命运共同体。从国家层面倡导的富强、民主、文明、和谐价值取向是中国特色社会主义价值诉求,鼓励学生关注中国国际关系建设中的命运共同体观念,理解其精髓,践行其要求。

第二,树立积极、健康、理性的人际观。从社会层面倡导自由、平等、公正、法治,引导学生在不同性质的社会关系互动中不卑不亢,以法治理念守住自由底线。从个体层面提倡爱国、敬业、诚信、友善,提醒学生关注政治道德、职业道德和个人德行品格的发展,培养大学生社会主义价值追求和合理的价值理性。

(二)培养健康理性的人际交往能力

大学阶段是一个人人格发展和自我统合的重要阶段。近年来,物质生活的富足与精神生活的匮乏形成鲜明对比,同时伴随新事物、新思想、新技术全方位嵌入大学生生活各个方面,大学生的心理状态不同于以往,在人际交往方面也出现了诸多新形式和新问题,社会生活受到影响。不少调查分析了大学生人际交往中出现的认知不足、自信缺乏、目标不成熟、技巧不够等问题,"青春期的青少年因为心理与生理原因而出现人际关系智能偏低的状况"②。学者研究也表明了人际交往能力对青少年社会适应水平的重要作用③,交往能力强者容易形成良好的人际关系,获得积极的联结感,避免产生

①　薛桂琴:《高校课程思政背景下践行价值观教育目标研究》,《江苏高教》,2020 年第 12 期。

②　章滢:《高校师范生人际关系智能培养研究》,《南京社会科学》,2016 年第 12 期。

③　See Chia-chen Yang, B. Bradford Brown, Factors Involved in Associations between Facebook Use and College Adjustment:Social Competence, Perceived Usefulness, and Use Patterns. *Computers in Human Behavior*, Vol.46, 2015, 245–253.

孤独感,从而维持或提高自我存在感和生命意义①。人际交往能力、人际沟通能力、冲突处理能力是人际互动能力的三个核心能力,各自内含不同要素,又相互交织。课程以核心能力培养提升为目标,是实现"树人"教育目标的细化内容和可行步骤。课程从关系过程角度入手,立足于建立关系、维持关系、发展关系的不同实践阶段,利用案例分析、情景模拟、趣味测试等方式,深度嵌入观点表达与倾听、情绪吐露与交流、冲突应对与化解等方面的技能提升之术,引导学生对照健康的人际互动观和科学的人际互动能力体系不断完善和提升自我素养。

(三)给予思辨启发式的人际知识传授

课程的授课对象是富有主见和想法的新时代大学本科生,实践也早已证明灌输式的知识传播和教育的无力,与现实生活、人生体验联系如此紧密的一门课程的讲授需要更加讲究方法,给予学生思辨式、启发式的人际知识传授。知识理论给予实践依据和支撑,在课程知识传授中重视向学生讲解清楚什么是更为合适的,为什么鼓励这样做,这样做之所以是正确的、有效的理论依据何在,以启发式、追溯式等方式引导学生主动探索人际交往与沟通中的通用知识、专业知识及理论源流,结合实际理解知识、分析原理、验证理论、发展理论,充分发挥本课程的树人、育人、发展人的社会功能。

三、围绕思政目标打造课程教学内容

《人际交往与沟通》课程内容主要包括自我认知与认知他人、人际交往能力的培育与发展、人际交往礼仪的普及与训练、沟通原则与障碍克服、沟通方式与技能提升、交往冲突的解决与技巧等。课程重视思政教育与引领,深入挖掘思政多种元素,将"挖掘"置于"植入"之前,优化课程内容,深化课程思政的"内涵式发展"②,提升思想政治教育亲和力和针对性,力图在知识

---

① 参见张荣伟、柯少菁、连榕、李丹:《人际交往能力与生命意义的关系:孤独感和年级的作用》,《心理发展与教育》,2020 年第 5 期。

② 许家烨:《论课程思政实施中德育元素的挖掘》,《思想理论教育》,2021 年第 1 期。

学习和理解的同时引导学生自觉树立正确的人际观，提升人际交往素养与能力。课程思政元素挖掘、结合与融入主要体现在以下五个方面，如图1。

第一，在讲授"自我认知与认识他人"部分时，结合大学生当前情况，向学生传授管理学、社会学、心理学等方面的理论和典故，如清华大学延聘王国维先生为国学研究院导师的"礼尚往来"、三顾茅庐、英国首相丘吉尔访问美国期间洗澡时被误撞、沙子和石头等经典故事，既重视讲解社会生活中的道德规范，又关注学生个体能力和个性发展，坚持以人为本，引导学生形成全面协调的认知系统，增强学生的理想与信念教育、法治与道德教育，树立正确的人际交往观念。

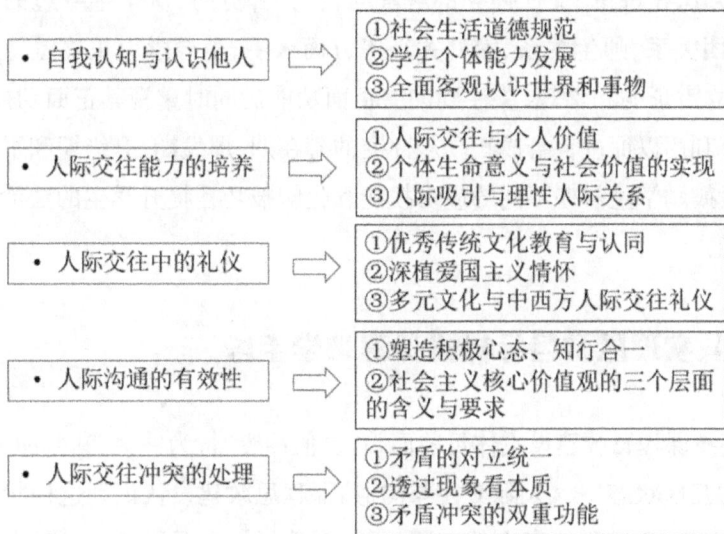

• 自我认知与认识他人	⟹	①社会生活道德规范 ②学生个体能力发展 ③全面客观认识世界和事物
• 人际交往能力的培养	⟹	①人际交往与个人价值 ②个体生命意义与社会价值的实现 ③人际吸引与理性人际关系
• 人际交往中的礼仪	⟹	①优秀传统文化教育与认同 ②深植爱国主义情怀 ③多元文化与中西方人际交往礼仪
• 人际沟通的有效性	⟹	①塑造积极心态、知行合一 ②社会主义核心价值观的三个层面的含义与要求
• 人际交往冲突的处理	⟹	①矛盾的对立统一 ②透过现象看本质 ③矛盾冲突的双重功能

图 1　课程内容体系与思政元素融合

第二，在讲授"人际交往能力"部分时，通过分解交往能力的构成，分析不同能力现实运用场景，借助学生眼中的"红人"案例，向学生讲授何为正确的人际交往观念，人际交往基本原则有什么和互动技巧有哪些，如何去塑造良好的人际交往品格，从国家、社会与个人层面提高学生的人际交往认知格局，提升学生人际交往能力。

第三，在讲授"人际交往礼仪"部分时，以中华民族讲仁爱、重民本、守诚信、崇正义、尚和合等核心思想引领礼仪知识的学习和礼仪技能的掌握，借助国际关系、公共关系领域的知名故事,将习近平新时代中国特色社会主义思想、社会主义核心价值观、疫情防控等有机融入,增强爱国主义教育、集体主义教育和优秀文化教育,提高学生对中华传统礼仪文化的认知认同,促进社交礼仪技能的成长。

第四,在讲授"人际沟通"部分时,关注学生心理特征和变化,从知情意三个角度向学生传授人际沟通的原则与方式,存在的障碍及如何克服、不同内容的表达与沟通技能,语言沟通与非语言沟通等知识与技能,以"知行合一"的理念引导学生践行社会主义核心价值观,达到塑造认知和技能素养的育人效果。

第五,在讲授"交往冲突的解决与技巧"部分时,从学生身边的宿舍关系、社团关系、师生关系、家庭关系等方面入手,引导学生正确看待人际冲突,树立辩证的和谐观,关注到冲突负面功能的同时重视其正面功能,并加以充分利用以促进自身成长。从冲突的潜在期、爆发期、升级期和平息期不同阶段鼓励学生掌握不同的应对技能和化解技巧,提升学生的法治意识与社交能力。

四、实现思政目标择优课程教学手段

高校课程思政建设主体目前面临"价值冲突、行为冲突、利益冲突、目标冲突的互斥状态"[1],《人际交往与沟通》课程思政建设认识到这种状态对全员、全方位、全过程培育人的束缚,因此在选择教学手段和方式时力图对此加以突破。该课程以课堂讲授为主,辅助案例分析、情景模拟、自我介绍、心理测验等教学方式,重视学生日常课堂表现和细节实践,利用日常多方面、多方式考核,充分评估课程教学育人的实际效果。

---

[1] 李波、于水:《从"碎片化"到"整体性":课程思政建设的有效路径》,《黑龙江高教研究》,2021年第 8 期。

（一）理论宣讲

课堂讲授针对大学生心理特征和现实需求，将社会主义核心价值体系灵活嵌入课程知识体系，在课程授课设计、知识体系建构、价值观引领等维度充分吸纳和整合习近平新时代中国特色社会主义思想，增强学生的理想信念教育、法治道德教育、爱国主义教育和集体主义教育，引导学生树立积极健康的人际交往观念，提升大学生社会交往和人际沟通能力。积极利用学术成果，将其转化为育人资源，如参阅阎云翔《礼物的流动——一个中国村庄的互惠原则与社会网络》的学术成果，向学生说明"送礼-收礼-回礼"这一交换过程在来中国村庄人际关系建设中的重要作用，探究礼物交换的文化规则与运作逻辑。

课程理论宣讲是保证学生学到人际交往与沟通基本理论知识与实践技巧的重要路径，利用取源于现实的案例展开详略有别的分析，提高学生对知识的熟知度，加深学生的理解程度，引导学生树立真善美的社会生活心态，提高学生的满意度。

（二）案例教学

案例教学多围绕经常发生在学生群体现实生活中的问题引发的人际关系问题，如宿舍关系、师生关系、家庭关系、社团关系是人际交往问题较为集中的领域，不同程度的冲突事件多发。教学过程中注重从身边抓取真实案例，就地取"材"，挖掘其中的思政元素，用"案"教学，以情景化教育增强思政理论讲授的生动性，提高知识吸收和能力提升程度，增强德育、美育效果。

案例讨论与分析助于学生在具体事件中思考人际交往与沟通中的问题，使得晦涩的停留在书本的知识故事化、情景化、具体化，提高学生问题讨论、知识分享的积极性和参与度，提高学生学习兴趣的同时树立正确的人际交往观念。

（三）情景模拟

情景模拟从典型的国家治理问题、社会交往问题入手，搭建人际互动的

表1　课程代表性案例及其对应的思政建设立足点

序号	案例内容	知识传授点	思政立足点	关联方式
1	他是老师们眼中的"红人"	·正确认识和评价他人树立健康理性的人际交往观念	·认识世界、认识事物要坚持辩证统一·理想信念与道德教育	典型个体代表的经历讲述
2	学生干部抱怨辅导员评选奖学金工作不公	·冲突的正负功能·人际冲突潜在期的处理与化解·正确的人际观	·矛盾的相对性·关注社会生活中的制度规则·社会主义核心价值观	类似案例植入角色扮演
3	学生逃课被抓包且处罚无依据引发师生间的冲突	·冲突爆发后如何处置·化解冲突的技巧·利用冲突契机弥补制度建设的不足	·强化外部环境中的风险防控意识·树立宏观意识,提高认知格局	分小组讨论

注:大部分案例均来自授课过程中实际观察和素材收集。

实际情境,赋予学生在情境中的角色身份,让学生在情境植入、角色转换中理解社会交往的基本知识和理论,反思自身人际交往问题,实现交往困境突破,提升学生观察问题,思考问题、分析问题和解决问题的能力,成就积极健康的社会生活心态和科学正确的人际交往思维。

情景模拟选取常出现于学生身边的现实情境,引入社会高度关注的社会交往案例和国际关系互动案例,以身份融入的方式培养学生人际沟通和冲突化解技能,在现实问题解决中厚植社会主义核心价值观,提高社会生活中的自我认同感。

(四)自我展示

自我介绍方式要求学生利用一分钟时间来介绍不一样的自己,心理测验能激发学生兴趣去关注自己不同方面的表现,引导学生进一步挖掘自身闪光点,实现自我认知的充分客观、全面协调,鼓励学生积极发现身边同学的优点,自觉树立法治、平等、和谐的择友处友观。

自我展示"介绍不一样的自己"活动贯穿整个课程,打破日常生活中彼此之间形成的刻板印象,以学生之间匿名评分的方式确定最后成绩。创新性使用自我展示等方式提高学生的自我认知和认知他人的能力，形成理性全面的认知协调系统，以学生互评的方式提高学习成绩评定的公正公开性，提高学生的认可度与满意度。

（五）多样化考核

增强学生人际能力培养，重视日常考核与评价。充分借助课堂现实情境，利用现代网络媒介资源，依托超星学习系统平台，采用话题讨论、学生互评、调研人际交往方面感兴趣的问题，并以所学理论支撑撰写课程论文等方式，保证学习成效，提升课程思政建设的效果。

如，发起话题讨论"你是这样的社交低能者吗？"，采用诙谐幽默的表情包和网络话题列举了社会交往低能者的一些表现，如"杠精""妈宝""圣母""控制狂""老好人"，引导学生在课堂或者网课端口畅所欲言，反思自己日常社会交往中的错误认知和偏差行为，正确认知自己和评价他人。

五、立足全过程理念探索课程思政建设路径

《人际交往与沟通》课程围绕自我认知与认知他人、人际交往能力、人际交往礼仪、沟通技能提升、交往冲突解决等内容，立足"备课—授课—复习与运用"全过程，开阔思路和视野，认真挖掘本门课程的思政元素，总结课程思政探索经验，利用课堂讲授、案例分析、情景模拟、自我介绍、学生互评等方式，深度融入思政教育，使其"合目的、合价值、合技术规范"[1]，积极创新和探索适合于本门课程的思政建设路径，打造示范课堂，提高学生的参与度、认可度与满意度，保证课程教学育人的实际效果，如图2。

（一）科学制定教学计划和授课大纲

在教学准备中，科学制定教学计划和授课大纲，严格把关使用教材和授

---

[1] 杨长亮、姜超：《课程思政的三重建构和技术路径——基于课程与教学论的视角》，《思想理论教育》，2021年第6期。

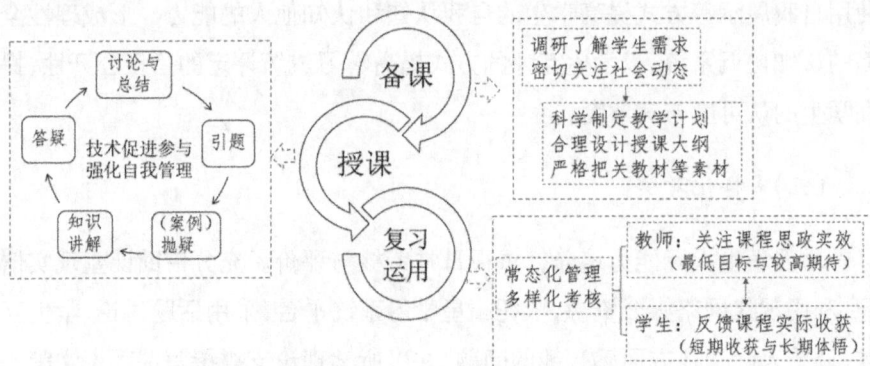

图2 课程思政"备课—授课—复习运用"建设路径

课素材,精心设计授课流程和环节,准备充分教学课件等备用工具。选用本课程团队编写出版的《人际交往与沟通》教材和符合学生兴趣和课程需要的案例,早对课程内容体系的统筹的基础上深度挖掘每节课内容中蕴藏的课程思政元素,将其深度融入教学之中,将教学内容与学生需求、时代需要和社会发展紧密契合。

(二)将思政教育引领植入到各个教学环节

在课堂组织中,坚持兴趣引导与问题导向,建立"复习—引题—(案例)抛疑—知识讲解—答疑—讨论—总结"的基本过程,将思政教育引领不同程度的植入不同环节中。如,在抛疑环节关注国家关切需要或社会重大问题,在知识讲解中充分结合社会主义核心价值观和习近平新时代中国特色社会主义思想,以其作为观察问题、分析问题、解决问题的主要理论支撑,在答疑与讨论环节注重拓展思政教育植入课程的广度和深度,在总结环节紧扣立德树人的教育目标。

(三)课堂管理注重提升学生自我管理能力

就本质而言,授课过程是与学生人际交往与互动的过程,充分利用授课课堂师生人际互动这一鲜活的教学素材,与学生共同讨论制定课堂规则和评分规则,为学生营造宽松和谐的育人环境。在课堂管理中,引导学生遵守学生守则与课堂管理规范,全身心投入学习过程,培养学生的自律意识、规则意识,提升学生的自我管理能力。

（四）借助现代化教育教学技术加强学生参与互动

在教学互动中,充分利用现代化教育教学技术,以超星学习系统平台为支撑开展学生话题讨论、自我介绍、成绩互评等,在课前预热、课中互动与课后交流中充分发挥学生积极性和自主性,以课堂互动为教学素材和训练场地,切实提高学生的参与度与获得感。

（五）增强常态化管理与多样化考核

在课程考核中,关注学生的学习真实状态,增强常态化管理与考核,每种考核方式都要注重思政教育重要地位,在平时成绩考核中提高对应的比例,在学生自我认知与管理、人际观念树立、人际交往能力提升等重点方面强化课程思政的色彩,在期末考核中引导学生关注社会现实问题,开展深度调研,利用思政理论进行思考分析,真正实现学生思想受引领、实践受影响、能力切实能得以提升的目标。

作者简介:郝雅立,女,管理学博士,天津商业大学公共管理学院讲师。

新商科背景下商学素养
融入《应用写作》课程思政的路径研究

李 娜

2016 年 12 月,习近平在全国高校思想政治工作会议上强调,要把思想政治工作贯穿教育教学全过程,关注高校应该培养什么样的人、如何培养人和为谁培养人的问题。2020 年 11 月,教育部高教司司长吴岩在全国新文科建设工作会议上指出,要培养知中国、爱中国、堪当民族复兴大任的新时代文科人才。"新商科"作为"新文科"的一部分,与课程思政教育改革一样,都是高等教育顺应新时代发展需要,以立德树人为立足点,培养国家战略性人才的创新举措。商学素养是新商科人才培养的重要目标,将商学素养融入课程思政教育教学,有助于商科院校培养具有高度社会责任感、深厚商学素养的复合型应用型创新创业人才。本文以天津商业大学《应用写作》课程思政建设为研究对象,探讨如何将新商科背景下的商学素养融入课程思政建设,以实现商学素养培育与课程思政教育改革的有机统一。

一、《应用写作》课程思政的目标和特点

所谓课程思政,是指所有课程的知识体系都体现思政德育元素,所有教学活动都肩负立德树人的功能,全体教师都承担起立德树人的职责。天津商业大学《应用写作》课程属于学校商学素养模块的重要课程,课程主要任务是通过对党政机关公文、事务类文书、商务文书、传播文书、科技文书等应用文写作知识的讲授,培养学生掌握常用的应用文写作知识,为学生毕业后从事各类写作工作做好知识储备。当前在加强各学科思想政治教育背景下,实

现《应用写作》课堂教学与课程思政有机融合已成为教师开展教学的首要任务。在传统的《应用写作》课堂教学中,往往存在重知识传授、轻德育元素融入的弊端。《应用写作》课程思政建设就是要充分挖掘课程中所蕴含的思想政治教育因素,进而实现立德树人的根本任务,这一目标又分为价值引领、知识传授和能力培养三个子目标。

(一)价值引领目标

2019 年,习近平在学校思政理论课教师座谈会上强调:"要给学生心灵埋下真善美的种子,引导学生扣好人生的第一粒扣子。"这句话不仅是对思政课教师的要求,也是每一位教师的立德树人使命。《应用写作》课程思政的价值引领目标就是要在传授写作知识、培养写作能力的同时,推动习近平新时代中国特色社会主义思想进课堂、进头脑,坚定学生的道路自信、理论自信、制度自信、文化自信,引导学生树立正确的世界观、人生观、价值观。

(二)能力培养目标

高校开设《应用写作》课程的重要目标之一是为了使学生熟练掌握常用应用文写作能力,能够写出适合未来本职工作需要的、符合规范要求的应用文章。这就要求我们在推进《应用写作》课程思政建设的过程中,要通过思政元素的导入,引导学生在课程学习中具备写作所需要的搜集材料、遴选材料、组织材料、运用材料的能力,具备制作各类符合应用文本规范格式的文章的能力,具备快速谋篇布局、组织语言、缀句成文的能力。

(三)知识传授目标

传统《应用写作》课堂教学多以讲授—评析—练习—讲解的方式进行,教学方法较为单一,学生学习以死记硬背、反复练习为主,主观能动性发挥不够。同时,由于课堂教学缺乏从事应用文写作的具体工作环境,因此很难让学生在学习后有"入心入脑"的深刻体会。如此一来,学生在日后很容易忘记或混淆写作知识点,课堂知识传授的目标事实上也就没有真正实现。基于此,《应用写作》课程思政建设应着力解决上述提到的问题,通过优秀思政元素的导入,拓宽拓深学生对课堂知识的理解和记忆。

二、商学素养融入《应用写作》课程思政的必要性和可行性

商学素养包括商业理论素养、商业技能素养和商业文化价值素养。[①]作为一所商科院校,培养学生的商学素养一直是天津商业大学人才培养的重要目标。《应用写作》是学校商学素养课程模块的重要组成部分,培养学生的商学素养也理应是该课程的重要教学目标。因此我们在推进《应用写作》课程思政改革时,有必要思考如何将培养商学素养目标和课程思政改革目标有机统一,从而实现立德树人的总目标。

新商科建设为我们提供了将商学素养融入《应用写作》课程思政改革的可行路径。新商科区别于传统商科。新时代,随着我国经济由高速增长阶段转向高质量发展阶段,社会对人才的需求也提出了新的和更高的要求。在此背景下,"新商科"应运而生,它致力于通过对传统商科学科的重组交叉,用新理念、新模式、新方法、新技术为学生提供综合性跨学科的商科教育,培养知中国、爱中国、堪当民族复兴大任的新时代商科人才。基于此,新商科人才应具有以下三个层面的商学素养:一是具有以经济学、管理学为主体并涵盖新型交叉学科的现代商业知识素养;二是具有以商务知识应用和跨文化交流能力为主,熟悉国际市场、通行商业规则和法务惯例的商业技能素养;[②]三是具有涵盖新时代政治素养、人文素养、职业素养的"三位一体"商业文化价值素养。因此将商学素养融入《应用写作》课程思政建设,也就是要通过一定的方法和途径,将上述商学素养的三个层面内容融入《应用写作》课程思政建设。由于《应用写作》课程思政建设也包含价值引领、能力培养和知识传授三个目标,因此在具体的教学中,只需将商业文化价值素养、商业技能素养和商业知识素养分别融入《应用写作》课程思政建设相对应的三个目标之中即可(如图1所示)。

---

① 参见杨琪:《商学素养的界定、构成及其定位与价值》,《天津商业大学学报》,2011 年第 3 期。
② 参见凌学岗:《创新创业教育赋能新商科高校创新发展》,《福建商学院学报》,2018 年第 6 期。

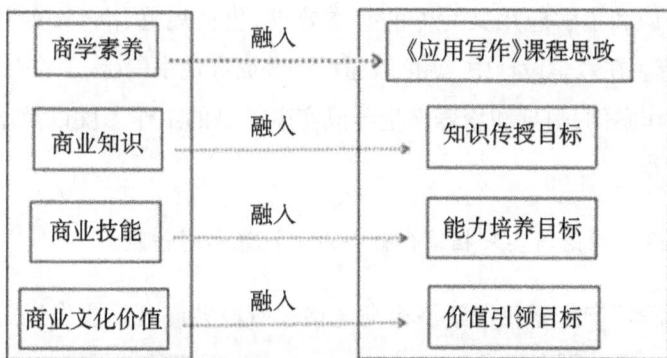

图 1　商学素养融入《应用写作》课程思政建设的方法路线

三、商学素养融入《应用写作》课程思政的具体方法

基于上述将商学素养融入《应用写作》课程思政建设的基本思路和方法路线，可考虑从以下三个方面具体推进。

（一）结合《应用写作》教学大纲融入商学文化价值素养

作为一门应用性和政策性兼备的写作类课程，《应用写作》课程体系中具有多种有待挖掘的思政元素。例如：习近平治国理政思想、社会主义核心价值观、中国传统文化思想和管理智慧以及创新、诚信、敬业、奉献、合作等良好的职业价值观。通过对其中融合商学素养的课程思政元素的挖掘和精选，有助于同时提升商科院校新商科人才的培养质量和商学素养，实现教书与育人的有机结合。对此，可根据新商科建设的要求设计《应用写作》课程思政教学大纲和教案，进而将商学素养培育与课程思政建设有机结合。

例如，社会主义核心价值观以"富强、民主、文明、和谐，自由、平等、公正、法治，爱国、敬业、诚信、友善"为主要内容，从国家、社会和个人三个维度，凝练了新时代中国的主流价值取向和价值准则。因此，培育社会主义核心价值观，既是新商科培养学生商学素养的重要目标，也是课程思政的重要要求和体现。具体到《应用写作》课，就可以在部分章节融入社会主义核心价值观的思政元素。如在"应用文的写作要求"一节中，教学目标是通过学习，让学生认识和了解应用文写作的基本要求,包括规范、准确、实事求是、庄重、得体等。在教学设计中,就可以通过一些商务往来信函、工作总结等常用文书的写作案例,引导和培养学生养成实事求是的工作态度以及诚信、敬业的商学素养。

(二)通过理论与实践相结合融合商学技能和写作能力

"新商科"产生于我国经济由高速增长阶段转向高质量发展阶段,对人才需求提出新的更高要求的新时代,甫一产生就担负着面向社会新变革来回答实践中的新问题的重任。[①]因此,面对新问题的逻辑思维能力、辩证分析能力和提出对策能力是新商科人才所需具备的重要商学技能。与此同时,以上三种能力其实也是《应用写作》课程所需达到的写作技能养成目标。在现实中,教师可尝试通过理论与实践相结合的方式实现以上两个目标的有机融合及同步达成。

具体说来,由于大学生缺少工作实践经验,且很少接触应用文写作的相应工作环境,所以容易在理论认识和写作实践中产生主客体脱节的现象。为了弥补这一缺陷,教师通常都会在每一类应用文的讲授中引入写作练习和评改环节,通过范文评析和写作练习相结合,帮助学生理解知识体系。而这一练习和评改环节为我们融入商学技能素养提供了契机。教师可通过模拟一些时下较为流行的商务工作情境,询问学生在特定情景中应如何展开一篇应用文的写作,进而引导学生思考为什么要那样展开,写作中围绕工作要求需注意哪些问题,可以提出哪些对策建议。如此一来,写作应用文的过程,就成了提出问题、分析问题、解决问题的逻辑思维能力提升过程,同时也潜移默化地提高了学生理论联系实际、从实践中检验真理和发展真理的能力。

---

① 参见吕朝晖:《新商科:学科内涵与实现路径》,《河南工程学院学报(社会科学版)》,2020年第4期。

（三）对照《应用写作》知识体系融入商学知识素养

在新商科建设背景下，大学生所必备的商学知识既包括传统的经济学和管理学知识，也包括与从事现代商务相关的人工智能、大数据、共享经济、互联网电商、企业家精神等内容。[①]在《应用写作》教学中，可通过引入相关商学内容的文书写作，达到商学素养培育和课程思政的有机融合。例如，"商务文书写作"是《应用写作》课程的重要章节，在相关章节知识的讲授中，就可以通过引入反映新商科"创新"特点的大数据、互联网行业的文书写作背景知识和相关案例，使学生在掌握应用文写作技巧的同时，了解互联网时代的商业特征及其对商务活动带来的深远影响。

事实上，无论学生将来从事何种职业，对于常用应用文书的阅读和写作都是必不可少的，所以应用文书的写作本身就是商学知识体系的重要组成部分。因此，在日常的应用文书写作知识讲解和练习中，教师有必要引导学生结合应用文背后的具体职业情境，学习正确的文书写作格式和写作方法，从而养成规范运用母语文化知识和技能的好习惯。[②]

四、商学素养融入《应用写作》课程思政的教学实现路径

良好的课程思政效果，离不开丰富而有效的教学实践活动。在《应用写作》课程思政建设中，可通过先进教学资源的灵活运用，推进课程思政的全过程、全方位实施。

（一）采用"线上线下"混合教学模式

一是采用案例教学方式。案例教学是《应用写作》教学的主流形式。[③]为

---

① 参见张维功：《应用写作"三位一体"课程育人实现路径研究》，《科教文汇（下旬刊）》，2019年第9期。

② 参见王琴海：《高职应用文写作课程融入课程思政的教学实践与思考》，《文化产业》，2021年第19期。

③ 参见袁静云、曾娟娟、江秋兰：《〈应用文写作〉课程思政教学改革探究》，《课程教育研究》，2019年第49期。

了帮助学生理解和掌握应用文写作方法，教师在每一种文书的讲授中，都需要伴随大量的案例点评。通过精选一些既体现商学素养，又富有丰富思政元素的教学例文，有助于达到"润物细无声"的课程思政效果。其中，案例的选择既要突出"商"字，又要突出"思"字。具体来说，可选取一批反映时下营商环境建设、让学生产生心灵震撼，引起强烈兴趣的案例文章，从而培养学生树立正确的商学意识，养成正确的商学文化价值观。

二是采用在线教学、翻转课堂等教学新形式。随着雨课堂、云班课、超星、慕课等各类在线平台的迅速崛起，翻转课堂逐渐成为一种新的主流教学模式。《应用写作》课堂教学中往往伴随大量的范文讲解和写作实训练习，通过"线上课堂+翻转课堂"的方式，就能够提前向学生发送相关案例教学资料，布置课堂讨论和预习的内容，从而增强学生的课堂参与意识，提升课堂教学效果。此外，还可以在课堂上适当导入微课、短视频等录播教学元素，在增强课堂生动性、趣味性的同时提高学生的学习兴趣、吸引学生的课程关注力。

三是适当开展小组讨论和情景模拟写作。《应用写作》课程的应用性和实用性特点，决定了开展小组讨论和情景模拟写作的必要性和可行性。其中，分小组展开应用文的写作和互评，有助于在增强学生参与意识和合作意识的同时，加深学生对于写作知识的掌握。通过模拟应用文写作的实际工作情境，例如组织学生模拟召开工作会议的流程，教授学生掌握关于会议通知、工作会议报告、会议讲话稿、会议纪要等常用应用文的写作，更有助于帮助学生系统掌握应用文写作要领，加深对不同文种关系的认识以及写作规范和技巧的理解掌握。

（二）实施全过程课程思政

为了尽量提升《应用写作》课程思政的建设效果，教师就不能仅用好课上 45 分钟，还需不断完善"课前准备""课中教授""课后总结"三阶段，通过实施全过程课程思政，努力打造优化素养、强化技能的优质课堂。

具体来说，一是在教学准备中，严格执行教学大纲，合理选用教材和教学案例，精心设计教学课件，将与每节课相对应的课程思政元素充分融入教学之中,使教学内容契合时代脉搏,充满鲜活的时代气息和社会正能量。

二是在过程组织中,坚持问题导向,在传统的"复习—引题—内容索引—知识点讲解—范文评析—写作练习—小结"的课堂教学基础上,在重点环节融入思政元素。例如在知识点讲解中加入中华优秀传统文化、社会主义核心价值观等方面的知识,在范文评析中选择反映时代正能量和新商科背景的最新范文,在写作实践中选取现实生活中具有丰富思政元素内容的问题,从而将课程思政融入《应用写作》课程全过程。

三是在教学互动中,改变传统以教师为主体的授课模式,形成以学生为主体、充分发挥学生自主功能的授课模式,推动学生课前互动、课中互动,营造积极向上的学习氛围。

四是在课堂管理中,引导学生遵守课堂管理规范,不开小差,全身心投入学习过程,以此培养学生的规则意识和纪律意识。

五是在平时考核中,加大课程思政元素在平时考核中的比重,着重考核学生的课堂礼仪、价值观念、职业素养等内容,将思政元素细化到每一节课的课堂管理和任务完成中。

五、结语

新商科建设是一项任重道远的工程,对于商科院校来说,将商学素养有效融入课程思政教育改革中,既有利于培养出思想素质高、专业素质过硬的新商科人才,也有助于提升学生的社会责任感和担当意识,从而达到立德树人的教育总目标。本文尝试对商学素养融入《应用写作》课程思政建设的必要性和可行性进行了分析,在此基础上提出了将商学知识、商学技能及商学文化价值观分别融入《应用写作》课程思政的具体方法路径,并对如何用好教学资源、开展全过程课程思政问题进行了探讨。文章将有助于拓展新商科及课程思政的研究范围和深度,同时也是课程思政建设实践的一种有益尝试。

作者简介:李娜,女,博士,天津商业大学公共管理学院讲师。

普通高校加强课程思政建设的路径探究

刘澎涛

一、加强课程思政建设的背景与意义

习近平在全国高校思想政治工作会议上指出，我国高等教育肩负着培养德智体美全面发展的社会主义事业建设者和接班人的重大任务，要坚持把立德树人作为中心环节，把思想政治工作贯穿教育教学全过程，各门课都要守好一段渠、种好责任田，使各类课程与思想政治理论课同向同行，形成协同效应。之后，习近平在学校思想政治理论课教师座谈会上强调指出，要坚持显性教育和隐性教育相统一，挖掘其他课程和教学方式中蕴含的思想政治教育资源，实现全员全程全方位育人。这些重要指示为我们加强课程思政建设提供了重要的指导。2020年4月，教育部等八部门发布《关于加快构建高校思想政治工作体系的意见》，明确指出，要全面推进所有学科课程思政建设。统筹课程思政与思政课程建设，构建全面覆盖、类型丰富、层次递进、相互支撑的课程体系。2020年5月，教育部印发《高等学校课程思政建设指导纲要》，指出要把思想政治教育贯穿人才培养体系，全面推进高校课程思政建设，发挥好每门课程的育人作用，提高高校人才培养质量。

普通高校思想政治教育从根本上关系着我国高等教育"培养什么人、怎样培养人、为谁培养人"这一根本问题，而课程思政建设是高校思想政治教育的重要组成部分与有效实现形式，也是思想政治教育深化发展的新阶段。所以作为普通高校，就要不断探索思想政治教育的新形式、新途径、新方法，要充分发挥所有课程的育人价值，通过构建全程育人、全员育人、全方位育人的思想政治教育新格局，真正实现对青年大学生知识传授与思想引领的有效统一。①

二、加强课程思政建设的机制与路径

教师是课程思政建设的关键。教师的德育意识、德育能力和道德水准是决定课程思政成败的决定性因素，他们是课程思政改革的主力军，是课程思政的设计者和实施者。

(一)加强专任教师的政治理论学习和思政培训

作为高校专任教师，要坚决拥护党的统一领导，时刻绷紧政治理论学习这根弦，学深悟透马克思主义政治理论、习近平新时代中国特色社会主义思想和党的路线方针政策等，紧跟国际国内形势，时刻保持思想的先进性，注重提升自身思想政治理论水平，努力成为有理想信念、有道德情操、有扎实学识、有仁爱之心的"四有"好老师。

要不断加强专任教师课程思政培训教育，提高自身的思想政治素质和思政教育能力。通过探索、交流，及时了解课程思政建设实施的最新进展及方式方法，不断挖掘专业课程中的思政元素，提高课程思政深入度，并将其贯穿于人才培养过程中，加强对学生世界观、人生观、价值观的引导。

(二)不断完善课程思政教学设计

专任教师要充分发挥第一课堂育人功能，把思政元素有效地融入教材、融入教学各环节，避免课程思政成为简单的"课程加思政"，将专业课和思政教育隔离开，出现两张皮的现象。要加强对课程思政的教学设计，将课程思政内容纳入总体教学目标，细化到每个教学环节和每一堂课，实现思政元素与教学内容的深度融合，让学生在学习专业知识的同时，在思想上也能受到教育和启迪。其次，课程思政建设要依托具体的专业知识，专任教师要结合

---

① 参见刘静、万明、赵小惠：《"三全育人"理念下高校课程思政建设路径的探索》，《大学》，2021年第5期。

实际案例、社会热点和突出问题,激发学生学习兴趣,引导学生深入思考,确保课程思政富有吸引力,并能够取得实效。另外,专任教师要做到言传身教相结合,除课堂教学外,在社会实践、就业实习、论文指导、创新创业、课下指导、日常生活、为人处世等人才培养各个方面,传播正能量,起到示范作用,作为学生的榜样。

(三)创新教学方式方法

在实施课程思政过程中,要充分发挥学生主体作用,注重强调学生专业知识的形成和专业能力的培养,注重培育大学生形成正确的社会主义核心价值观。在课堂上可以增加动画视频制作、案例教学展示、研讨交流环节、演讲辩论活动,课外可以增加课程论文、实践报告等内容,提升大学生脚力、眼力、脑力、笔力,在巩固专业知识的同时,提升自身综合素质。同时,可以鼓励学生参加广告设计大赛、案例大赛、多媒体课件制作大赛、视频制作大赛等专业比赛和兴趣类比赛,以赛促学,以学促教,增加学生学习政治理论知识和专业知识的兴趣。

另外可以充分运用信息化平台,将新媒体技术应用于课程思政教学,实现教学资源的共享,实现学生学习动态和需求的跟踪,实现学生大学生涯思想政治教育全部内容的记录,实现教师和学生教育学习的双向评价。通过信息化平台,将课程思政和大数据紧密结合,将定性的内容不断定量化,不断提高思想政治教育的科学性。

(四)加强课程思政交流研讨

基层教学单位可以成立课程思政教学团队、课程思政研讨小组等,定期开展课程思政教学研讨、课程思想教学成果展览、课程思政听课评课等,增加专任教师间实施课程思政的沟通交流,共同深挖专业课程中的思政元素,研究审核专业课程教学大纲、教学目标、教学方案和教学思路,确保课程思政的正确教学方向。鼓励专任教师积极申报课程思政示范课、教改项目等,创新教育教学方式,丰富课程思政教学资源,完善课程思政教学方法,不断提升专任教师课程思政整体水平和能力。

（五）建立完善课程思政教学评价体系

对专业课教师进行评价时，要坚持以立德树人为导向，除对专任教师教学内容、教学态度、教学方法等业绩评价外，还要注重育人效果评价，增加课程思政评价内容。针对课程思政教学评价内容，要注重是否制定合理的课程思政教学目标，要注重人才培养方案是否体现思政教育，要注重教材的选定及教学大纲的制定是否体现课程思政元素，要注重教学手段、方式能否为课程思政目标服务，要注重课程思政的实际育人效果如何。要通过自评、互评和监督指导，不断完善课程思政教学评价体系，提高人才培养质量。[①]

三、加强课程思政建设的实践研究——以行政管理专业为例

行政管理专业旨在培养具有现代行政管理理论和实践技能，同时兼备良好的商学素养，能在党政机关、工商企业、非政府公共机构和咨询决策部门，从事行政和公共管理工作的复合型、创业型高级应用型人才，对人才的德育要求非常高，实施课程思政具有很强的必要性。

（一）以党的光荣传统和精神谱系为切入点

习近平强调，要继承弘扬光荣传统、赓续红色血脉，永远把伟大建党精神传承下去、发扬光大。所以在课程思政建设中，可以以党的光荣传统和精神谱系为切入点，加强对大学生的思想政治教育，让大学生在行政管理学习中强化爱党爱国爱社会主义。

（二）将思政元素融入专业课教学

以《行政管理学》为例，它主要研究行政管理的规律和方法。专任教师要对教材研究透彻，找出其中蕴含思政元素的章节，强调服务意识、法律观念、

---

① 参见李会荣：《高职院校专业课教师课程思政教学能力提升策略研究》，《轻工科技》，2021年第8期。

诚实信用、廉洁奉公、公正无私等观念，并将这些思政元素融入课程教学中，促使学生树立文化自信，形成对管理体系的探索精神，逐步培养学生的担当意识、责任意识。以《政治学原理》为例，它以政治行为和政治现象为研究对象，研究的是政治相关领域问题，通过将思政元素与专业知识相结合，引导学生树立正确的马克思主义政治观点，引导学生树立中国特色社会主义共同理想，不断增强道路自信、理论自信、制度自信、文化自信，立志肩负起民族复兴的时代重任。

（三）通过时事政治教育加强人才培养

现在社会属于信息大爆炸的时代，大学生能够通过网络了解到各式各样的社会热点、民生问题，在行政管理专业课程教学中，专任教师可以引导学生就时事政治进行研讨交流、开展主题演讲、进行辩论比赛，增强大学生思辨意识和对法律法规、公共政策的深度理解，并以此时事作为案例，纳入案例库中，不断丰富课程思政内容。[①]

四、结束语

课程思政建设是深入挖掘高校各类专业课程中蕴含的思想政治教育元素，充分开发专业课程的育人功能，是新时代高校思政教育的改革创新举措，是实现三全育人的重要途径，需要社会、学校、教师、学生积极参与，并从顶层设计层面、教学管理层面、专任教师层面、学生主体层面、保障激励层面等各方面考虑，不断完善建设方案，将专业课教学目标与课程思政总体目标有机契合，真正实现大学生学习专业知识的同时，也将思想政治教育内容入脑入心。

作者简介：刘澎涛，男，硕士，天津商业大学公共管理学院组织员。

---

① 参见谢子传：《高校专业类课程思政建设论略——以行政管理专业为例》，《福建警察学院学报》，2021 年第 1 期。

"挖掘"与"融入"
在《政治学概论》课程思政中的应用

刘文花

一、问题的提出

　　课程思政缘起于习近平在全国高校思想政治工作会议(2016.12)上,关于"使各类课程与思想政治理论课同向同行,形成协同效应"的重要论述。自此,高校思想政治工作备受关注,高校课程思政的顶层设计快速系统化。2017年2月,中共中央、国务院印发《关于加强和改进新形势下高校思想政治工作的意见》;2017年12月,中共教育部党组印发《高校思想政治工作质量提升工程实施纲要》;2018年6月,陈宝生部长在新时代全国高等学校本科教育工作会议上的讲话强调课程思政;2019年3月,习近平在学校思想政治理论课教师座谈会上的重要讲话强调课程思政;2020年5月,教育部等八部门印发《关于加快构建高校思想政治工作体系的意见》;同月教育部印发《高等学校课程思政建设指导纲要》,由此可见党和国家对高校课程思政的重视及高校课程思政建设的紧迫感。

　　自教育部于2017年12月发布《高校思想政治工作质量提升工程实施纲要》,明确将上海近年探索和提出的"课程思政"推向全国以来,此项工作已在全国各高校如火如荼地展开。近两年,课程思政呈现"井喷式"的发展态势。一方面,在理论探索领域,基本概念逐步清晰,理论框架不断完善。另一方面,在实践层面,各个教育阶段的各种课程在课程思政探索中"遍地开花",尤其是高等教育阶段,课程思政的"三全"育人格局正快速形成。丰硕的成果凸显高等教育在教育体系中的重要地位,源于"课程思政"顶层设计的不断完善,得益于"课程思政"理论成果的系统化和不断深化,必将通过"催化"和"传导"效应将"课程思政"引向深入。政治学是哲学社会科学的一门重要学科,中国的政治学要坚持马克思主义政治学的"本色"不能变。政治学的核心理论与中国政治学马克思主义的意识形态属性均决定了该学科在"强化哲学社会科学育人作用"中的重要地位。《政治学概论》作为政治学的核心课程,具备天然且丰富的课程思政元素,必须深入挖掘,并将其有机融入课程教学中,实现《政治学概论》课程思政与思政课程同向同行的协同效应。

二、课程思政文献综述

伴随课程思政的提出和中央层面的持续推进,学者们沿着两条路径开展课程思政研究:理论研究持续发力,实践探索如火如荼。在理论研究方面,首先是区分"思政课程"和"课程思政",将"课程思政"作为特定研究领域加以重视。邱开金指出,思想政治教育是所有课程的内在应有之意。课程思政不是特定的一门或一类具体教学科目或某一教育活动,课程是泛化的概念,即学校育人的所有教学科目和教育活动,都渗透和贯穿着思政教育,其特点是课程为载体,思政教育是灵魂,课程的育人功能和价值取向鲜明,而传统的课程边际淡化。[1]何红娟认为迫切需要把思想政治教育融入大学生专业学习的各个环节,深入挖掘各类课程的思想政治教育资源,在传授专业知识过程中加强思想政治教育,使学生在学习科学文化知识过程中,自觉加强思想道德修养,提高政治觉悟。[2]胡靖等对近年来课程思政的研究进行阶段性反思,开展"高校'思政课程'到'课程思政'探索"的专题研究,总结了高校课程思政存在的问题,进一步厘清课程思政概念和要解决的基本问题,提出课程思政要在"着力构建系统化课程思政内容体系"解决"教什么"的问题。[3]

---

[1]　参见邱开金:《从思政课程到课程思政,路该怎样走》,《中国教育报》,2017 年 3 月 21 日

[2]　参见何红娟:《"思政课程"到"课程思政"发展的内在逻辑及建构策略》,《思想政治教育研究》,2017 年第 5 期。

[3]　参见胡靖、马星宇、王俊荣:《从高校"思政课程"到"课程思政"》,《思想政治工作研究》,2020 年第 4 期。

课程思政是一个新的概念和新的研究领域已经达成共识，以"课程思政是什么"为出发点的一系列追问、回应与碰撞迅速展开，关于课程思政的理论研究体系不断完善。赵鸣歧将课程思政"是什么"与"怎么做"结合，指出"课程思政"的内涵主要强调：高校所有课程必须具备价值塑造、能力培养、知识传授三位一体的教学目标，深入挖掘各门课程蕴含的思想政治教育资源；高校所有教师在课堂教学中要注重在知识传授中强调价值引领，在价值传播中凝聚知识底蕴，着力把社会主义核心价值观融入高校课程教学的全过程；高校专业类课程、综合素养类课程等课程要和思想政治理论课程保持同向同行、形成协同。[1]项波等从课程思政的"定位、体系、课程、考评"四个维度探讨课程思政"是什么""怎么做"。[2]韩宪洲对于课程思政的持续研究形成了关于课程思政较为完备的理论体系，并在与北京联合大学课程思政实践的互动中实现了理论与实践的结合。其主要贡献在于，一是基于问题意识提出课程思政的"内涵边界、核心要义、规律特点、实践要求、建设路径、工作评价等"基础工作不够扎实，"必须从提升认识、深化实践、完善制度这三个维度着力把握好深化课程思政建设的关键问题"。[3]二是以定义形式明确了课程思政内涵，指出课程思政是近年来高等教育领域深化综合改革的新生事物，是对新时代高等教育更好发挥"四个服务"功能的理念创新、制度创新和实践创新，其核心是要求把"做人做事的基本道理、社会主义核心价值观的要求、实现民族复兴的理想和责任"这三句话的总要求融入各类课程和教育教学全过程、各方面，在立德树人上实现同向同行。三是搭建了课程思政研究的理论框架并不断丰富，提出并尝试回答了"课程思政是什么、为什么、怎么干、怎么看"等问题。四是进行方法论探讨，以理论指导北京联合大学课程思政实践，并通过实践实现理论升华，提出所有教师必须把握好"深入挖掘课程所蕴含的思想政治教育元素"和"有机融入课堂教学"这两个重点，解决

---

[1] 赵鸣歧：《高校专业类课程推进"课程思政"建设的基本原则、任务与标准》，《思想政治课研究》，2018 年第 5 期。

[2] 项波、吴仲祺、杨路萍：《高校课程思政建设的"四个维度"》，《黑龙江高教研究》，2020 年第 4 期。

[3] 韩宪洲：《论课程思政建设中的几个基本问题——课程思政是什么、为什么、怎么干、怎么看》，《高教研究》，2020 年第 5 期。

好"教育者先受教育"这个重点和难点,练好练强开展课程思政的基本功,不断提升课程育人的能力和水平。

在实践层面,作为对中央精神和文件的积极关注和回应,以及文件精神在高校的传达和落地,课程思政在不同学科、不同专业、不同课程的实践探索呈"井喷式"发展势头,从外语到体育,从化学到计算机,从音乐到人工智能,从大学语文到机械,不一而足,全面铺开,课程思政与思政课程同向同行的态势正迅速形成。每一门课程都蕴含着课程思政的元素,但是每门课程的学科属性不同、在课程体系中地位不同、课程研究范畴不同,决定了课程教学与课程思政的内在联系不同、契合程度不同,即要回答该课程"是否必须进行课程思政、如何进行课程思政"的问题,这是对教师政治敏锐度、育人责任心和教学技巧的考验,也回应了"教育者先受教育"的要求。

三、挖掘课程思政元素——《政治学概论》课程思政的必然性和天然性

政治学作为一级学科是哲学社会科学的重要构成部分;政治学作为一门科学其研究范畴与思政课程深度关联;①《政治学概论》作为政治学、公共管理学等学科的核心课程,其理论框架和基本理论蕴含丰富的课程思政元素,②有效挖掘课程思政元素并融入课程教学,实现对学生的知识传授与价值塑造的双重目标,帮助学生形成政治学思维,对于专业学习而言是基础的也是有益的。下面围绕"为何挖掘""挖掘什么""如何挖掘"找到课程蕴含的思政元素。

(一)政治学的学科属性决定课程思政的必然性

"人天生是一种政治动物,在本性上而非偶尔地脱离城邦的人,他要么是一位超人,要么是一个鄙夫"。人不能超脱于政治生活而存在,因此学习政

---

① 参见[古希腊]亚里士多德:《政治学》,颜一、秦典华译,中国人民大学出版社,2003年,第4页。

② 参见王惠岩:《政治学原理》(2),高等教育出版社,2006年,第1页。

治学是有积极意义的。什么是政治学？政治学是干什么的？政治学的中国特色主要体现在哪？对上述问题回答能够解决为什么《政治学概论》必须进行课程思政。

政治学是研究人类社会政治现象的学科领域，是研究人类政治活动的规律性的一门科学。任何一种政治学说，都是某一些阶级的利益和意志的直接反应，政治学是一种具有鲜明的阶级性和意识形态色彩的学说。因此中国的政治学是马克思主义政治学。马克思主义政治学具有实践性的特点。政治学和政治研究的目的在于阐明社会政治现象的本质及其发展规律，为无产阶级和广大人民群众提供认识社会政治和改造社会政治的理论武器。实践性还体现在它主张实践是检验真理的唯一标准。随着人类政治实践的不断发展和人们对政治现象的认识的不断深化，马克思主义政治学具有的与时俱进的理论品格，将使其不断接受社会政治实践的检验，并且在实践中不断得到发展。

政治学是干什么的？简单地说，就是研究国家治理问题，政治学的根本任务是实现国家的善治。在推进国家治理体系和治理能力现代化的当下中国，学习政治学的意义不言而喻。学习政治学有助于增强公民意识，提高政治文化水平。学习《政治学概论》，对于掌握马克思主义政治学的基本原理和基本方法，打下比较扎实的专业基础，培养专业素养，提高政治素质和政治实践的能力，都具有重要意义。有助于把握正确的政治方向和政治立场，增强政治主体意识、政治参与意识，更加积极有序地参与社会主义政治建设，不断提高政治参与水平，能够提高观察政治形势、分析政治问题的能力，在纷繁复杂的环境中始终保持清醒的政治头脑。习近平指出，培养什么人，是教育的首要问题。我国是中国共产党领导的社会主义国家，这就决定了我们的教育必须把培养社会主义建设者和接班人作为根本任务，培养一代又一代拥护中国共产党领导和我国社会主义制度、立志为中国特色社会主义奋斗终生的有用人才。这也应该成为马克思主义政治学应完成的人才培养任务，是《政治学概论》课程思政的目标。

(二)《政治学概论》的理论体系决定了课程思政的天然性

在我国的政治学研究中，不同学者关于政治学的理论逻辑起点有所不同，理论框架略有差异，但核心理论具有一致性，更重要的是，马克思主义政治学的基本遵循和本土化的不懈追求是中国特色政治学研究的坚定政治立场和学术态度。《政治学概论》的课程内容以"马工程"教材《政治学概论》为基础，将马克思主义中国化的最新成果融入其中，既体现马克思主义政治学与时俱进的理论品格，又体现"深入推动习近平新时代中国特色社会主义思想进教材、进课堂、进头脑"的时代要求，更是课程思政的应有之义。《政治学概论》以马克思政治观为基础，以阶级为逻辑起点，阶级矛盾不可调和而产生国家，通过国家职能解释"国家是干什么的"，国家权力是履行国家职能的基础，国家形式体现了国家权力在横向与纵向的划分，国家机构是国家权力的组织载体，关于阶级和国家的理论回答了"国家是怎么来的""国家是干什么的"。进入国家政治生活，政治民主是政治文明的重要构成，是国家的政治制度，是国家政治生活应遵循的基本原则和政治发展的目标。政党是国家政治生活的重要主体，政党制度是国家又一政治制度。政党制度和政治参与是政治民主的重要形式。政治文化是政治领域的精神现象，具有鲜明的阶级性，而政治社会化是通过社会成员能动地学习获得政治文化的过程，实现从"社会人"向"政治人"的转变。政治发展是由社会基本矛盾运动决定的经济与社会发展发展的普遍要求，建立人民当家作主的社会主义国家、实现人的全面自由解放是政治发展的重大任务与远大目标。政治是一个历史现象，不是从来就有也不会永远存在，国家与政治相伴而生，因此国家的结局是"没有国家"，国家消亡理论阐释了国家的归宿，有助于坚定共产主义目标实现的信心。《政治学概论》课程理论蕴含丰富的课程思政元素，为开展课程思政提供了充分的"原材料"。

四、有机融入教学环节——《政治学概论》课程思政实践

在梳理课程理论框架及其内在联系的基础上，深挖每个理论构成中的

课程思政元素,遵循全面融入、有机融入的原则,将思政元素融入课程教学全过程,包括教学大纲修订、课堂教学、作业布置、拓展学习、社会实践等,在教学中将"爱党、爱国、爱社会主义、爱人民、爱集体"教育贯穿于课程教学全过程,围绕国家相关理论,培养学生家国情怀;以政党制度为基础,教育学生知党爱党;强化社会主义制度教育,激励学生为社会主义现代化建设而奋斗;结合政治民主,强调人民民主,用历史唯物主义激发学生对人民的热爱;基于政治文化,引申中华民族优秀传统文化,强化学生集体观念。在提高课程思政的针对性和亲和力上下功夫,挖掘特定政治活动、重大历史事件纪念活动、中华民族传统节日与《政治学概论》理论的结合点,将政治学理论知识与学生能够感知的实践经历结合,进行启发式教学,对学生产生潜移默化的影响。理论内容课程思政元素"挖掘"与"融入"应用示例表附于文后,以下就课程思政在教学环节中的应用举例说明。

(一)课堂教学环节

政党和政党制度理论是对学生进行知党爱党教育的重要抓手。首先,政党由一定阶级、阶层或社会集团中一部分最积极的成员组成,抓住"政治上最积极"关键词,说明中国共产党的先进性,同时鼓励学生奋发有为,成就优秀的自己,积极向党组织靠拢,争取在大学阶段光荣地加入中国共产党。

其次,政党具有特定的政治纲领和政策主张,中国共产党以"为中国人民谋幸福,为中华民族谋复兴"为初心和使命,以实现共产主义为最高理想和最终目标,以此坚定学生共产主义信念并与中国共产党同向同行。

最后,及时对学生进行党的重要会议及会议文件的学习和教育。如让学生了解党的十九大确立的分两步实现社会主义现代强国目标、党的十九届五中全会确定的"十四五"目标和二〇三五年远景目标,在课上和学生们一起在自己的年龄和目标实现时间点之间做"加法",让同学们意识到目标不是遥不可及,新时代青年不应作为旁观者,激励学生自觉把个人的理想追求融入国家和民族事业中,成为中华民族伟大复兴中国梦的追梦人和见证者。

（二）课堂讨论环节

引导学生深入社会实践、关注现实问题，并以课堂讨论形式进行展示。以"他们"为题，自主选取为我们幸福安宁的生活默默奉献的平凡劳动群体（如清洁工、列车检修员等），在课堂进行发言交流，让学生学会感恩，热爱人民。以"政治就在你身边"为基本理念，引导学生关心时事政治，关注社会现实问题，在每次课开始利用十分钟时间进行"时事评议"，学生自由讨论，教师加以引导，同时进行答疑解惑，澄清认识。

（三）课后作业环节

利用重要纪念活动进行课程思政。例如庆祝改革开放 40 周年，一方面讲述改革开放以来我国在民主政治建设、法制建设等领域取得的成就，另一方面给学生布置作业，以《改革开放 40 年和我家的故事》为题写一篇文章，让学生以身边的故事和切实感受，记录改革开放给人民生活各方面带来的巨大变化，从而体会到党的伟大、国家的强大，坚定永远跟党走的决心。

（四）拓展学习环节

推荐学生到中国政府网学习国家机构和国家职能，到"共产党员网"学习党的知识了解党的行动，到"学习强国"学习"党史"栏目并撰写学习心得，以此加深学生对党的认知。在课堂安排二十分钟时间，分两次观看两名共产党员的事迹（黄文秀和李萌），选取与大学生群体密切相关的榜样典型让学生感受榜样的力量，通过"认知—情感—动机—行动"对学生产生积极影响。课堂上播放香港回归祖国关键事件视频和《七子之歌——澳门》，让学生感受领土主权的神圣性和完成祖国统一大业的成就。

（五）教学大纲修订环节

对课程教学进行总结，微调教学大纲。如针对相对固定的开课时间和每年相对固定的"两会"时间，对教学大纲中的章节课时数进行微调。"两会"作为每年全国人民乃至全世界关注的政治活动蕴含着诸多政治学理论和知识点,涉及政治民主理论、人民当家作主、协商民主、中国共产党以人民为中心的执政理念,等等。因此,将"两会"期间授课的章节课时数增加,以适当讲解相关内容,而在后续讲到该部分内容时可适当压缩,减少课时,将教学重点放在复习巩固理论和对理论的拓展延伸。

（六）课程自始至终强化社会主义教育

《政治学概论》中每一理论基本遵循同一框架:基本概念和理论——西方国家的情况——中国具体情况,通过理论与实际的紧密结合有助于学生深刻理解理论并通过理论解释现实[通过中西方比较,阐释社会主义制度的优越性。因此,社会主义制度教育贯穿课程教学始终,学生通过学习,能够在理论上全面了解中国特色社会主义制度。在讲解中国特色社会主义的各项制度时,让学生充分认识到已经取得的成绩,同时意识到还需要不断加以完善,这要靠一代又一代人不懈努力,作为天之骄子的大学生绝对不能贪图安逸、不思进取,而要与国家同呼吸共命运,谨记总书记的告诫:"中华民族伟大复兴,绝不是轻轻松松、敲锣打鼓就能实现的",树立"国家兴亡,匹夫有责"的担当意识,练就干事创业的本领,积极投身社会主义现代化建设,以"功成不必在我,功成必定有我"的信念为社会主义现代化建设而奋斗。

五、结语

学校是政治社会化的重要途径,习近平总书记强调,青少年阶段是人生的"拔节孕穗期",最需要精心引导和栽培。通过挖掘《政治学概论》课程中丰富的课程思政资源并有机融入教学环节之中,发挥学校,特别是课程的政治社会化作用,让学生在学习中增加政治知识,增长政治技能,增强爱党、爱国、爱社会主义、爱人民、爱集体的情感,从而实现由"社会人"向"政治人"的转化。

附表：

课程思政元素"挖掘"与"融入"应用示例表

章节	理论或知识点	课程思政元素	融入方式	教学环节
导论	政治学定义	马克思主义政治学的学科定位	启发学生思考马克思主义政治学与西方政治学的区别，坚定马克思主义指导思想	课堂教学
	马克思主义政治学的发展	马克思主义中国化的过程	学习"四史"	课堂教学 拓展学习
	学习"政治学概论"的意义	为什么以及如何学好"政治学概论"	课前"时事评议"	课堂讨论
第一章 国家的性质	中国国家起源	起源时间早，中华文明源远流长	课余时间观看《中国通史》	拓展学习
	国家职能	"五位一体"战略布局	以《改革开放40年和我家的故事》作文，以小见大，爱国爱党爱社会主义	作业
第二章 国家权力与国家形式	国家结构形式	我国是单一制国家	香港回归祖国关键事件视频与《七子之歌–澳门》	课堂教学 拓展学习
第三章 国家机构	我国国家机构	国家监察委员会	通过国家机构改革，表达党反对腐败的决心，达到对党的政治认同	课堂教学
第四章 政治民主	西方民主制度与中国特色社会主义民主	二者比较"两会"	社会主义民主的优越性	课堂讨论
第五章 政党和政党制度	政党定义	"政治上最积极"	学业生涯规划作业	作业
	中国政党和政党制度	党的重要会议文件	观看榜样纪录片，学习党史	拓展学习
第六章 政治参与	扩大人民有序政治参与	制度、渠道举例	自己搜集政治参与渠道和方式并尝试参与	社会实践
第七章 政治文化	政治文化	中华民族精神和优秀传统文化	爱国主义是中华民族精神的核心，进行爱国主义、集体主义教育、坚定文化自信，建议读国学经典	课堂教学 拓展学习
	政治社会化	政治社会化的途径	家风教育，习近平总书记关于青年的论述	课堂教学 课堂讨论

注：依据教学课时和教学环节，教学大纲和教学内容包括表中八章内容。
资料来源：自行整理。

作者简介：刘文花，女，硕士，天津商业大学公共管理学院讲师。

《公共管理学原理》课程思政建设的探究

马　英

习近平在 2018 年全国教育大会上发表了重要讲话,对培养什么人的问题作出了部署。教育部于 2020 年发布了《高等学校课程思政建设指导纲要》,提出了全面推进高校课程思政建设的要求。课程思政就是要将价值塑造、知识传授和能力培养三者融为一体,寓价值观引导于知识传授和能力培养之中,帮助学生塑造正确的世界观、人生观、价值观。这就要求任课教师树立课程思政的理念,担当起育人的职责,将课程的讲授与学生品性的塑造紧密地结合在一起。本文以笔者讲授的《公共管理学原理》课程为例,探究课程思政建设的路径。

一、深入理解《公共管理学原理》课程的内涵,挖掘课程思政要素

为了适应我国行政管理体制改革和政府职能转变的需要, 教育部于 20 世纪 90 年代在管理学科门类下设置了公共管理一级学科,并且启动了公共管理硕士(Master of Public Administration,简称为 MPA)专业学位研究生教育。自此,作为一门极具时代性和应用性的社会科学在我国诞生了,一些高校也先后开设了公共管理类(公共事业管理、行政管理、劳动与社会保障、土地资源管理、城市管理等)本科专业。

天津商业大学(2007 年 4 月前称为天津商学院)为我国较早开设公共管理类本科专业的学校,现开设有公共事业管理、行政管理、土地资源管理等公共管理类本科专业,培养社会需求的复合型、应用型、创新创业型人才,强

化学生的学习能力、实践能力、创新能力和公共精神、社会责任感的培养。在公共管理类人才培养方案中,《公共管理学原理》课程是公共管理类本科专业必修的一门学科基础课,其教学目标在于使学生掌握公共管理学的基础理论、基本知识和方法,使学生树立正确的公共价值观,并且能够运用所学的理论和方法分析、解决公共管理实践方面问题的能力,为进一步学习其他专业课程奠定良好的学科基础。课程的教学目标服务于人才培养目标,公共管理类专业的人才培养目标以及《公共管理学原理》课程的教学目标都含有思政的核心要素——公共价值,这就要求《公共管理学原理》这门课程的教学内容的设计,要自始至终贯穿着教育引导学生把国家、社会、公民的价值要求融为一体,提高学生的爱国、敬业、诚信、友善修养。

公共管理是公共管理主体对社会公共事务的管理,根本目的是满足社会的公共需求。《公共管理学原理》是一门理论性和实践性都较强的课程,其核心特征体现在"公共性",其内容自始至终贯穿的是"公共服务",这与中国共产党的"为人民服务"的治国理政理念紧密联系。中国共产党自成立以来就是大公无私的政党,建党一百年以来,始终坚持以人民为中心的思想,通过公共管理满足人民群众日益增长的对社会公共物品的需求,向社会提供公共服务,实现了党领导全国人民摆脱贫困、迈向共同富裕的目标。教学中,立足于中国实践组织教学内容,深入挖掘其中蕴含的思想政治教育资源,切实发挥《公共管理学原理》课程的育人作用,教育引导学生深刻理解中华优秀传统文化中讲仁爱、重民本、守诚信、崇正义、尚和合、求大同的思想精华和时代价值。

二、精选公共管理案例,培养学生的公共价值观

结合《公共管理学原理》课程的教学内容精选视频案例,使学生通过观看视频、情景模拟、角色扮演、讨论分析等教学环节,实现课程教学的知识传授、能力培养、价值塑造的三位一体。

如讲授《公共管理伦理与责任》这章的内容时,选用了 2014 年天津市胸科医院搬迁到新址后,天津市政府信访部门协调解决公交线路不能正常开

通的视频。胸科医院的搬迁作为天津市政府 20 项民心工程之一,其原本的目的是为市民提供更加方便、快捷的服务和更加舒适、安全的就诊环境,但由于医院搬迁后,新址周围的配套公交设施迟迟没有到位,造成前来就医的市民和医院工作人员出行困难,解决胸科医院周边公交线路少的问题就成了迫切需要解决的公共问题。经过多方的协调,解决这个公共问题的根源在于公交场站的建设问题。事实上,早在 2010 年起,津南区政府就开始对何庄子村进行拆迁整合,在两三年时间内,已经将本次建公交场站的宅基地整理出来并移交海河公司。村民赵某在未经任何人允许的情况下私自在这块空地的池塘内投放鱼苗进行渔产养殖,现因公交场站建设要填埋其养鱼池塘,赵某阻拦施工单位进入场地,随后又联合几户村民向政府提出赔偿其损失 20 万元的诉求。由于津南区政府已全部完成了该块宅基地的补偿工作,且村民赵某在宅基地范围内进行渔产养殖没有办理任何承包协议或租赁协议,因此其补偿要求不符合相关政策法规的规定,属于不合理的诉求。赵某始终不肯放弃其不合理诉求,导致了公交场站建设工作无法开展,直接影响了公交场地建设工作的推进,胸科医院公交车量少的问题无法得到有效解决。

这个视频直观、生动、形象地向观众解读了公共政策,释放了公共政策的善意,使学生了解了公共问题产生、协调沟通、解决的过程,最大限度地培养了学生的公共意识。同学们在案例分析讨论中形成了结论:村民赵某法律意识欠缺,将个人私利放在首位,最终影响了公共管理效果。通过对案例的分析、讨论,将课程思政融入案例教学中,对学生开展宪法法治教育,教育引导学生牢固树立法治观念,提高运用法治思维和法治方式维护自身权利、参与社会公共事务、化解矛盾纠纷的意识和能力。

三、以学生为中心,构建全方位课程思政大格局

教师在与学生相处中的个人形象、待人处事的谈吐、接打电话的方式、传达信息的沟通等日常行为,都在发挥着育人的作用。教师爱岗敬业的态度、立德树人的信念、遵时守信的品行、对学生的人文关怀,学生通过耳濡目染,影响着其价值观的形成。在日常的学习中,鼓励学生建言献策,让学生自

主地处理遇到的问题,引导学生形成参与意识和正确的权利观。

公共管理类本科专业要培养具有较高的公共管理理论素养及专业技能,公共精神与专业能力兼备的管理人才。但是由于我国公共管理部门人员的录用大多为体制内用人,公共管理类专业学生的就业也不能逾越"凡进必考"的体制内用人的规定。一些学生在学习过程中,向任课教师提出今后就业去向和专业选择的问题。教学中紧紧结合公共管理学科的特点,深化职业理想和职业道德教育,增强学生的职业责任感。以天津商业大学公共管理学院毕业生的近三年就业为例,毕业生初次就业的职业主要是行政秘书和行政助理、房地产经纪人、文员等辅助管理岗位的工作,如表1所示。作为典型的跨学科、交叉学科、综合性与应用性的公共管理学科,培养的学生应该是复合型人才。通过案例教学、情景模拟、小组讨论等以学生为中心的教学方式,使学生具有某种岗位的系统的动手能力,而且具有应对各种复杂的职业环境的整体实践能力。

表 1　天津商业大学公共管理学院毕业生职业流向

毕业届别	从事的主要职业
2020 届	社工、行政秘书和行政助理、房地产经纪人
2019 届	行政秘书和行政助理、文员、银行职员
2018 届	行政秘书和行政助理、房地产经纪人、文员

资料来源:根据天津商业大学 2020 届、2019 届、2018 届本科毕业生就业质量年度报告整理。

为了更好地实现人才培养目标,满足社会对公共管理类专业人才的需求,《公共管理学原理》作为公共管理类专业人才培养的学科基础课,必须按照课程思政建设的要求进行教学改革。课程体系设计中发掘《公共管理学原理》课程思政元素,找到思政教学设计的关键点,将公共价值塑造、理论知识学习、能力素质培养有机融合,实现成人成志成才的育人目标。

作者简介:马英,男,硕士,天津商业大学公共管理学院教授。

基于学生意见征询的以人为本教育改革实践

——以土地资源管理专业课程体系建设为例

孙　艺　安腾飞　席　枫　陈源源

一、引言

自党的十六届三中全会提出"以人为本推动全面协调可持续发展"的奋斗目标之后,"以人为本"理念开始被教育教学领域所重视。"以人为本"就是以学生为本,尊重学生的主体性,呵护和发展学生的创造性,培养学生丰富的社会属性和鲜活个性。[①]"以人为本"的教学管理模式是指"根据学生的个人需要、兴趣和爱好来进行教学管理活动,最大限度的发挥高校师生的积极性和主动性,实现人和高校的共同发展"[②]。这种模式虽然已经被广泛应用,但使用范围往往局限在翻转课堂、自由选课、参与反馈等课程教学或管理方面[③],而在作为高校教学发展的重要环节——专业课程体系建设中却鲜有应用。

学生是教学培养中的重要组分和目标对象,其专业素养、能力发展与课程体系设置息息相关。课程体系及其课程是人才培养的主要载体,是专业培养方案的核心内容,关系到人才培养目标的实现和专业培养标准的落实。[④]因此在课程体系建设中, 应该在原有从专业教师入手自上而下建立课程体系

---

① 参见姚姿如、杨兆山:《"以人为本"教育理念的意蕴》,《教育研究》,2011 年第 3 期。

② 张利云:《关于新时期高校教学管理模式的探讨》,《高教学刊》,2015 年第 20 期。

③ 参见王薇、向洁、王卫东:《高校开放式课堂教学研究——基于学生视角的实践问卷分析》,《现代大学教育》,2018 年第 2 期。

④ 参见林健:《新工科专业课程体系改革和课程建设》,《高等工程教育研究》,2020 年第 1 期。

的基础上,加入从学生角度自下而上的课程体系建立方式,这对贯彻以学生为主体的教育理念,完善现有教育教学模式,以及高校人才培养都有重要意义。

调查学生对课程体系的建设意见,可以采用意见征询的方法。这一方法可在较短时间内收集到更多人的态度和看法,了解学生对于现有课程体系的观点和态度,①然后将这些意见进行分析汇总并建立调整框架,进而指导课程体系建设。由于学生的学习过程和教师的教学体验不同,广泛听取学生意见,有助于真正实现"教"与"学"的统一,促使教学质量的进一步提升。

本研究选取天津商业大学土地资源管理专业为调研案例,通过分组调查法和问卷调查法对学生进行关于课程体系调整的意见征询,并尝试将学生意见征询的结果融入课程体系调整中,以期达到完善课程体系和培养方案的目的。天津商业大学土地资源管理专业对外招生 12 年,学制 4 年,2017年被评为天津市优势特色专业。希望通过本研究能对全国普通高校专业课程体系建设提供参考。

二、专业教育改革势在必行

教育是立国之本,强根之基。教育水平的发展和提高,可以促进个人的全面发展,提高国民综合素质,是新时代发展背景下实现全面建成小康社会,建设富强民主文明和谐的社会主义现代化国家的决定性因素。当下,我国正处于改革发展的关键阶段,经济、文化、社会建设的压力日益加大,培养创新人才的紧迫性更加凸显。面对这样的机遇和挑战,深化教育改革已成为促进中华民族伟大复兴的重要环节。②尤其是专业教育,在推动科技创新、经济发展、社会进步等方面做出了突出贡献,更应走在教育改革的前沿。

土地资源管理专业是依据中国国民经济发展需求,解决地区土地资源的利用与资产问题而产生的一门集合多学科支撑的专业,至今学科建设已

①　参见黄四林、左璜、莫雷、刘霞、辛涛、林崇德:《学生发展核心素养研究的国际分析》,《中国教育学刊》,2016 年第 6 期。

②　参见《国家中长期教育改革和发展规划纲要(2010—2020 年)》,《人民日报》,2010 年 7 月30 日。

有六十余年的发展历史。土地资源管理专业也是一门随着时代发展变化而需要不断调整的综合性学科,其学习内容集行政管理、工程技术应用和信息处理为一体,在要求学生打好理论基础的同时,也要求学生有一定的实践技术基础,如空间信息处理技术、图形图像处理技术、土地测量与估价技术、不动产投资分析技术和土地规划技术等。[1]

随着时代的发展,土地相关行业发生了很大变化,如国土空间规划、房住不炒等新政策不断出台;土地行业法律法规和技术标准的不断更新;3S技术在土地资源管理中应用不断升级;市场对土地资源管理行业整体技术性需要持续提升等。这些变化都对土地资源管理专业的毕业生提出了更高要求。土地资源管理专业原有的培养体系以及与之对应的课程体系必须向更加精准、规范和可持续的方向转型,否则将导致普通院校本科生的专业知识和技术难以跟上行业发展,加大就业难度。[2]由此可见,土地资源管理专业课程改革势在必行。

根据现有研究来看,土地资源管理专业教育的研究内容多集中于人才培养、实践教学、国土资源、土地利用规划这四方面,很少有关于专业课程体系设置的探索,且这些研究仅从教育者角度,自上而下的提出改革建议。与之相比,本研究更关注如何自下而上的进行课程体系建设,由此形成对已有研究的重要补充。

三、学生意见征询概况

本次研究针对土地资源管理专业的在校生进行,意见征询由问卷调查和分组调查两个阶段构成,征询结果反映出学生对课程内容、难度、时序三个方面的意见和建议。

---

[1] 参见卞正富、金丹:《中国土地资源管理专业研究生教育与人才培养》,《中国土地科学》,2008年第5期。

[2] 参见李武艳、鲍海君:《新型城镇化与土地资源管理创新——第十二届全国高校土地资源管理院长(系主任)联席会暨中国土地科学论坛综述》,《中国土地科学》,2013年第11期。

(一)意见征询思路

本次意见征询采用了问卷调查法和分组调查两种方法，流程分为两个阶段：第一阶段通过问卷调查，获取学生在现有土地资源管理专业课程体系下的学习感受，如果学生认可专业课程体系的设置，则不存在课程体系调整的必要；如果学生对专业课程设置提出不同的意见，则表明需要进行专业课程上的调整，以提高学生的认可度。第二阶段采用分组调查的方式，以更加直观的了解学生们对现有课程体系设置的具体意见，并对这些反馈意见进行汇总、整理、分析，以获取对课程体系调整的方向和内容。研究思路见图1。

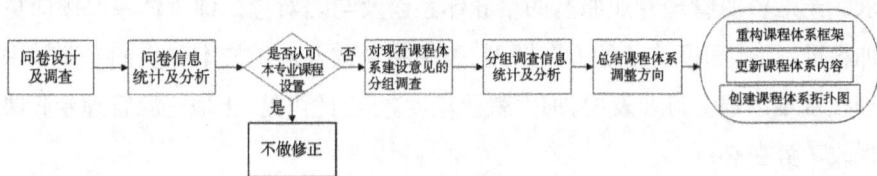

图 1　研究思路

(二)意见征询过程

意见征询对象为2018级土地资源管理专业的在校生，共计79人。征询时间为2021年春季学期。这批学生已经基本完成专业课学习，对于课程体系设置有切身感受。

意见征询的第一阶段，采用了问卷调查方式，针对土地资源管理专业学习情况进行调查。具体调查的内容包括：是否喜欢本专业；未来是否会选择继续本专业的深造；在校期间是否参与了专业竞赛；在竞赛过程中的主要知识盲区有哪些。通过对这些问题回答情况的分析，可以粗略地发现学生对本专业的认可和满意程度，并对学生如何看待理论学习和专业技能实践有初步认知。

意见征询的第二阶段，采用了分组调查方式，要求调查对象针对专业课程体系进行反思，并回答现有课程体系存在哪些问题，还需要进行哪些方面的调整。分组调查要求每小组为4~5名学生，思考和研讨时间为2周，讨论结果以电子文档形式递交，以便后期进行汇总、整理和分析。本次分组调查共有 17 组,因具有匿名性的特点,学生参与广泛,并愿意分享自身的想法,同时实现了学生意见的组内筛选和归纳,有效提高了数据的质量。

(三)意见征询结果

问卷调查的结果显示学生对本专业的认可度一般,因为对就业的担忧严重影响了学习土地资源管理专业的兴趣,以及未来深造的方向。学生竞赛也体现出了很多专业技能的盲区,而学生们认为这些技能在专业学习中是比较重要且需要被掌握的。通过第一阶段的学生意见征询,可粗略地发现学生们对课程设置有一些建议,认为课程体系需要调整。这也更体现出意见征询第二阶段的重要性。

第二阶段分组调查的汇总结果显示出学生对课程设置的建议主要在课程设置内容、难度和时序三个方面。

(1)课程设置内容。70%的学生认为课程体系的实践性不足,需增加理论课配套的实践课,并延长现有实践课的学时数;75%的学生认为课程设置不全面,应增强技术性课程且增添实用性较强的理工类课程;49%的学生认为部分课程或其学时应有适当删减,原因是认为部分课程设置重复,并有部分课程内容对本专业来说实用性较低。

(2)课程设置难度。22%的学生认为课程难度方面需要调整,尤其是需要提高高等数学和计算机基础课程的难度。

(3)课程设置时序。16%的学生认为课程设置时序应当进行调整,他们认为需要将素质拓展类非专业课程和基础类专业课程前置,将需要较强的逻辑思维和专业素养的复杂课程后置,并将理论课程和实践课程结合设置。

四、课程体系的调整

首先,采用模块化设置方式对课程体系框架进行重构。然后,结合征询意见对纳入体系的具体课程进行更新。最后,结合培养目标、课程内容、能力掌握等因素,对课程设置时序做出安排,形成课程拓扑图。

(一)课程体系框架重构

现行的天津商业大学土地资源管理专业17版培养方案将课程体系分为了五大类:人文与社会科学类、训练与健康类、数学与自然科学类、学科基础与专业类、集中实践类,见图2。原有分类中的学科基础与专业类的下属课程设置混杂,学科基础、专业核心、专业选修三个亚类的区分度不明显,导致培养方向不清晰,这是造成学生对本专业认可度不高,学习兴趣不强,实践能力较弱,就业前景迷茫的重要原因。

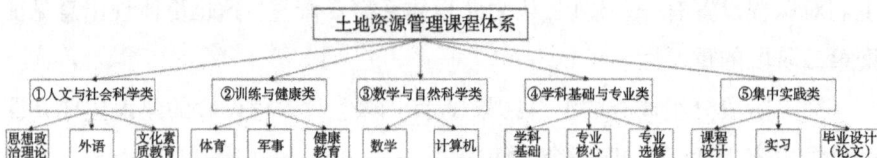

图2 原有课程体系框架

研究发现,国内不少高校在课程体系建设中采用了模块化的课程设置方法。所谓课程设置模块化,就是将存在紧密逻辑联系,教学目标和学习方式接近的课程内容组合成相对完整的课程模块,由学生根据教学培养方案要求,按照培养计划自主选择课程模块。①这种课程体系设置方法充分体现了学生的主体性,使学生可以依据自己的兴趣,根据自身基础,参照未来发展方向和目标自由选择课程模块。同时,对专业课程进行模块化分类也有利于各学校根据需要进行模块调整,进而体现专业特色。因此,我们通过课程设置模块化的方法给予学生未来学习方向更大的自主选择权。这样的调整,有针对性地解决了学生意见征询过程中体现出来的学习兴趣不强,积极性不高,对未来发展方向不明确,学习目标不清晰的问题,同时也使专业培养体系的方向更加明确,对于未来学生的就业提供了更明确的选择。

具体而言,本研究将学科基础与专业类调整为模块课,分为必修模块+选修模块。必修模块结合原有课程体系中基础课和核心课进行设置,包括3项,分别为经济模块、管理模块、技术应用模块。选修模块根据原有的专业选

①参见刘伟、刘玉霜:《"双一流"建设下高校研究生课程体系模块化与开放式教学创新》,《航海教育研究》,2019年第3期。

修课,并结合学生未来择业方向及本次调研情况,划分为不动产管理与实务方向、国土空间治理方向以及土地实务方向。详见图3。

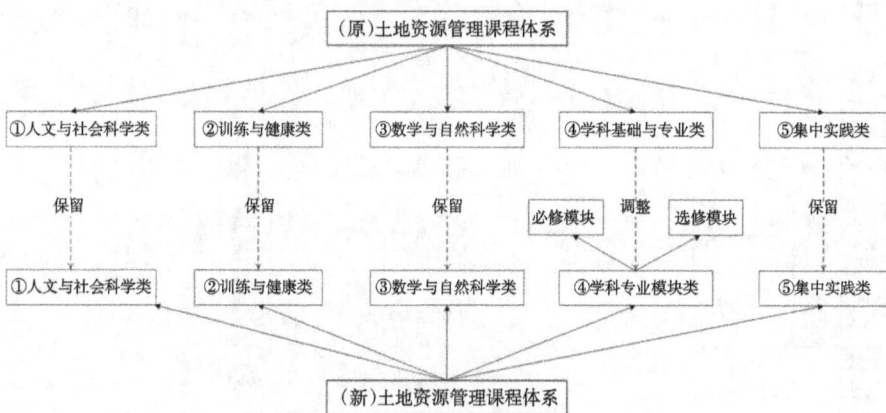

图3　课程体系框架的调整

(二)课程体系内容更新

根据学生征询过程中提到的问题汇总,本研究在保留原有课程体系的人文与社会科学类、训练与健康类、数学与自然科学类和集中实践类课程的基础上,将学科基础专业类课程更换为必修与选修模块课,同时根据征询归纳出的对课程的删减、增加以及内容重复问题,对原有的课程体系进行了重构。新的课程体系每类课程的主要内容与培养目标为:

(1)人文与社会科学类课程包括思想政治理论、外语、文化素质教育三部分,主要培养学生的思政水平,基础英语能力以及提升对专业的认识。

(2)训练与健康类包括体育、军事与健康教育三部分,主要提高学生的身体素质,进行素质教育。

(3)数学与自然科学类包括数学和计算机两个部分,主要加强学生的理科思维和培养应用基础。

(4)学科专业模块类包括必修和选修模块,为土管专业的核心课程,主要培养学生的专业知识,并引导未来发展方向。

(5)集中实践类包括课程设计、实习和毕业设计(论文)三部分,主要是培养学生调查研究实践能力,并对就业进行指导。

（新）土地资源管理课程体系

①人文与社会科学类　②训练与健康类　③数学与自然科学类　④学科专业模块类　⑤集中实践类

④学科专业模块类：必修模块（经济、管理、技术应用）／选修模块（不动产管理与实务、国土空间治理、土地技术实务）

①人文与社会科学类：
- 思想政治理论：思想道德修养与法律基础、形势与政策教育、马克思主义基本原理概论、中国近现代史纲要、毛泽东思想和中国特色社会主义理论体系概论
- 外语：大学英语(1)、大学英语(2)、大学英语(3)、大学英语(4)
- 文化素质教育：专业导论、大学生创新创业、通识选修课

②训练与健康类：
- 体育：体育(1)、体育(2)、体育(3)、体育(4)
- 军事：军事理论、军事训练
- 健康教育：健康教育

③数学与自然科学类：
- 数学：高等数学C*、概率统计B*、线性代数B*
- 计算机：大学计算机*、办公软件高级应用*

④学科专业模块类：
必修模块
- 经济：经济学原理*、不动产金融学、房地产开发与经营、土地经济学
- 管理：法学概论、管理学原理、公共管理学原理、公共关系学、土地管理学、土地资源学、公共政策、国土空间规划
- 技术应用：管理统计学、管理运筹学、测量学、建筑工程制图与识图、土地信息系统

选修模块
- 不动产管理与实务：不动产估价理论与实务、不动产投资分析、房地产项目管理、房地产市场营销、房屋建筑学、建筑材料**、工程预算**、房地产策划专题**
- 国土空间治理：土地政策与法规、地籍治理学、土地治理项目管控、市政基础设施建设与经营、土地储备与交易、土地整理与复垦**、环境生态学**、资源与环境经济学**
- 土地技术实务：计算机图形学、遥感导论、全球定位系统**、土地信息工程、土地资源遥感基础**、环境科学技术**、专业英语、人力资源管理理论与方法

⑤集中实践类：
- 课程设计：社会问题调查、专业力合综训、专业竞赛基础知识培训
- 实习：认识实习、毕业综合实习
- 毕业设计(论文)：毕业设计(论文)

注：*：增加难度课程　**：新增课程

图4　新的课程体系

（三）课程体系时序的拓扑排序

课程拓扑图是指通过拓扑排序的方法描述课程安排系统的进行过程。[1]高等院校专业主干课程之间具有先后承接关系，使用课程拓扑图科学合理地确定课程的开课顺序，对于系统地培养学生的专业素养、整体把握课程构思十分必要。

本研究针对学生意见征询过程中涉及的问题对课程体系的架构进行调整并结合培养目标、课程内容、能力掌握时序进行了课程拓扑图的绘制，详见图5。首先进行公共课与基础课程的学习，然后在继续完成公共课程的同时展开专业必修课的学习，再根据个人选择根据不同的方向选修不同的专业课程进行模块化专业选修课的系统学习，最后进行实习和专业实践。

---

① 参见马娟：《利用拓扑排序进行专业主干课程序列优化研究——以高职高专测绘地理信息技术专业为例》，《测绘与空间地理信息》，2018年第10期。

图 5　新课程体系拓扑图

	培养能力	第一学期	第二学期	第三学期	第四学期	第五学期	第六学期	第七学期	第八学期
人文与社会科学类	思想政治理论	思想道德修养与法律基础	马克思主义基本原理概论	中国近现代史纲要	毛泽东思想和中国特色社会主义理论体系概论				
人文与社会科学类	思想政治理论	形势与政策教育	形势与政策教育	形势与政策教育	形势与政策教育				
人文与社会科学类	外语	大学英语（1）	大学英语（2）	大学英语（3）	大学英语（4）				
人文与社会科学类	文化素质教育	专业导论	大学生创新创业	通识选修课					
训练与健康类	体育	体育(1)	体育(2)	体育(3)	体育(4)				
训练与健康类	军事		军事理论	军事训练					
训练与健康类	健康教育	健康教育							
数学与自然科学类	数学	高等数学 C		线性代数 B	概率统计 B				
数学与自然科学类	计算机	大学计算机基础	办公软件高级应用						
必修模块	经济			经济学原理	不动产金融学	房地产开发与经营			
必修模块	经济			土地经济学					
必修模块	管理	管理学原理	法学概论	土地资源学		国土空间规划			
必修模块	管理	公共管理学原理	公共关系学		土地管理学		公共政策		
必修模块	技术应用			管理统计学	建筑工程制图与识图	土地信息系统			

续表

培养能力		第一学期	第二学期	第三学期	第四学期	第五学期	第六学期	第七学期	第八学期
学科专业模块化选修模块	不动产管理与实务			管理运筹	测量学	不动产估价理论与实务	房屋建筑学	工程概预算	
					房地产市场管理	不动产投资分析	房地产策划专题		
						房地产市场营销	建筑材料		
	国土空间治理				土地政策与法规	地籍治理学	土地治理项目管控	资源与环境经济学	
						市政基础设施建设与经营	土地储备与交易		
							环境生态学		
	土地技术实务				全球定位系统	土地整理与复垦	遥感导论	专业英语	
						计算机图形学	土地资源遥感基础		
						土地信息工程	环境科学技术		
						人力资源管理理论和方法			
集中实践类	课程设计课程设计				专业竞赛基础知识培训		社会问题调查	专业能力综合训练	
	实习			认识实习				毕业综合实习	毕业综合实习
	毕业设计(论文)								毕业设计(论文)

五、结论

在以人为本、以学生为主体的教育教学体系改革中,施教者不能仅仅抓住教学过程和学习方法入手进行改革, 更应该从课程体系设置中体现以人为本的理念。面对当今新时代发展境遇下专业相关政策、法律及规范和就业环境的不断发展和变化, 当原有的课程体系设置和人才培养方案已经不再被满足时,专业教育者必须对现行的培养体系和课程设置进行及时的调整,才能应对本专业人才培养的挑战,这是时代的使然,也是改革的必然。然而,仅仅自上至下的改革和调整往往是不完善、不全面的。广泛倾听学生的声音,根据学生自下而上的反馈进行课程设置的改革, 可以从根源上发挥学生的主体性,从而发现教学体系中存在的问题并加以解决,真正地将"教"与"学"结合起来。这种方式已经成为教学质量保障的新的发展趋势。①

通过本次研究,本专业原有的课程体系得到了优化调整,并凸显了对学生未来发展的引导性。革新后的课程体系解决了学生意见征询中表现出来的问题,不光做到了课程内容方面的与时俱进,还使课程体系的专业性、实践性、方向性、可选择性都得到了加强。这样的课程体系调整方式有利于学生专业素养的培养以及未来的发展, 更提高了专业认可度和学生的学习兴趣。模块化的课程体系调整让每个学校可以根据自身的特点进行探索和设置,即有利于明确学校的专业特色,也给予学生更大的学习自由度。

本次研究充分展现了学生意见征询方法的优势。在现有的专业培养和课程体系建设过程中,教学管理者往往忽视了学生意见的反馈,学生作为培养对象和教学内容的主体, 其切身体验应作为教育体系完善的重要反馈数据来源,需要教学管理者给予充分重视。所谓以人为本,不能只浮于表面和细节,而是要将这种理念直接渗透进入教学的基本框架。这种自下而上的意见反馈能够不断促成自上而下的教学体系改革, 这种循环是对以人为本教

---

① 参见逄增苗、郑红:《高等院校教学质量评价研究与实践》,《高等理科教育》,2004 年第 5 期。

育理念的具体实践,为专业发展进步提供了不懈的动力。

作者简介:孙艺,女,博士,天津商业大学公共管理学院讲师。

席枫,男,博士,天津商业大学公共管理学院副教授。

陈源源,男,博士,天津商业大学公共管理学院讲师。

安腾飞,男,天津商业大学公共管理学院本科在读。

公共经济学的"课程思政"
改革路径探索研究 *

陶志梅

高等学校肩负着培养社会主义合格建设者和可靠接班人的使命，应该把习近平新时代中国特色社会主义思想融入"立德树人"全过程，这不仅仅是思政课老师的任务，更是每一位高校教师和每一门课程的任务与使命。正如习近平在学校思想政治理论课教师座谈会上重要讲话中要求的，"要坚持显性教育和隐性教育相统一，挖掘其他课程和教学方式中蕴含的思想政治教育资源，实现全员全程全方位育人"。

《公共经济学》是公共管理类专业本科和研究生教学核心必修课程，按照教育部公共管理专业开设课程指导目录要求，大多数高校均已开设公共经济学类课程。在我校的公共管理学院，公共经济学课程一般在大二上学期或者研究生第一学期开课。公共经济学的主流思想源自西方经济学，理论的内容具有一定的抽象性。但就公共经济学课程讲授内容而言，大部分高校公共经济学教育以公共经济学理论知识的讲授为主，对人文精神和道德伦理方面延伸的较少，这样的授课方式实际上存在两个问题：

第一，可能存在食洋不化的问题。西方经济学的理论体系发端于西方的资本主义发展历史，如果公共经济学课程只是对以西方经济学理论体系的公共经济学理论做简单的解释说明，学生学习和理解就会产生很大的困惑，课程开设的意义也会存在一定的问题。①

＊本文为 2020 年天津商业大学课程思政改革建设项目"公共经济学"的阶段性成果。

①　参见马超平：《西方经济学"课程思政"教学改革的探索与实践》，《现代商贸工业》，2021 年第 24 期。

第二，课程的培养目标可能产生偏离。新中国经过七十多年的发展和建设，逐渐走出积贫积弱的新中国成立初期的社会发展阶段，发展成为全世界第二大经济体。在七十多年的发展过程中，中国经济社会也摸索出了一条不同于西方资本主义国家的发展道路。我校开设的公共经济学课程，面对培养的中国特色社会主义事业的建设者和接班人，以公共经济学的经典理论，结合中国现阶段的发展实际做出讲解和说明，对于实现课程培养学生的知识传授和能力培养才具有现实意义。

我校公共经济学课程由三位老师共同开设，课程开设之前，在三位老师共同研讨的基础上，大家对课程讲授的内容和主要方法达成共识。我校面对公共事业管理、行政管理专业的本科生和公共管理专业的研究生，根据不同年级的课时分布和课程内容，本科生课程主要内容包括 8 个章节，研究生课程内容主要包括 4 个章节。课程在有序梳理公共经济学的经典理论的基础上，明确各章节都需要结合中国经济社会发展的实际情况和经典案例，向学生开设公共经济学课程。通过对中国故事的梳理，启发学生们观察自己生活的周边示例，在知识传授、能力培养、价值引领三位一体的课程思政建设中，公共经济学课程的讲授不仅仅应该满足于知识传授以及在此基础上的能力培养，更要结合中国改革开放和社会主义现代化建设的实践经验，实现对青年学生的爱国主义、社会主义、共产主义的真学真用真相信的课程思政教育目的。

一、结合中国经济社会发展实践，扩充教学内容，突出课程思政的人才培养目标

2018 年 9 月，习近平在全国教育大会上指出："我国是中国共产党领导的社会主义国家，这就决定了我们的教育必须把培养社会主义事业的建设者和接班人作为根本任务，培养一代又一代拥护中国共产党领导和我国社会主义制度、立志为中国特色社会主义奋斗终身的有用人才。"他同时指出，这是教育工作的根本任务，也是教育现代化的方向目标。因此，作为新时期广大教师的重要组成部分，高校教师不仅要注重自身专业素养的积累，也要

在坚定学生理想信念上下功夫，琢磨如何教育引导学生树立共产主义的远大理想，思考如何增强学生中国特色社会主义的共同理想，激发学生肩负民族复兴的时代重任。毋庸置疑，这是时代赋予高校教师的光荣使命。考虑课程思政的发展要求，对于公共经济学课程而言，推进课程思政发展能够有效防止经济学教育西化的问题，对建设中国特色社会主义经济学理论体系具有重要意义，同时也是公共经济学课程确实实现知识传授、能力培养、价值引领三位一体的课程思政教学目标。因此，需要基于课程思政理念，深入探索公共经济学课程的思想政治教育元素，推进公共经济学教育与思想政治教育的有机结合。

（一）公共经济学的导论部分，要介绍公共经济学的课程教学背景，提炼公共经济学和其他公共管理学科之间的相互关系，以及中国公共经济的现实状况

这一部分可以通过强调中国的公共经济发展情况，并结合中国改革开放四十多年的主要成就，以及著名经济学家林毅夫等人的成长道路和学术成果，说明中国的公共经济发展的历程及混合经济体制的主要思想，通过有中国特色的社会主义市场经济的道路选择作为思政教育的融入点。通过人类资源配置的计划经济、市场经济等方式的知识传授和能力培养，结合计划经济时期的发展和改革开放后取得的巨大经济成就，分析中国的道路选择的历史结论，结合有中国特色的社会主义思想的重要内容，培养青年学生的社会责任感和历史使命感，实现青年学生的爱国主义精神价值塑造目标。

（二）政府和市场关系部分是公共经济学的永久话题和公共管理学科的基础问题和重要内容

这部分可以结合福利经济学的相关理论，梳理政府与市场关系，使资源得到有效率地配置。基本逻辑的梳理可以在经济学基本原理和逻辑线索之下的市场对资源配置的有效性→完全市场存在很多假设条件→真实的市场存在失灵问题→政府可以一定程度上弥补市场的失灵→政府也存在失灵现象→混合经济体制对资源的有效配置这样一条思路整理和分析相关的理论

内容。从这个理论上的逻辑线索能够说明经济学理论层面应该如何看待政府和市场关系的,在此基础上结合中国发展的道路选择,进一步让学生从思想上理解中国的道路选择和道路自信。通过结合中国公共经济实践的公共经济学的课程讲解,与实践紧密结合,增加知识的实用性,提高学生对知识的理解和充分应用。

习近平在中共十九大报告中提出:"要使市场在资源配置中起决定性作用,更好发挥政府作用"。这是科学把握当前中国经济社会发展特征和任务的基础上提出的科学论断,对于更好发挥政府的宏观调控作用,实现经济高质量发展、可持续发展具有重要的指导意义,同时,这也是公共经济学课程介绍和讲解时的重要理论补充。市场机制是配置资源最优效率的方式,但是市场并不是万能的。完全由市场来配置资源会出现"市场失灵"问题。政府应该利用市场机制进行宏观调控。正如习近平总书记指出的,"更好发挥政府作用,不是简单下达行政命令,而是要在尊重市场规律的基础上,用改革激发市场活力,用政策引导市场预期,用规划明确投资方向,用法治规范市场行为"。在课程讲解政府和市场关系的内容时,这部分介绍和讲解习近平关于政府与市场作用的科学论断,学生就能够准确把握当前中国政府在应对市场失灵中所采取的一系列政策措施,充分尊重和利用市场规则,是发挥市场在资源配置中的决定性作用与更好发挥政府作用的完美结合。这样的课程内容组织形式,能够帮助学生理解抽象的经济学知识,并认真观察中国的公共经济发展现状,并思考公共经济学的政府市场理论,使学生真正学懂弄通相关的知识内容,并学以致用,在教学知识的同时,达到提升能力,引领价值观的作用。

(三)效率与公平关系作为政府和市场关系理论分析的基础,也是公共经济学的课程思政教学知识点

公共经济学在探讨市场有效和政府有效及其与资源有效配置的关系时,会首先分析效率和公平的关系。效率和公平是日常生活中常常被关注

的,也是公共管理其他课程经常需要探讨的问题。[①]效率主要指代对资源配置的有效性。公平含义的理解较为丰富,主要包含两个不同的解释。其一是平等,即实证性概念,主要回答"现实是什么"的问题,包括机会平等和结果平等等方面,比如现有社会成员在参与经济竞争时有同等的机会,在竞争过程中遵循同等的原则,在分配方面能获得与个人所付出的劳动相当的收入。[②]公平是一种价值观,是规范性的概念,主要回答"应该是什么"的问题。在不同经济发展阶段的社会,不同的阶层站在不同的立场上,所选择的判断公平分配与否的标准是不同的。因此公共经济学主要考虑的是资源配置的效率和收入分配的结果的平均,或者说是权衡效率和平等之间的关系。通过理论梳理效率与公平之间关系,可以进一步将效率与平等作为一种研究视角,分析很多经济现象,比如基于互联网+的经济资源配置方式,有可能产生的经济效率与社会产出分配的平等之间的关系等。

在社会分配问题中,与课程思政相结合的知识点是资源配置效率和收入分配公平,可以以小品"吃面"让学生理解边际效用递减规律、社会效用可能性曲线和精准扶贫基本方略;通过帕累托改进和帕累托最优、洛伦兹曲线和基尼系数的知识传授,结合画效用可能性曲线、分析各国国情,比较各国的基尼系数差异的能力培养,培养学生科学的做事方法和正确的处世哲学的价值塑造目标。[③]通过将公共经济学的抽象理论与学生的日常生活或者中国公共经济发展的现实问题的研究,或者导入能够引导学生更多地关注中国社会的主要问题,进而触动学生产生推动社会发展的历史责任感,引导青年学生树立正确的世界观、人生观和价值观。

---

①　参见毕晶:《从伦理学视域思索经济学的"课程思政"——来自〈道德情操论〉的启示》,《北京城市学院学报》,2021 年第 3 期。

②　参见辛馨、郭乐语、高鹏:《高校经济学专业特色课程的思政教育融入研究》,《大学》,2021 年第 24 期。

③　参见毕晶:《构建"课程思政"的"三位一体"——以〈经济学〉课程为例》,《山西财经大学学报》,2020 年第 S2 期。

（四）外部性部分是公共经济学的重要理论内容，也是公共产品理论的基础

与课程思政相结合的知识点是在生产、生活中大量出现的外部经济现象思政教育的融入点是学生的素质道德教育；通过外部经济的产生，分析和对策的知识传授，结合实际说明什么是外部经济的能力培养，通过养狗伤人事件、剖析个人道德素质的重要性，通过空气污染和废旧垃圾排放，强调企业自律素质的重要性。在此基础上，引导学生理解国家对外部效应为何要实行鼓励或处罚的措施的价值塑造目标。

（五）公共产品理论是公共经济学的核心理论之一

公共产品具有自然属性特点和供给主体研究的重要内容。如果仅仅是讲解理论，就会非常空洞和枯燥。因此，通过导入中国的城市化过程和中国的城市公用事业行业等内容，同时将公共产品的属性理论和供给主体理论都融入城市公用事业行业发展和供给的研究之中。通过判断与课程思政相结合的知识点是城市公共基础设施的供给效率提升，并将思政教育融入是中国的城镇化发展路径选择之中。通过城市公共基础设施的公共性、外部性、自然垄断、公益性的知识传授，结合城市基础设施多元提供，分析城市公共基础设施的效用实现方法的能力培养，培养学生以中国城镇化的实际案例为主，展现理论来自实践又服务实践的重要观念的价值塑造的课程思政教育目标。

二、公共经济学课程思政改革的路径探索

公共经济学作为经济学的一个分支，它将经济学的知识运用于政府运行规律的探讨，课程内容具有一定的难度和深度。对于经济学基础不够扎实和学科知识储备不足的本科生而言，要达到较好的学习效果，特别需要结合授课学生的特点考虑课程设置、讲授方法和授课形式。公共管理相关专业学生是成年大学生，具有独立性、自主性的特点，学习方式应该由机械接受者

变为独立自主的发现学习的主动学习者。作为引导者的课程授课教师,也应该注意由传统的、灌输式的教学方法转变为启发式、引导式的教学方法。教师由教书演变成教会学生读书。教师的主要职责是在授课过程中花费更多时间和精力激发学生求知欲,引起兴趣爱好,启迪学生勤于思考,培养其专注力和专业性,这是创新教育、素质教育的精华所在。探索公共经济学的课程多样化实现路径,通过相关系列课程设置、授课形式的多元化、以案例教学为核心,多种教学方法并用,以取得较好教学效果。在公共经济学日常教学过程中常用的教学方法有:

(1)案例教学法是公共经济学课程思政的有效方式。公共经济学的主要理论思想来自西方经济学,中国的公共管理专业公共经济学课程教育必须实施适合中国经济社会发展的公共管理专业教育。要结合中国改革开放四十年取得的伟大成就和中国共产党带领全国各族人民努力探索和实践过程中出现的典型案例,和专业学生一起结合经济学的理论分析,讲好中国故事。以客观事件为依据,把学生引导到社会主义的建设者和接班人的道路上。为鼓励学生主动思考,由被动学习转为主动学习,通过案例分析解读相关理论,改变以讲授理论知识为主的教学方式,以经济社会发展过程中的现实问题为内容案例,增加案例的可读性。通过案例教学可以使学生能够切实地感受到由抽象到具体、从个别到一般的认知变化过程,培养学生对于公共经济学知识的学习兴趣,激发学生能够主动思考,认真学习。案例教学能够引入诸多社会现实情境,使得学生在具体的生产生活发生的案例情境分析中探究问题,从社会现象中抽象出一般的理论表达原型,并帮助学生对提炼出来的理论问题进行一般的论证、推理和分析,培养学生的逻辑分析、判断、沟通、表达以及创新能力。典型案例可以通过媒体学习,也可以引导学生一起在身边挖掘,不仅要读好书,更要关心经济社会发展的重大事件,以及在生活中出现的案例和现实活动,实现学生通过分析判断,真正产生爱国主义、社会主义的情怀,树立为实现共产主义的伟大理想而奋斗终生的远大目标。

(2)案例分析是公共经济学课程思政导入的重要途径。案例可以是重要知识点和章节内容的解读方式,也可以是引导学生主动学习的好办法。可以在课程开始阶段就将课程的总体和全貌呈现给学生,并将学生分组对应课程的不同章节,每组同学能够根据每章节的课程要求准备课程案例,并将小组准备的课程案例作为小组成绩评定的重要方式。公共经济学课程在第一章导论需要把课程的章节关系介绍清楚,然后将学生分组,每组对应课程的相关章节,要求学生对相应的章节找到相关近三年的实时素材,进行案例的分析和讲解,并要求其他小组对该组的导入案例讲解进行评议打分,作为讲解案例小组成员的一次平时成绩。通过对学生的小组任务式案例导入,会对引导学生关注、思考该章节的课程内容起到积极作用,增加学生学习的积极性、主动性,并要求学生结合中国改革开放的伟大实践和产生的问题、原因的思考,将爱国主义、社会主义和共产主义思想深入人心,产生积极作用。

(3)典型案例的分析和评价作为章节内容的总结。在课程章节知识讲解完成后,需要对学生的学习效果进行考察,以评价教学效果,并进一步梳理相关章节材料,作为知识学习的延伸和拓展。在各章节知识教学完成后,要求同学们结合该章节的理论知识.对典型综合性案例进行分析。这样一方面便于学生消化、梳理、总结学习的理论知识;另一方面,通过老师对学生发言的评价,将案例在课程理论基础上的思政素材提炼出来,并引导学生将知识内化为行为,达到价值塑造的目标,达到事半功倍的教学效果。

(4)实践教学法可以带动学生参与中学习和思考。知识的学习不仅可以通过资料的阅读和积累,也可以通过实践操作和亲身体验,使学生通过亲身走访、访谈和实际操作,将老师的教授变为学生亲身实践、体会的过程,以吸引学生关注力,增强学生实际动手能力。通过实践教学法引入强化学生理论结合实践的能力,围绕教材的内容开展课堂实践实习,起到开阔学生视野,引导学生知识活学活用的目标。公共经济学课程开展过程中,可以将分成研究小组的同学通过新闻素材选取案例,对于身边的案例,可以组成小组去积极参与实际调查,取得案例的第一手数据资料。然后由各调查小组同学一起进行分工合作,不同的同学分别负责调研、收集数据、处理文件、做PPT报告或者活动组织策划。通过实践教学法,可以让同学们以社会实践方式丰富课堂知识,加深对理论知识理解和深入的体会,丰富学习的方式方法,避免枯燥无味的死记硬背,增加知识学习的趣味性和知识掌握的牢靠性。

（5）多种多媒体信息材料的使用拓宽学生视野。网络时代,网络上充斥了大量图片、音频、视频资料,其中有很多都是关于我国经济社会环境发展实践的作品。要在平时多多收集相关的材料和作品,比如幽默短片、动漫等,大量现代多媒体数据资料带入课程,可以很好地改善传统教学当中存在的单调、枯燥、死板、无趣等缺点。[①]我们能运用现代网络技术,用学生们喜欢的语言方式讲授知识,学生们更能理解,也更容易接受海量的信息、图片、音频等资料用作教学的素材,起到吸引学生注意力、培养学生学习兴趣、启发学生思考等方面的作用。通过"口授+板书+PPT+视频资料"等多种方式,增加课程信息量,开阔学生视野,拓展学生的知识面,便于因材施教。增加"新闻周刊""学习强国"等平台的音、视频材料,借助音、视频材料生动形象的特点,为学生展示教学情境、提供丰富感知,使学生闻其声、见其形、入其境,从而使抽象或陌生的知识变得形象直观,提高学生学习效率。近些年,学习强国以及党史教育的专题片、影视剧等素材反映国家经济社会发展的实际情况和现实案例,可以将相关的内容剪切下来,通过片段播放,达到良好的思想政治教育的目的。比如利用新冠疫苗的全国免费接种分析政府公共支出问题,在介绍公共支出理论的过程中,相关的政府新闻发布会的视频播放可以引导学生关注相关事项,并结合相关理论进行分析,达到良好的课程思政教学效果。

（6）多种教学方法结合,以学生为中心,翻转课堂。导入式教学、案例式教学、情景式教学、分组研讨等多种教学方法和形式的使用,以问题为导向的专题式教学方式、探索分析辩论式材料、翻转课堂等教学方法的改革创新使课程达到以学生为中心的教学目标和教学效果。[②]每章开始的案例导入,每一次上课伊始的"三分钟",课程体系与时事有效联结,实践证明效果良好。提供学术前沿理论和经济社会发展的相关信息,引发学生从不同角度进行思考,让学生想到、悟到,达到触类旁通、举一反三的效果。在课程章节知识讲解完成后,要求同学们结合该章节的理论知识,对典型综合性案例进行

---

①　参见吴晓迪:《"课程思政"背景下经济学专业课程的教学改革和对策研究》,《经济师》,2020年第12期。

②　参见靳卫萍:《经济学原理课程思政的初步实践》,《中国大学教学》,2020年第Z1期。

分析。这样,一方面便于学生消化、梳理、总结学习的理论知识。另一方面,通过老师对学生发言的评价,将案例在课程理论基础上的思政素材提炼出来,并引导学生将知识内化为行为,达到价值塑造的目标。

作者简介:陶志梅,女,天津商业大学公共管理学院教授。

公共管理类本科专业课程思政建设的内容

薛立强

公共管理学科是以公共利益、公共价值为导向,研究如何运用公共政策和公共组织管理公共事务,提供公共产品和公共服务,提升国家治理水平,促进国家治理体系和治理能力现代化的学科,其目的是为党政机关、事业单位、社会团体等公共部门培养公共管理与服务人才。包括公共事业管理、行政管理、劳动与社会保障、土地资源管理、城市管理、海关管理、交通管理、海事管理、公共关系学等专业。[1]由上述学科性质所决定,公共管理类各专业与课程思政有着极其密切的、"天然的"关系,可以说,公共管理类各专业人才培养中,必须高度重视课程思政、时刻渗透课程思政。

关于公共管理类专业本科课程思政建设的内容,既有的研究存在一定的较为片面的认识。例如,一些研究认为,课程思政就是挖掘专业课程的思政元素,在向学生教授专业知识的同时,进行思想政治教育。[2]课程思政的重要内容之一是将思政元素融入专业课程,但这不是课程思政的全部内容,除了这一内容外,课程思政还包括很多元素、很多内容。就公共管理类专业来说,课程思政至少包含下述三大方面的内容:

---

[1]　参见教育部高等学校教学指导委员会编:《普通高等学校本科专业类教学质量国家标准》(下),2018年,第860页。

[2]　参见洪丹丹、王晓杰、宁南:《〈社会保障概论〉课程思政建设研究》,《创新创业理论研究与实践》,2020年第4期。

一、思想政治、政治品德教育

由公共管理学科的特殊性所决定，公共管理人才培养除了一般的思想政治外，应特别强调其政治品德。也可以这样说，公共管理人才培养中思想政治教育的集中表现就是其良好政治品德的培养。公共管理类专业是为国家培养公共管理人才的，现在的学生将来要从事公共管理、提供公共服务，其中的一些人才很可能担任不同层次的领导职务，因此在高等教育阶段应大力培养公共管理人才良好的政治品德。习近平指出，领导干部必须"明大德、守公德、严私德"。政治品德是居于首位的"大德"。公共管理类专业本科阶段应培养的政治品德至少包括如下几个方面：

(一)坚定"四个自信"教育

公共管理人才首先应坚定中国特色社会主义道路自信、理论自信、制度自信、文化自信，这样才能肩负起为党和人民履职尽责的责任。在政治学、经济学、法学、管理学、社会学等学科基础类课程中，教师应讲清楚中国的政治制度、经济制度、法律制度的巨大优势，以及具有中国特色的公共管理、社会治理等方面的优秀传统和先进经验，使学生在学习专业知识的同时，坚定"四个自信"。

(二)公共精神和担当精神教育

实现中华民族伟大复兴的任务非常艰巨，不可避免地会遇到许多重大挑战、重大风险、重大阻力、重大矛盾。现在的大学生正值青春年华，他们肩负着实现这一艰巨任务的重要责任，这就需要着力培养其公共精神和勇于担当的精神。对于这些精神的培养，一方面应与学科基础课、专业基础科、专业课的具体知识进行融合。例如，在《政治学原理》课程中，可以结合政治制度发展和创新的历史事件、历史人物及其事迹，尤其是党团结带领中国人民创建新中国、建立社会主义制度、实行改革开放、推进伟大复兴中的重要事件、重要人物及其事迹进行讲解，使同学们感受到公共精神和担当作为的重要意义。另一方面,通过组织学生到政府部门、公共组织、社区参观或者实践,让学生了解公共管理、社区治理的现实,增强其公共精神和担当意识。

(三)规则意识教育

公共管理依据的是相关的法律法规等规则,即"法无规定不可为"。规则的建立是为了防止公共管理人员滥用职权,侵害公共利益或者公民的私人利益。因此,遵守规则也是公共管理人才应遵循的"底线"。在公共管理类各专业的教育中,应通过相应的法律法规课程(如《法学概论》《公务员法》、各专业的政策法规等)引导教育学生树立规则意识,知道应按照规则办事,不触及规则底线。在中国,规则体现为政治纪律、政治规矩和各种法律法规的规定,规则意识的培养要使其内化于未来的公共管理者的道德意志之中。

二、职业道德和行为规范教育

职业道德和行为规范是在一定职业活动中应遵循的、体现一定职业特征的、调整一定职业关系的职业行为准则。公共管理类各专业培养的是相关职业的高层次应用型人才,其课程思政的重要内容是相关专业的职业道德和行为规范。具体而言:

(一)公平公正地对待当事人、处理公共事务

公共管理类个专业学生应认识到,政府部门和公共组织的从业人员应公平公正地对待所有当事人、公平公正地处理自己负责的公共事务。在工作中禁止存在任何形式的歧视,包括:种族、肤色、性别、婚姻状况、妊娠、父母地位、宗教信仰、政治立场、国籍、民族背景、社会出身、社会地位、残疾、年龄或群体会员身份等。在所有的课程中涉及相关内容时,教师都应对学生进行这样的教育。

(二)爱岗敬业精神教育

公共管理领域的从业人员应当正确认识自己的职业,树立爱岗敬业精

神,工作中严肃认真、一丝不苟、忠于职守、尽职尽责,维护职业声望。教师在授课过程中应适当分析政府部门、公共组织等公共管理职位的特点,让学生们对其将来要从事的职业有一个正确的认识,热爱自己的职业,愿意在本职岗位上踏实工作、贡献自己的智慧和力量。

(三)公共服务精神教育

公共管理职业是需要从业人员为广大公众进行服务的,是需要认真付出的。本科教育中就应告诉学生:管理就是服务,公共管理者不是高高在上的"官",而是为人民服务的从业人员,因此应学好每门课程,努力树立服务意识,提高服务能力,在将来的工作中持续提升本职岗位的服务质量。

三、其他方面的品德教育和正确的"三观"教育

除上述内容之外,还应在专业课程的授课过程以及师生交往过程中渗透如下一些品德教育和"三观"教育。

(一)社会公德、家庭美德、个人品德等方面的教育

所有的公民都应遵守社会公德,维护家庭美德,涵养个人品德,公共管理从业人员更应模范遵守社会公德,维护家庭美德,涵养个人品德。在这些方面,应在师生交往和授课过程中有意识地对学生进行教育和培养。例如,爱护公物、遵守公共秩序、尊敬师长、关爱同辈(同学以及将来的同事)、守时、守信等,不仅要在课堂上要求学生,平时师生交往过程中也应这样要求学生(当然老师应以身作则,率先垂范)。

(二)正确的"三观"教育和积极的人生态度教育

正确的世界观、人生观、价值观对于人的发展无疑是非常重要的,无论是思政课程还是课程思政,无论是课上还是课下;无论是学习中还是生活中,学校和教师都应高度重视对学生进行这些方面的提示、提醒、教育。此外,积极的人生态度的教育也非常重要,这首先是由公共管理行业的性质决

定的,公共管理行业是为广大公众服务的行业,从业人员的工作态度、人生态度不仅影响到服务质量,还会影响到政府和公共组织与公众的关系,这就要求从业人员应积极、热情、主动地做好自己的工作,自然也就要求从业人员有积极的认识态度。其次,这也在很大程度上决定着这些现在的学生、未来的公共管理者的生活质量。积极的人生态度有利于和谐美好的生活,反之,消极的人生态度也会给生活带来诸多问题。因此在公共管理类专业的本科教育中,教师和其他工作人员都应教育学生形成积极的人生态度。

如前所述,公共管理类专业课程思政的内容是非常丰富的,课程思政应渗透在学生全部的学习和生活之中,高校的所有工作人员,包括专业课教师、学工人员、党务工作者、教学管理人员,甚至后勤保障人员,都应加强课程思政意识,积极创新课程思政方式方法,全方位地培养学生。

作者简介:薛立强,男,博士,天津商业大学公共管理学院教授。

专业课"课程思政"改革的
微观建设机制研究
——以《社区管理理论与实践》为例*

赵银红

"课程思政"是以"立德树人"为教育目的,旨在充分挖掘各类课程中的思想政治教育元素,发挥所有教师、课程和教育的育人功能,形成全员、全方位、全过程育人的教学体系。自 2018 年《关于加快建设高水平本科教育　全面提高人才培养能力的意见》(又称"新时代高教 40 条")提出以来,得到全国各地各类高校的积极响应,各个专业课的课程思政改革已成为新的研究热点,广泛涉及社会科学、人文科学和自然科学等多个领域,以及大多数学科的各类专业课。截至 2017 年年底,上海市推行的"课程思政"改革形成了一套有价值、可推广的"上海经验"。目前上海市"课程思政"整体试点校 12 所、重点培育校 12 所、一般培育校 34 所,基本实现全市高校全覆盖。上海各高校已建设"中国系列"课程近 30 门,综合素养课程 175 门,近 400 门专业课程申报开展试点改革等。①

尽管以上海为代表的全国高校的课程思政学术研究和教学实践已取得诸多成绩和进展,但从整体上看,各地、各类高校还存在推进不平衡不充分的现象,仍存在意识缺失、能力不足、资源短缺、协同乏力等问题。②从宏观上看,专业课"课程思政"改革主要表现存在思想认识有误区、制度建设存缺陷

＊　本文为天津市一流课程《社区管理理论与实践》课程建设的阶段性成果。

①　参见李国娟:《课程思政建设必须牢牢把握五个关键环节》,《中国高等教育》,2017 年 15/16 期。

②　参见胡洪彬:《课程思政:从理论基础到制度构建》,《重庆高教研究》,2019 年第 1 期。

等核心问题。①从微观上看,"课程思政"教学规划和教学设计亟待完善、教学手段亟待创新和丰富、教师课程思政教学能力亟待提升、多学科的教学合作机制亟待构建等。②课程思政改革是一项系统工程,必须统筹协调,处理好整体推进与重点突破、思政课程与其他课程、知识传授与价值引领、教师主导与学生主体等方面的关系。③本文以《社区管理理论与实践》课程思政改革为例,就微观教学层面的"认识和机制""师生关系""课堂内外关系"等问题进行探讨。

一、专业课"课程思政"改革的政策依据

从历史的角度看,上海市教育主管部门在推进各类学校的广义德育教育中,首先提出并不断丰富了"课程思政"概念。早在 2005 年,上海市在广大中小学,开始推出"学科德育"的教育变革,主要是将预定的德育教学内容,进行合理分解并有机融入每一门课程,并对中小学的各专业任课教师明确了主体责任。④自 2014 年开始,上海市在所属高校中开展了思想政治教育综合改革的实践,主要是在通识教育中开设"中国系列"课程,由名师大家主讲国家建设发展成就,在课堂教学中根植社会主义核心价值观,形成更为明确的"课程思政"教学理念。⑤上海的成功实践获得国家层面的充分认可。2018年 9 月 10 日全国教育大会后,教育部制定《关于加快建设高水平本科教育全面提高人才培养能力的意见》(又称"新时代高教 40 条"),推动全国高校全面加强课程思政建设。2020 年,教育部印发《高等学校课程思政建设指导纲要》,"课程思政"建设不但与振兴本科教育密切相连,而且被提升为强化人才培养能力的重点内容之一。

---

① 参见田鸿芬、付洪:《课程思政:高校专业课教学融入思想政治教育的实践路径》,《未来与发展》,2018 年第 4 期。

② 参见高燕:《课程思《思想政治工作研究》,2019 年第 1 期。

③ 龙献忠、马春波等:《课程思政的生成逻辑与实践遵循》,《思想政治工作研究》,2019 年第 1 期。

④ 参见田鸿芬、付洪:《课程思政:高校专业课教学融入思想政治教育的实践路径》,《未来与发展》,2018 年第 4 期。

⑤ 参见伍醒、顾建民:《"课程思政"理念的历史逻辑、制度诉求与行动路向》,《大学教育科学》,2019 年第 3 期。

　　综合上海的地方实践,以及国家、各省市的相关政策文件等,学界一般认为,"课程思政"指各类学校,尤其是高等学校,在各类专业课程教学过程中,通过各种教育计划和教学安排,以间接、内隐、系统的方式,将国家所倡导的道德规范、政治观念等最终传递给各类学生,从而培育出国家所需合格人才的教育教学理念。①在一定程度上,"课程思政"实为打通、提升专门化的思想政治教育,以及各种专业课程之间的一个桥梁。一方面,在中国特色社会主义新时代,"课程思政"实现了对传统的思想政治教育概念的范围拓展;另一方面,"课程思政"是专业课教学实现内涵式提升的重要路径选择之一。正如有学者所指出的,高校是引人以大道、启人以大智的重要场所,对学生发生作用的是课程,课程是人才培养的核心单元和核心要素,每一门课都应该求真、触情、传递价值,不仅要帮助学生"专业成才",而且要促进其"精神成人"。②

　　中国特色社会主义进入新时代,如何创新高校思想政治工作的方法和路径,将习近平新时代中国特色社会主义思想深度融入课程建设,构建课堂教学一体化育人格局,已经成为高校思想政治工作面临的重要改革任务。在此背景下,"课程思政"成为当前高校思政工作新的生长点。作为一种新的教育理念和教学实践,"课程思政"是彰显中国特色社会主义大学特征的重要内容,是培养德智体美劳全面发展的社会主义建设者和接班人的现实需要,是保障"三全育人"实现的必然选择。在全国高校思想政治工作座谈会上,习近平曾经精辟指出,做好高校思想政治工作,要用好课堂教学这个主渠道,思想政治理论课要坚持在改进中加强,其他各门课都要守好一段渠、种好责任田,使各类课程与思想政治理论课同向同行,形成协同效应等。③在2019年3月召开的学校思想政治理论课教师座谈会上,习近平提出,"挖掘其他课程和教学方式中蕴含的思想政治教育资源,实现全员全程全方位育人"④。

---

　　①　参见田鸿芬、付洪:《课程思政:高校专业课教学融入思想政治教育的实践路径》,《未来与发展》,2018年第4期。

　　②　参见俞明祥:《深耕课程思政》,《中国教育报》,2019年3月14日。

　　③　参见习近平:《把思想政治工作贯穿教育教学全过程开创我国高等教育事业发展新局面》,《人民日报》,2016年12月9日。

　　④　习近平:《在学校思想政治理论课教师座谈会上的讲话》,《人民日报》,2019年3月19日。

二、专业课"课程思政"改革的微观切入点

专业课"课程思政"改革是一项系统工程，必须统筹协调，处理好整体推进与重点突破、思政课程与其他课程、知识传授与价值引领、教师主导与学生主体等方面的关系。在复杂的专业课"课程思政"建设中，本文从微观层面就《社区管理理论与实践》课程思政改革的具体问题进行探讨。

一是在思想认识和具体机制的关系上，由于专业课思政改革的必要性和重要性不言而喻，能否将这些认识予以落实，取决于找到适当、多样的微观机制，这是专业课思政改革取得突破的关键。

二是在师生关系中，学生处于"被动"地位，教师能否通过科学合理的教学设计、方法、手段等，激发学生的学习兴趣，是专业课程思政改革的重点。

三是在课堂内外关系上，需要深刻体察"课程思政"最为突出的特点——"融合性"，传统的课堂教学必不可少，现场调研和社会实践等同样不可或缺，甚至可成为重要的"隐性课程"。①

三、专业课"课程思政"改革的"五项建设"机制

（一）以课程内容为基础，深入挖掘课程思政元素

专业课"课程思政"改革的重点并非是"专业"本身，而是"思政"元素。如果欠缺正确导向的"思政"教育功能，专业课教学就会失去"灵魂"，最终会导致教书与育人"两张皮"。就《社区管理理论与实践》课程而言，在专业课"课程思政"改革中，对课程内含的思政元素深入挖掘，将其细化为二十一个与思想政治教育的结合点，极大拓展了思政元素的内涵和外延，这些思政元素包括：党和政府对社区的理解；社区管理的特点之"群众性"（介绍社区党群服务中心）；社会资本的内涵与诚信、友善、民主、和谐等社会主义核心价值观；新时代的街道体制改革；社区志愿者；《民法典》中有关业主的建筑物区

---

① 参见刘承功：《高校深入推进"课程思政"的若干思考》，《思想理论教育》，2018 年第 6 期。

分所有权;培育发展社区社会组织;村民自治的有效实现形式;乡村振兴战略的主要内容;乡村振兴战略规划(2018—2022 年);新时代乡村的有效治理;城乡社区服务体系建设规划;社区服务的精细化与精准化;垃圾分类;社区民主协商;新时代城乡社区治理的体系、能力、短板;基层党建引领社区治理;优秀社区工作法;第四批全国社区治理和服务创新实验区介绍;智慧社区的相关政策表述;智慧社区的实践探索。

(二)以内嵌思政元素为目标,全面完善课程教学目标与教学大纲

在对本课程的思政元素深入挖掘的基础上,进一步将这些思政元素科学合理地内嵌于本课程的教学目标与教学大纲中,以具体的教学计划、教学方案等形式呈现。教学目标主要体现在,在中国特色社会主义新时代,城乡社区作为社会治理的基本单元,事关党和国家大政方针贯彻落实与城乡基层和谐稳定,通过本课程学习,旨在使学生全面掌握社区治理的基础理论,熟悉新时代社区治理的相关政策、文件,尤其是深刻领会政策、文件的基本精神,深入理解城乡社区的复杂运作,积极投身城乡社区治理进程等。

教学大纲主要体现在,紧密围绕上述课程思政教学目标,进一步完善《社区管理理论与实践》的课程框架,将总体框架定位五部分,分别是概述篇、理论篇、地域篇、内容篇、发展与创新篇,力争构建较为完善的授课框架。该框架的特点是,关注"理论"与"实践",关注中国"城市社区"与"乡村社区",关注"中国"与"西方"。总之,通过对本课程的思政教学目标与教学大纲予以全面完善,大致实现了在兼顾课程教学内容的理论性、学术性、实践性、前沿性的同时,强化了思想政治教育的内涵和导向,尤其是将上述思政元素予以具体落实,从而在授课中一并实现了知识传授、能力提升和价值引领的同步提升。

(三)以团队建设为核心,不断提升教师课程思政教学能力

专业课"课程思政"改革的关键在教师,教师是教书育人的实施主体,要在课程教学中切实承载起传播知识、思想和真理,塑造灵魂、生命与新人的时代重任。高校教师除应娴熟掌握和运用马克思主义的立场观点和方法,还

需加强自身修炼,养成较高水准的道德情操、扎实学识与仁爱之心等。高校合理组建了一个具有自觉"育德意识"和较强"育德能力"的教师团队,确保本课程"同向同行、协同育人"。除了主讲教师,还诚邀马克思主义学院的思想政治教育专任教师、法学院的专业教师加入课程团队,进行专家指导。

在《社区管理理论与实践》课程思政改革中,主讲教师注重提升自身政治素养,深入学习、系统梳理社区管理的相关政策,紧跟社区治理的前沿动态,了解新时代社区治理创新的最新进展,同时利用业余时间,身体力行参与社区活动,力争为课堂提供鲜活生动的教学素材;带领学生去学校附近的社区参观体验,观察社区治理现状,加深对授课内容的理解把握,通过与一线社区工作者沟通交流,全面了解当前社区管理中的重点、难点、痛点问题,对现实社区的运作进行充分了解和认识,进而有利于实现社区管理理论与社区实践的无缝对接,保证课程思政教学目标的充分实现。

另外,高校应注重思政课程团队建设,打造一支密切合作、精诚团结的授课团队。在本课程思政改革中,邀请马克思主义学院的思想政治教育专任教师作为本课程的指导专家,强化教师对思政元素的理解、把握;另因本课程涉及大量的法律问题,在依法治国的大背景下,如何切实强化和丰富本课程的重要思政元素之一——法治内涵,成为本课程思政改革的重点。因此邀请学校法学院相关教师,加入本课程的教学团队中,对本课程所涉的法治问题和典型纠纷,如物业管理服务合同、业主委员会选举、停车位问题等,提供专业性的法律视角解读和法理智识支撑。

(四)以内外课堂为平台,充分发挥两类课堂教学合力

习近平在全国高校思想政治工作会议上曾提出殷切期望,"要用好课堂教学这个主渠道",而发挥课堂教学主渠道的核心作用,关键是预先完善教学设计,不断丰富教学方式。本课程采用PPT展示、视频播放、基于学生社区生活经历的课堂提问、案例教学、基于社区焦点问题的课堂作业、读书分享、情境教学、角色模拟、参与社区志愿服务、介绍"我生活的社区"等多元教学方式,实现思政元素有效融入,推动"专业理论"与"社区实践"有效结合,促进学生对城乡社区治理的理解。

专业课的课程思政具有"隐性教育"的特点,由此决定了专业课"课程思政"改革必须探寻适当的融入路径,达到"润物细无声"的教育效果。在《社区管理理论与实践》课程思政改革过程中,积极拓展了两类课外育人渠道:一是网络教学渠道,利用网络信息丰富的特点,和学生对网络的熟练运用,在云班课设立课程,成立课程微信群,分享社区管理的典型案例,引导学生关注和思考当前城乡社区管理现状,分享学生成长的关心话题,努力做学生的良师益友,引导学生形成正确的价值观、世界观、人生观。同时为学生提供丰富的慕课资源,如东北大学公开课《社区管理学》、南京师范大学公开课《生活中的公共行政》、武汉大学公开课《生活中的物权》等,还有"学习强国"上丰富的慕课资源,如《乡村振兴的时代意义和规划蓝图》《管理沟通》等。二是实践教学渠道,结合该课程鲜明的实践特色,增加"体验社区"实践教学环节,多次带领学生前往学校附近社区,直观感受社区建设,与一线社区工作者充分交流,实现了社区实践与课堂传授的密切结合,不但使学生亲身体察到祖国日新月异的变化,而且涵养了学生接受思想政治教育时的主观情感体验等。

(五)以学生为中心,不断提升"课程思政"和专业课双重绩效

在专业课"课程思政"教学设计中,理应兼顾两项根本性教学目标,一是"课程思政"教学目标达成,二是学生专业能力提升与未来职业规划。就"课程思政"教学目标达成而言,将思政元素作为课程考核的关键点,落实到平时成绩、期末考试中。本课程注重过程性考核,平时成绩、期末考试各占总成绩的50%,平时成绩除了考勤,还包括课堂互动、布置作业、课堂演讲"我生活的社区"、社区体验报告四大部分,每一部分都体现了对思政元素的考察。在期末试卷中,从填空题、材料分析题、实务操作题、论述题等四大板块考察课程思政改革教学效果。在授课过程中,通过问卷调查、个性访谈等方式,详尽了解学生对课程思政改革的认可度,针对学生的问卷调查显示,学生对课程思政改革的满意率大致达到95%以上,多位接受访谈的学生对"社区体验""读书分享""介绍我生活的社区"等教学方式,予以高度评价。就学生专业能力提升与未来职业规划而言,采取多种激励措施,最大程度激发学生积

极参与课堂教学,比如寒假布置作业,观察自己生活的社区,爱自己的社区,爱我们的祖国;以小组为单位的 PPT 演讲,培养团队合作精神,增强同学之间的友谊,互相帮助,共同进步,宽容对待他人,促进友善品格的形成等。特别关注学生的学业成长和迎接就业考验,鉴于学生会面临考研、考公务员、考选调生、进公司的诸多抉择,在授课中借助作业"社会资本与我的发展",读书分享环节,以及深入相关职能部门调研等多种途径,不但督促学生深入思考自己的大学生活,尤其是如何致力于专业能力的提升,而且有利于应对各类"入职门槛",理性规划自己的未来职业选择等。

四、结语

在《社区管理理论与实践》课程思政改革中,授课教师深入开展教学研究,积极推进课程思政教育教学改革,深入挖掘课程思政元素,全面修订教学大纲,完善授课计划,细化教学目标,在兼顾课程教学内容的理论性、学术性、实践性、前沿性的同时,着力强化思想政治教育的内涵和导向,授课中较好实现了知识传授、能力提升和价值引领的同步提升。

本文从"微观"角度探讨《社区管理理论与实践》的课程思政改革,与一般意义上的专业课"课程思政"改革具有共通之处,希望"个性"的探讨能对"一般"意义上的改革起到借鉴,充分发挥专业课这一课程思政改革载体的作用,最大程度实现专业课与思政课的同频共振与协同育人。

作者简介:赵银红,女,博士,天津商业大学公共管理学院副教授。

第三部分

教学过程与教学能力提升研究

课堂生师互动过程及其影响因素分析

谌鸿燕

　　生师互动是国内外教育教学过程中十分关注的经典话题。与课堂外生师社会交往的互动类型相比，课堂内的生师互动直接关涉学生学习效果和教育教学质量的提高。从某种意义上讲，教育作为一种社会活动，其本质是促进学生发展的生师之间的相互作用、相互影响。①然而在实际的教育教学过程中，老师"一言堂"、学生"不发言"，课堂"无争论"的现象依然普遍存在，知识被老师单向的"灌输"，而不是被学生主动地质疑、讨论、获得或者扬弃。因此建立良好的课堂生师互动关系迫在眉睫，这有利于深化研究生培养模式改革，为建设社会主义现代化强国提供坚实的人才支撑。尤其是对于强调反思和探索能力的研究生教育来说，深度和高质量的课堂生师互动应该是学校、教师和学生三者合力追求的共识。回顾相关生师互动的研究，运用定量方法制定测量标准，对生师互动的互动程度和互动频率进行测量的研究较多，采用定性方法呈现生师互动的过程、复杂的影响因素及其具体作用机制的研究较少。基于此，本文将以 2020—2021 学年第 2 学期，公共管理学院公共政策方向研究生专业必修课《社会政策专题研究》为主要研究对象，并与 2019—2020 学年第 2 学期同一课程进行比较，聚焦于课堂的生师互动情况，通过参与观察和深入访谈收集资料，探讨课堂生师互动的过程其复杂的影响因素。

---

　　①　参与赵必华：《生师互动何以影响大学生学习结果》，《教育探究》，2018 年第 2 期。

一、生师互动研究的理论基础与研究问题的提出

生师互动(student-faculty interaction)是教育教学过程中的重要环节,直接影响着学生学习获得感和学习效果。对教师来说,也是收集教学反馈,累积教学经验,提高教学质量的重要方式。关于生师互动的定义,莫衷一是。有的研究者认为,生师互动是指"高校中教师与学生在教育活动中交互作用与交互影响的过程,是一个人的行为引起另一个人的认知、能力、价值观发生变化的活动过程"[1]。这一概念强调交互过程的结果评价,即老师对学生的知识、能力和价值观等的影响。还有的研究者根据互动的地点不同,将生师互动分为课堂生师互动和课外生师的社会交往两者类型。课堂生师互动是"一种在教学环境中的互动,课堂作为一个特殊的社会关系构成"[2]。虽然在概念界定上研究者们没有达成共识,但在生师互动对于提高学生学习效果、评估教学质量的重要性上,大家普遍持认同与支持的观点。

具体来看,较早的大学影响力理论指出,频繁的生师互动对学生的学业成绩、智力发展、大学满意度、知识的获得等方面产生积极而广泛的影响。[3]还有的研究者认为,老师和学生的良好互动关系,对学生的学习动机和学业成就有着重要影响作用。[4]最为经典的是,由美国学者乔治·库(Georged.Kuh)提出的"学生学习性投入"(Engagement Indicators)概念,他将"生师互动"作为概念测量的指标之一,纳入"全国大学生学习性投入调查"(national survey of student engagement,简称 NSSE)之中,并认为生师互动可以作为"有效教育实践基准"(Benchmarks of Effective Educational Practice)。[5]其中,与老师讨论分数、作业、职业规划、以及课堂上产生的想法,参与老师的非课程活动,参

① 龙永红、汪霞:《高校生师互动的本质、价值及有效策略》,《江苏高教》,2017 年第 11 期。

② 刘尧、戴海燕:《课堂师生互动研究述评》,《教育科学研究》,2010 年第 6 期。

③ See Aatin,AlexanderW .*What matters in college*,San Francisco:Jossey-Bass,1993,pp.398–410.

④ See Pennings H J M,Van T J,Wub-Belst,et al. real—time Teacher—student Interactions:A Dynamic Systems Approach,*Teaching & Teacher Education*,No.1,2014,pp.183–193.

⑤ See Kuhg D. The National Survey of Student Engagement:Conceptual and Empirical Foundations. *New Directions for Institutional Research*,No.141,2009,pp.16–19.

与教师的科研项目等被认为是生师互动的有效方式。

在国内，研究者运用 2012 年调查问卷获得的 48 所本科院校的 59595 个学生样本数据，也验证了生师互动对学生教育收获和教育满意度产生的显著正向促进作用，且对教育结果中的满意度影响更大。①类似的量化研究并不少见。清华大学教育研究院于 2007 年开始引进美国的"全国大学生学习性投入调查"（NSSE）并进行汉化处理，蒋华林和张玮玮运用这一测量工具，测量了我国高校生师互动的现状，并与国外同类高校进行比较。②还有的研究者通过江西赣州三所普通本科院校大三、大四学生的 250 份调查问卷，进一步论证了生师互动对大学生学习收获产生影响的中介效应，即校园支持的影响作用。③

总的来看，对生师互动问题及其重要性的研究，以量化研究为主，定性研究较少。只有少数研究者选用定性研究方法，论证了最新的混合式教学课堂中生师互动的影响因素。④量化研究虽然在测量生师互动的程度和频率上具有操作化和精准测量的优势，但对于生师互动的互动过程，复杂的影响因素及其作用机制的解释却存在着研究方法上的先天不足。同时，考虑到课堂的生师互动是生师互动的主要类型和常见方式。本文将聚焦于课堂生师互动，并通过对两次研究生《社会政策专题研究》课程的系列讨论课的参与观察和深入访谈，探讨课堂生师互动的过程其复杂的影响因素。通过课堂讨论的方式来促进生师互动已有相关的研究，龙琪指出，"在班级人数比较少的课程中，合作研讨的教学模式更加有利于生师互动"⑤。上述研究，为笔者对课堂讨论教学活动的实践探索与反思性研究提供了理论支撑。

---

① 参见李一飞、史静寰：《生师互动对大学生教育收获和教育满意度的影响》，《教育学术月刊》，2014 年第 8 期。

② 参见蒋华林、张玮玮：《生师互动：提高本科教育质量的有效途径》，《清华大学教育研究》，2012 年第 5 期。

③ 参见何明炳：《校园支持对大学生学习收获的影响：生师互动的中介效应》，《高校教育管理》，2016 年第 5 期。

④ 参见胡科、刘威童、汪潇潇：《混合式教学课堂中生师互动的影响因素分析》，《高教探索》，2021 年第 3 期。

⑤ 龙琪：《生师互动：源自美国的学理分析与经验分享》，《复旦教育论坛》，2016 年第 1 期。

二、研究方法与课程基本情况介绍

《社会政策专题研究》课程分别于 2020 年和 2021 年的第 2 学期开设。教学时间为每学期的第 1 周至第 11 周,共计 32 学时。2021 年授课学生共计 13 人,1 男 12 女,本科专业覆盖人力资源管理、行政管理、公共管理和水利工程等专业。专业来源多样,且文理皆有。选用教材为英国布莱克莫尔(Ken Blakemore)、露易丝·沃里克−布思(Louise Warwick−Booth)著,2019 年出版的《社会政策导论(第四版)》。英国是全世界最早宣称建成“现代福利国家”并经历了“福利国家危机”的典型案例,其工业化进程较早,在教育、医疗、住房和就业等领域面临诸多福利保障问题,具有理论借鉴和实践参考意义。同时,通过中、英两国的对比,更容易引发学生比较两者异同,探讨不同社会政策实施的政治、经济、历史和社会文化背景,从而激发学生主动参与专题讨论,积极收集资料回应不同社会政策争论和问题的积极性。基于此,根据教材内容和教学时间的基本情况,从第 2 章到第 5 章,每一章的社会政策专题共计使用 2 周的教学时间。我们先用一周的时间讲授英国某一专题的社会政策,然后对中国相应专题的社会政策进行简短的历史梳理和概括性总结,并给出该专题中国社会政策中被学界和社会广泛讨论的 5~6 个问题。各小组(课前完成分组)学生根据个人兴趣选择各专题和对应专题的问题后,鼓励学生利用课下时间进行一手资料的调查收集,梳理该专题相关的二手资料,提交文献综述 word 版,并在下一周逐一进行小组 PPT 汇报(如表 1 所示)。

表 1　《社会政策专题研究》课程的整体性教学设计

第 1 章	绪论	教学方式(2-5 章,讲授时英国 2 节课,中国 1 节课)
第 2 章	教育社会政策专题	讲授(1 周)+ 第 1 组中国教育专题汇报讨论(1 周)
第 3 章	就业社会政策专题	讲授(1 周)+ 第 2 组中国就业专题汇报讨论(1 周)
第 4 章	医疗社会政策专题	讲授(1 周)+ 第 3 组中国医疗专题汇报讨论(1 周)
第 5 章	住房社会政策专题	讲授(1 周)+ 第 4 组中国住房专题汇报讨论(1 周)
第 6 章	未尽社会政策议题	讲授

　　为了更好地对课程中大量生师互动讨论的过程进行深度研究,论文使用参与观察和深入访谈等质性研究方法收集一手资料。质性研究方法是"以研究者本人作为研究工具,在自然情景下采用多种资料收集方法,对社会现象进行整体性研究。通过与研究对象的互动分析被研究对象的行为及其意义,并做出归纳性的解释性理解"[1]。也即是说,质性研究在研究教育教学的互动过程,以及个体参与教学的行为及其意义上,具有定量研究不可比拟的研究深度和亲和性。回顾有关教育领域的质性研究,北京大学的陈向明教授颇有建树,她运用质性研究方法探讨了实习生与指导教师互动的过程,进而分析师生互动的模式、特点和实习生的知识转化情况。[2]受此启发,笔者也认为,对生师互动主题的研究,运用质性研究方法去观察互动的全过程,并分析其影响因素是可行且合适的。

---

[1]　陈向明:《质性研究方法与社会科学研究方法》,教育科学出版社,2008 年。

[2]　参见陈向明、曲霞、张玉荣:《教育质性研究概念框架的本土探索——以一项实习生与指导教师互动的研究为例》,《教育学术月刊》,2014 年第 4 期。

三、课堂生师互动的影响因素分析

(一)教学设计会影响生师互动

教学设计包括整体性的课程设计和讨论课的局部教学设计。就前者而言,开学第一周,教师通过以下四种方式进行学习动员,促进学生与老师在开展讨论式学习的重要性和必要性上达成共识。

一是通过三个问题(你是谁? 对这门课的第一看法是什么? 期待通过这门课学到什么?)了解学生的个人基本情况、本科专业背景及其对课程的理解和期待。

二是分享"学习金字塔"的观点,强调讨论是主动学习的一种方式,比听讲、阅读、视听和演示等被动学习的知识留存率更高。

三是成绩评定中,鼓励学生通过提问、主动发言进行课堂互动获得较高的平时成绩。

四是鼓励专题讨论课的学生,课后进行社会调查收集一手资料,阅读文献等二手资料,以培养个人的研究能力。

就讨论课的局部教学设计而言, 讨论开始前强调讨论课老师随堂点评和学生参与 PPT 汇报思考和讨论的难度,但有更高的知识留存率,老师和学生值得为此付出努力。同时,1 个小组同学 PPT 汇报后由老师针对该汇报小组同学的 PPT 提出几个值得探讨的理论与实践问题, 引导全班学生思考和讨论。汇报结束后,全班根据座位前后左右相邻的原则随机分为 3~4 组讨论老师问题,这就反过来要求其对 PPT 汇报的内容认真听、好好想。最后,各小组轮流选取不同的小组代表着进行发言 (本学期每位同学至少发言一次),老师总结讨论的分歧和共识(详见表 2)。

表 2　讨论课的局部教学设计：流程、内容和时间安排

流程	分组情况	1个小组PPT汇报	老师引导	全班随机分组讨论	各小组发言	老师总结
内容	13人分4组，自由组合	某一小组成员逐一进行PPT汇报	老师随堂点评，并提出几个可供讨论的相关问题	各组围绕老师给定问题讨论	各组围绕问题做主题发言	总结各组的回答，梳理问题分析的方向和逻辑思路
时间	讨论课前完成	各8min	4min	6min	10min	2min

与之相比，2020年《社会政策专题研究》讨论课的安排，采取的是同学PPT汇报，各组讨论后对PPT的优势和不足进行点评并提问的流程。然后，由汇报小组回答疑问，老师总结点评。在这一讨论课的实践过程中国发现，小组成员会私下提前商量指定每一次讨论课由某小组内的一位同学负责听PPT汇报并做点评和提问，其余的小组同学则低头忙其他事情、对ppt汇报视而不见、不主动参与讨论。而且学生们提出的问题有更多的基于个人的经验描述，缺乏理论的深度和探讨的价值，无法促进学生产生疑问和共鸣。为了避免以上问题的出现，2021年的小组讨论的教学设计才做了如上安排。每年课程结束后的开放式教学意见征集，也印证了2021年的讨论课教学设计更有利于深度和高质量的生师互动产生。比如，2020年课程结束后，A学生认为："专题PPT汇报时，有部分同学觉得自己不用汇报，在同学进行PPT汇报时对内容不关心，私下做其他事情，最终感觉没学到什么。"2021年课程结束后，B学生认为："老师针对PPT的点评，并提出可供讨论的问题，有利于引导学生思考的方向，提升学生参与讨论的兴趣和学习的获得感。"由此可见，除了课程整体的教学设计以外，讨论课的局部教学设计是否以学生为中心，不断通过学生的反馈改变教学设计安排，对激发学生参与生师互动的兴趣，提高生师互动的质量具有重要影响。

（二）小组讨论的方式会影响课堂生师互动

根据2021年《社会政策专题研究》课程的整体性教学设计，本学期一共进行了四次小组讨论。经过几周的变动和调整,学生在教室中就座的位置到第3次医疗社会政策专题讨论课时已经基本固定。依据相邻原则,教师在课堂上随机指定座位相邻的4~5位同学组成一个讨论小组。当专题汇报小组的同学依次汇报完毕后,老师对 ppt 提出相对应的讨论问题(如表3所示)。

表3 第三次中国医疗社会政策专题讨论课汇报主题和教师问题(以 A 同学为例)

PPT 汇报者	汇报主题	教师问题	
A 同学	中国医患关系与纠纷	问题1:医患纠纷源于患者对医生的专业信任危机,你认为解决这一信任危机方式有哪些?其中,最为关键的是什么?	问题2:请分析功利主义视角下,有限的医疗资源配给与选择,是否对医患关系产生不良影响?有哪些影响,分别举例说明。

上述教师问题将在教师课件 ppt 上逐一展示,随机指定的讨论小组全部记录下老师提出的上述问题后,小组讨论正式开始(详见表4)。在参与观察时发现,由于现有的教室是传统的上讲台,下座位的"听讲模式",不利于学生们面对面的讨论。因此,前一排的学生是否第一时间转过头,或者后排学生是否移动座位到前排等,都影响生—生讨论圈的形成。

表4 第3次课堂讨论即生师互动观察表

讨论小组	人数	讨论过程	互动的类型
第1组（前两排靠窗）	4	记录老师对 ppt 提出的讨论问题——前一排两位同学转过头形成4人的讨论圈——两人开始——两人查阅手机或教材——一同学提问教师——发言人汇总书写小组意见——老师提醒讨论结束——要求再给点讨论时间——结束讨论。讨论气氛严肃认真,问题的回答条理清晰。	学生—学生学生—老师学生—知识
第2组（后两排靠窗）	4	记录老师对 ppt 提出的讨论问题——前一排的三位同学开始——后一排的1位同学查阅手机——老师动员前排转过头形成讨论圈——后排学生加入并提问——结束讨论。讨论气氛轻松活泼,问题的回答相对零散。	学生—学生学生—老师学生—知识
第3组（后三排靠门）	5	记录老师对 ppt 提出的讨论问题——前一排移位,与后两排形成面对面的讨论圈——各自查阅手机和教材——两位同学开始——1人加入——老师动员未加入讨论的2位同学——结束讨论。讨论气氛自由随意,问题回答简单。	学生—学生学生—知识

此外,从整个流程来看可以发现,当老师在小组间来回走动,观察小组讨论情况,关心其进度发展和每位同学的参与,并进行语言和行动的提醒与督促时,"生—生"互动情况比较乐观。同时,老师来回走动提醒,也提供了同学主动与老师交流的疑问。第一小组同学的主动提问,正是在这种情况下发生的。当然更为关键的是,第一小组的讨论氛围热烈,在相关概念不清楚,有争论无法达成共识时才有了主动与教师沟通的想法。

总的来看,首先,三个小组讨论时的互动方式以"学生和知识"的互动方式最为常见,即学生通过手机和教材查找答疑思路。这是长期以来听讲模式形成的学习方式,学生们习惯安静、独自的看书、听讲以获得知识。

其次,生—生互动虽然常见,但互动的氛围、学生学习投入的情况及其结果有所区别。第一组互动氛围严肃认真,学生学习投入较高,结果呈现有条理,生—生互动主动而深入,因为产生分歧而主动求助于老师,激发了深度的生师互动;第二组互动氛围活泼,学生学习投入一般,结果呈现相对零散,生—生互动主动但不够深入,需要老师的监督与提醒,没有主动的生师互动;第三组互动氛围随意,学生学习投入偏低,结果呈现相对零散。虽然老师提醒2位同学加入讨论,但参与的主动性不佳,也没有主动的生师互动。

最后,讨论结束后,各小组依次发言,老师总结点评。在小组发言过程中,第3组的发言相对简单,应老师要求,其小组的同学进行了补充发言。

综上所述,从整个小组讨论的教学设计的流程来看,小组讨论的教室环境、生—生互动的深度,老师的动员与引导都是影响"生师互动"的重要因素。创造适合小组面对面交流的教室环境,生—生互动越主动和深入,老师关注讨论情况并及时动员未参与讨论的同学,越能产生学生主动与老师高质量的生师互动。

四、促进课堂生师互动的全教学过程管理与服务模式

本文以研究生的《社会政策专题研究》课程的讨论课为研究对象,分析了课堂生师互动的过程其复杂的影响因素。研究发现,整体性的课程设计、讨论课的局部教学设计、小组讨论的教室环境、小组内"生—生"互动的深度

和老师的动员与引导，都会对课堂生师互动的深度和质量产生影响。这背后，涉及不同主体的观念和行动选择。广泛而言，教育管理部门、学校管理人员、老师和学生等多主体对于课堂生—师互动重要性达成的共识，以及为之在硬件环境、技术设备和教育教学观念做出的努力情况，很大程度上影响了课堂生—师互动的质量。如果课堂生师互动总是"呈现例行公事般程式化特点，是一种职业主义导向的互动"[①]，没有多主体持续的探索、反馈与改善，那么课堂的生师互动对提高学生学习效果和教育教学质量的作用只存在美好的理论设想中，或者在实际教学过程中大打折扣。基于此，我们主张建立对学校硬件建设、软性的观念培育和实际教学环节进行全教学过程的管理与服务模式，营造有利于生师互动的整体环境，推进一流的研究生教育。

作者简介：谌鸿燕，女，博士，天津商业大学公共管理学院讲师。

---

①　李一飞、史静寰：《生师互动对大学生教育收获和教育满意度的影响》，《教育学术月刊》，2014年第8期。

课程思政融入专业课
课堂教学改革的路径探索

陈源源 席 枫 孙 艺

一、课程思政的内涵

我们党历来高度重视对青年大学生的思想教育和政治引领,着眼长远,立足中国社会现实需要,着力培养德智体美劳全面发展的社会主义建设者和接班人。①进入中国特色社会主义新时代,高校学生的思想价值引领尤为重要。2016 年 12 月,习近平在全国高校思想政治工作会议中强调,"高校思想政治工作关系高校培养什么样的人、如何培养人以及为谁培养人这个根本问题。要坚持把立德树人作为中心环节,把思想政治工作贯穿教育教学全过程,实现全程育人、全方位育人,努力开创我国高等教育事业发展新局面""各类课程都要与思想政治理论课同向而行,形成协同效应"②。在这种"大思政"格局背景下,课程思政应运而生。

课程思政,是一场教育改革的实践,是对新时代高等教育更好发挥"四个服务"功能的理念创新、制度创新和实践创新③,是新时期立德树人的根本遵循④。它不是指增加几门思想政治教育的课程,而是将思想政治教育贯穿于课程体系的各个环节,激发不同课程中的思政元素,将知识传授与价值引

---

① 参见张大良:《课程思政:新时期立德树人的根本遵循》,《中国高教研究》,2021 年第 1 期。

② 吴晶、胡浩:《习近平在全国高校思想政治工作会议上强调 把思想政治工作贯穿教育教学全过程 开创我国高等教育事业发展新局面》,《中国高等教育》,2016 年第 24 期。

③ 参见韩宪洲:《论课程思政建设中的几个基本问题——课程思政是什么、为什么、怎么干、怎么看》,《北京教育(高教)》,2020 年第 5 期。

④ 参见张大良:《课程思政:新时期立德树人的根本遵循》,《中国高教研究》,2021 年第 1 期。

领相结合,在润物细无声中立德树人①。其核心是把"做人做事的基本道理、社会主义核心价值观的要求、实现民族复兴的理想和责任"这三句话的总要求融入各类课程和教育教学全过程、各方面,在立德树人上实现同向同行②。

二、课程思政融入专业课课堂教学改革的现实要义

2020 年,教育部印发《高等学校课程思政建设指导纲要》(以下简称《纲要》),全面推进高校课程思政建设。《纲要》指出,全面推进高校课程思政建设是深入贯彻习近平关于教育的重要论述和全国教育大会精神、落实立德树人根本任务的战略举措,是全面提高人才培养质量的重要任务③。

(一)推进课程思政离不开专业课课堂教学的改革

全面推进课程思政建设,课程是基础,课堂是重点;课程建设是"主战场",课堂教学是"主渠道"。习近平强调,"要用好课堂教学这个主渠道,思想政治理论课要坚持在改进中加强,提升思想政治教育亲和力和针对性,满足学生成长发展需求和期待,其他各门课都要守好一段渠、种好责任田,使各类课程与思想政治理论课同向同行,形成协同效应"④。《纲要》也指出,要"深入挖掘各类课程和教学方式中蕴含的思想政治教育资源",要"让所有高校、所有教师、所有课程都承担好育人责任,使各类课程与思政课程同向同行,将显性教育与隐性教育相统一,形成协同效应,构建全员全程全方位育人大格局"。从这些表述可以发现,专业课程发挥着"隐性"思政教育的作用,与思政课程同等重要。并且在专业知识传授和能力培养方面,专业课具有不可替

---

① 参见高德毅、宗爱东:《从思政课程到课程思政:从战略高度构建高校思想政治教育课程体系》,《中国高等教育》,2017 年第 1 期。

② 参见韩宪洲:《论课程思政建设中的几个基本问题——课程思政是什么、为什么、怎么干、怎么看》,《北京教育(高教)》,2020 年第 5 期。

③ 中华人民共和国教育部:《教育部关于印发〈高等学校课程思政建设指导纲要〉的通知》,中华人民共和国教育部,http://www.moe.gov.cn/srcsite/A08/s7056/20200603_462437.html。

④ 吴晶、胡浩:《习近平在全国高校思想政治工作会议上强调 把思想政治工作贯穿教育教学全过程 开创我国高等教育事业发展新局面》,《中国高等教育》,2016 年第 24 期。

代的作用。如果少了专业课程的建设,高校人才培养质量将大打折扣。同时,专业课课程还必须进行课堂教学的改革,加强对学生的价值引领。如果专业课教师只传授专业知识而忽视价值引领,那么培养出来的学生就有可能是有才无德的"危险品"。只有将价值塑造、知识传授和能力培养融为一体,才能培养出有德有才的"正品"。因此,全面推进高校课程思政建设离不开专业课程课堂教学的改革。

(二)专业课课堂教学改革促进高校课程思政建设

长期以来,我国的大学课堂教学存在较多问题,如教师的教育教学观念陈旧,教学方法单一,教学方式仍以教师讲授为主要方式,教师和学生在课堂教学中互动交流不够,课堂教学缺乏对学生的吸引力,学生上课积极性不高、课堂参与度低等,专业课也不例外,这些问题都严重影响了高校的教育质量,亟待进行课堂教学改革①。2019年,教育部印发了《关于深化本科教育教学改革 全面提高人才培养质量的意见》,旨在推进教学改革,振兴本科教育,其中课堂教学改革是教学改革中的重要一环。课堂教学改革,就是要破解课堂教学中的诸多滞后问题,从教学理念、教学内容、教学方法到教学评价进行全方位的改革创新,切实改善课堂教学效果,提升高校人才培养质量。通过课堂教学改革,让广大教师改变教学观念、创新教学方式方法、提高课堂活跃度、加强对学生的身心关怀等,以自己的实际行动践行立德树人的初心使命。而对于广大学生,他们的学习观念和方式也会随着教师教学观念和方式的改变而改变,他们会由被动学习变为主动学习,上课会更有动力、更加积极,也会追求更加全面的发展。学生学习效果提升了,高校人才培养质量自然就提高了。因此,课堂教学改革本身就是教师对学生最好的"课程思政",通过推进专业课课堂教学改革,可以促进高校课程思政建设。

---

① 参见卫建国:《大学课堂教学改革的理念与策略》,《高等教育研究》,2018年第4期。

三、课程思政融入专业课课堂教学改革的实施路径

《纲要》指出,"专业课程是课程思政建设的基本载体","要深入梳理专业课教学内容,结合不同课程特点、思维方法和价值理念,深入挖掘课程思政元素,有机融入课程教学,达到润物细无声的育人效果"。这为如何将课程思政融入专业课课堂教学改革提供了指导思想。本文根据专业课课堂教学的主要环节,从教学大纲编写、教材编审、课程设计、教学方式方法、课程成绩评价等方面提出了课程思政融入专业课课堂教学改革的实施路径。

(一)挖掘思政元素,完善教学大纲

与专门的思政课教材和教学资料不同,专业课教材里大多都是专业知识,因此,将课程思政融入专业课教学课堂,需要专业课教师自己去发掘课程所蕴含的思政元素①。课程思政内容广泛,相应的思政元素也很多,涉及政治认同、家国情怀、文化素养、宪法法治意识、职业理想和道德修养等多个方面。专业课教师首先需要系统梳理课程内容,深入挖掘提炼课程所蕴含的思政元素和德育功能。例如,土地管理学课程中,其土地管理体制演变这部分内容就蕴含了制度自信、依法治国、改革创新精神等思政元素;耕地保护管理这部分内容蕴含了文化自信、国家安全意识、勤俭节约意识、大国三农情怀等思政元素;土地市场管理这部分内容蕴含了公平正义、民主法治的社会主义核心价值观等。其次,还要开动脑筋,将挖掘的思政元素有效融入教学内容当中。教学大纲是课程教学的规范性指导文件,是进行教学工作的基本依据,包括教学的目标、内容、要求、学时分配等,实质上就是对一门课程进行系统化设计的结果,是一门课程的教学实施方案②。因此,一定要重视教学大纲的修改和完善,梳理思政元素、德育目标与教学内容的逻辑关系与融合

① 参见成桂英:《推动"课程思政"教学改革的三个着力点》,《思想理论教育导刊》,2018 年第 9 期。

② 参见郭文革:《高等教育质量控制的三个环节:教学大纲、教学活动和教学评价》,《中国高教研究》,2016 年第 11 期。

点,并要在教学大纲中体现出来,为之后的课程设计和课堂教学提供改革依据。

(二)精选教材教参,保障课程质量

教材是教学内容和课程体系的集中体现,是教师授课的主要参考书,更是学生提高思想道德觉悟、获得系统知识和提高能力的重要工具。学生系统掌握知识,一般是从对教材的感知开始,感知越丰富,观念越清晰,形成概念和理解知识越容易。有些经典的教材,学生们会将其一直保留。课程思政融入专业课课堂教学改革,要讲好用好马工程重点教材,推进教材内容进入教案课件。如果没有合适的马工程教材,要依据教学大纲要求,坚持思想性、先进性、科学系、系统性、程度水平和教学实用性等标准,精选合适的教材,尤其是符合新时代课程思政建设要求的典型教材,坚决摒弃存在意识形态问题的教材。同时,还要选择其他典型的书目和资料作为教参,以丰富课程内容,保障课程质量。如对于土地管理学课程,要选择普通高等教育土地资源管理专业十三五规划建设教材、中国农业大学朱道林教授主编的《土地管理学》(第2版)作为指定教材,同时选择华中农业大学陆红生教授主编的《土地管理学总论》、南京农业大学王万茂教授主编的《土地资源管理学》,以及新修订的《土地管理法》等资料作为参考文献。

(三)优化课程设计,提升教学效果

课程设计是指为完成每节课的教学内容而对知识结构、课件制作、授课方式等进行的计划和设计。课程设计的好坏,直接关系到学生获取知识的程度。一个不好的课程设计很容易让学生在听课时走神或导致学生无法理清知识体系,进而对课程学习失去兴趣。而一个好的课程设计则可以引领学生的学习思路,让其深入学习进去,从而更好地接受、理解和掌握课程内容,同时也使其"亲其师,信其道"。课程思政融入课堂教学改革,要优化课程设计,精心设计每个知识点与思政元素的融合,将思政元素润物细无声地融入课堂教学中,让学生在学习专业知识的同时不知不觉中接收到价值观影响。例如在讲解我国土地管理体制时,就可以与国外的土地管理体制进行比较,激发学生们的制度自信和爱国情怀;在讲解我国土地制度的演变时,就可以和中国共产党的历史结合在一起讲,激发学生们知史爱党、知史爱国,使其坚定中国特色社会主义道路自信、理论自信、制度自信与文化自信。同时做好课程设计,构建课程内容框架,梳理知识逻辑关系,可以使教师在上课时保持清晰的思路,讲起课来更加自信,也可以吸引学生跟进学习,使学生更好地理解和掌握课程内容,进而提升教师教的效果和学生学的效果。

(四)创新方式方法,提高培养质量

教学方式是指为达到教学目的,实现教学内容,运用教学手段而进行的、由教学原则指导的一整套方式组成的、师生相互作用的活动,而教学方法是教学过程中教师与学生为实现教学目的和教学任务要求,在教学活动中所采取的行为方法。同一种教学方式可以采用不同的教学方法,不同的教学方式也可以包含于同一教学方法中,两者相互联系,密不可分。教学方式方法不仅是完成教学任务的重要保证,而且是联系师生关系的重要纽带,直接关系到学生的身心发展和培养质量。由于专业课的课程性质,高校专业课课堂教学方式多采用传递-接受式或示范-模仿式,教学方法多采用讲授法。将课程思政融入专业课课堂教学改革,需要在传统教学方式方法的基础上进行创新,多采用具有引导性、启发性、实践性的教学方式方法,如启发式讲授、互动式交流、探究式讨论、自主支持、实地调研等,发挥学生们的主观能动性,让学生们主动思考问题、解决问题,这样思想认识才更透彻、知识掌握才更牢固、能力培养才更充分。例如,在讲解耕地保护管理内容时,先抛出一个土地撂荒的案例,并让学生们说说自己家乡的土地撂荒情况,然后让他们自己思考土地撂荒是否合理、为什么会出现土地撂荒、土地撂荒有什么危害、应该怎么办才能破解等问题,再进行讨论和交流,最后再由教师对这些问题进行解答和分析。这样不但可以培养学生珍惜资源的意识、激发其大国三农情怀,也可以使学生更加深刻地理解和掌握耕地保护相关专业知识,提高学生培养质量。

(五)改革评价体系,促进全面发展

理论上,课程成绩是学生对专业知识掌握能力的体现,成绩越高,表明学生学得越认真、知识掌握越牢固、能力也越高。然而在现实中,这两者之间并不对等。许多学生平时不努力学习,上课不认真听讲,期末考试前将课本知识点死记硬背就可以考出一个不错的成绩,也有部分学生平时上课认真听讲,积极参加讨论,独立思考和创新能力都很强,但是考试时却成绩却一般。这种不对等跟不合理的课程评价体系有很大关系。目前绝大多数课程的成绩构成为平时表现成绩占30%、期末考试成绩占70%,期末考试成绩有试卷分数可以量化,但平时表现成绩却并没有具体的评分细则。学生的平时表现通常包括考勤、听课认真程度、课堂纪律、回答问题情况、小组讨论参与度、期中作业完成情况以及课堂展示等,这些平时表现可以反映出学生的思想政治水平、纪律观念、沟通能力、组织能力和创新能力等,但是在总成绩中所占的比例明显偏低。将课程思政融入专业课课堂教学改革,要改变过分依赖知识考试的量化评价标准,采取分权重的质性与量化结合的评价方式,将成绩评价贯穿于整个课堂教学过程。例如,将专业课的成绩构成改为德育成绩占30%(考勤、课堂纪律、学习品质各占10%)、能力成绩占30%(讨论参与度、发言水平、PPT课堂展示各占10%)、专业知识成绩占40%(期中作业或课堂回答问题情况占10%、期末考试成绩或结课论文占30%)。这样的评价体系既注重结果更关注过程,从而激励学生们每一节课都端正态度、认真听讲、积极表现,促进学生的全面发展。

作者简介:陈源源,男,博士,天津商业大学公共管理学院讲师。

公共管理学科案例教学要素困扰与突破策略

齐艳芬

一、公共管理学科案例教学引入的意义

伴随社会快速发展,急需高素质综合型公共管理人才,这促进了我国高等院校公共管理专业的快速发展。公共管理专业作为将理论知识与实践技能结合于一身的综合性学科,要求学生必须将理论知识灵活运用到实践中去。面对社会对高层次管理人才的需求和公共管理专业对学生的要求,采取科学的教学方法以培养出适应社会需求的综合型管理人才,是高等院校公共管理专业亟待解决的问题。

在教育部门课程改革指导下,案例教学法成为各大高校教育教学改革的方向。目前,部分高等院校课程教学中已融入了案例教学方法。在这样的教育改革背景和发展趋势下,如何有效应用案例教学法实现良好教学效果,逐渐成为教育领域学者们深入思考的问题。有学者全面总结了案例教学法的[1],有学者对案例教学中的问题进行了一定探讨[2],有学者反思了案例讨论在具体领域内的应用策略[3],有学者结合理论与实践分析了案例教学的知识转化机制[4],有学者基于企业战略管理课程的案例教学进行了较为深入的分

---

[1] 参见郑芳、易洁琰、李鸣骥、侯迎:《"人文地理与城乡规划"课程教学方法集锦》,《教育进展》,2021年第3期。

[2] 参见兰霞萍、陈大超:《案例教学的问题与出路》,《教学与管理》,2017年第10期。

[3] 参见刘冲、林博杰、任亮:《分组反思讨论法联合案例教学法在椎间孔镜教学中的应用》,《微创医学》,2020年第3期。

[4] 参见张学敏、侯佛钢:《从理论到实践有多远?——专业学位研究生案例教学的知识转化机制探讨》,《现代大学教育》,2020年第1期。

析和探索①。

　　基于现实教育发展趋势和需求,结合学者们的系列研究成果,尤其参考近期学者对案例教学引入企业管理课程的分析,本文将针对案例教学法如何有效应用于公共管理学科展开研究。通过该领域引入案例教学所遇到的困境和破解路径分析,不仅将有助于案例教学领域的认知理论、联结学习理论、人本主义理论以及建构主义理论的理解,还能在实践应用上给予公共管理学科教育工作者有效开展案例教学一些启发,并为公共管理学科实施案例教学积累实践经验。

二、公共管理学科案例教学引入的要素困境

　　伴随高等院校不同学科教育教学改革的不断深化,案例教学法逐渐成为公共管理学科教学的重要手段,但引入后却存在系列困境。

(一)案例教学的系列认识误区

　　在传统教学模式盛行而案例教学初步引入公共管理学科课程教学中,师生对案例教学存在系列认识误区。

　　首先,在案例教学内涵、本质等方面存在认识误区。其中较为突出的是教师常常将案例教学视为举例教学。比如一位公共管理专业基础课老师谈道:"案例教学就是举个例子,让同学们围绕管理案例进行分析和讨论以及发言,之后老师做个总结就可以了,同学们比较喜欢这样的案例教学。"另外,人们往往将案例教学与传统教学二者对立起来,过多强调传统教学的局限而夸大案例教学的优势。比如一位公共管理专业的大三学生谈道:"老师整节课都在灌输理论,但我们感觉理论离我们很远又很不容易理解,这种教学课程太多了,希望老师抛弃这种传统式理论授课,都改为开放式、互动式的案例教学,我和周围的同学都非常喜欢这种案例教学。"案例教学的确一

---

　　① 参见葛根塔娜:《启发式教学在企业战略管理课程中的探索与实践》,《知识经济》,2018年第12期。

定程度克服了传统教学以灌输式为主传授知识的弊端,实现了开放式、互动式学习,且受到师生的接受,但实际上两种教学方式在教学实践中是各有千秋的。

其次,在案例教学理念方面存在认识误区。当前公共管理专业教师往往重视案例教学中学生们积极参与、互动讨论,而忽视对学生尊重他人、沟通合作、求真务实等各方面能力培养。比如一位公共管理专业选修课老师谈道:"案例教学主要是让同学们主动积极地参与分析,通过讨论案例将理论自然而然的得出并有助于理论的理解,老师最后梳理和总结本节课程理论,让同学们深刻理解和记忆基础理论。"

最后,对教师在案例教学中的角色存在认识误区。一位公共管理专业的基础课老师谈道:"不像传统教学模式一样,老师一直在引导和组织,整堂课传授理论和知识。案例教学中老师的角色很像一台晚会的主持人一样,老师把案例给同学们,让大家积极讨论,相信学生一定能有新发现和新思路。"这是把两种教学模式割裂开来的思想,但实际上在案例教学中,教师角色仍旧是课堂的引导者和组织者,只是讲课思路、知识传授方式变化了而已。

(二)案例选择的困境

案例教学是针对案例展开的,案例的数量和质量直接影响案例教学效果,但是考察实际发现存在系列案例选择困境。

首先,案例筛选主体相对单一。我们知道,对案例教学改革来讲发掘案例的过程要比案例本身更重要。目前主要局限于授课教师进行案例筛选,学生少有机会参与筛选过程,这就导致教师所选案例可能只是课程理论的辅助证明材料,难以发挥案例对学生创新激发和理论反思的作用。

其次,案例选取角度难以实现本土化。比如一些公共管理学科中影响比较深远的西方经典教材,所选案例往往基于西方政治体系下的治理案例,适应我国公共管理实践的案例本土化挖掘不足。

再次,案例选取范围比较局限。一些教师仍拘泥于传统的教材案例范围或者线下案例实践等范围,但是对互联网技术支撑下线上议题不够重视,尤其大众传媒发展和社交媒体崛起后,有必要通过新旧媒体选择案例,综合运用线上和线下空间作为选取范围。

最后,案例使用方式主要用于验证。在公共管理课程的教学实践中,案例一般用于理论导入、验证以及拓展,但是案例教学不仅是理论知识的建构,更多的应该是服务于公共管理实际问题的解决。

（三）案例教学组织过程的困境

案例教学过程组织有效是案例教学效果实现的关键。但是考察实际案例教学组织过程存在系列困境。

首先,上课人数方面。针对公共管理案例课程的上课人数方面,老师们一般存在人数越少越好的认识困境。比如一位老师谈道:咱们管理类课程实施案例教学,肯定要考虑控制人数,最好控制在10多个同学以内较为合适,超过30多人的课堂,小组讨论时间不够。但是哈佛商学院案例教学规模可以达到90人,因此某种程度上这是人数认识误区,而这源于我们对案例教学组织方式一定程度的误用。

第二,组织形式方面。在实际组织案例教学中,老师们将案例教学误以为删掉教师授课行为,把教学环节改为将案例公布给学生、学生课下讨论和课上PPT展示,或是组织学生课堂分组讨论,采取小组课上逐个汇报。比如一位老师谈道:"在案例教学过程中,发现学生针对生活中感兴趣或者比较熟悉的案例就主动参与和积极互动,且探讨得比较深刻,但留给我的时间不多,我的讲授似乎可以被删掉了。"一位公共管理专业老师谈道:"在案例教学过程中,主要是将案例给学生、学生课下讨论,之后小组总结成PPT进行课上展示,不过由于人数过多,课堂汇报占据了大多数课上时间,导致最后的知识框架模糊。"上述这样的组织形式偏差会导致案例教学的效果不明显,甚至引发人们质疑案例教学方式的优势。

第三,讨论形式方面。有些教师包括笔者往往将案例教学的上课讨论形式视为学生讨论与教师点评,这就降低了教师的引导作用;将课堂交给学生分组讨论和汇报,教师的主导性作用也不能有效发挥;教师点评简短导致难以引发学生深层思考,不能发挥评价的重要作用。这些困惑老师们在案例教学中经常会碰到。比如一位公共管理专业老师谈道:"在案例教学中,一开始主要是学生讨论，学生各个小组之间的互动与思想碰撞之后，我点评，中间我也进行了引导，但是，最后发现学生们的整体知识框架模糊，所以对如何开展讨论我还是有些困惑。"

(四)案例教学的激励不足

案例教学效果的实现离不开激励和辅助体系的支持，但从当前公共管理类课程案例教学现状来看，相关激励不足。

首先，案例教学在教师教学评价体系中尚缺乏一定激励。由于案例教学在案例选择、课程设计、组织方式、考核方式等方面与传统教学方式相比更为细致和复杂，需要在各环节给予一定激励。尤其目前较为突出的问题是教师案例创作缺乏雄厚的专项资金支持。比如一位公共管理专业老师谈道："学院积极支持教师们引进案例教学，还设立了案例教学教改项目，但是针对案例库建设和案例创新方面有待出台相应的资金支持或其他激励制度。若大家一起努力，而且共同分享和交流，效果会更好。"

其次，学生参与案例教学实施过程的激励机制不足。学生作为案例教学的参与主体，其积极参与可以快速积累案例。但从当前现状来看，针对学生参与案例积累和讨论等激励机制不健全。比如一位大三学生谈道："案例教学课程中，我开始比较努力地搜索、查询案例，我们小组也结合身边新鲜事创作了一些小案例，但是老师对我们的案例贡献只是口头夸奖了两句，后来平时成绩稍稍多给了一点点分，没有相应的我们希望的更大的认可和评奖、评优等方面的鼓励，毕竟案例创新是我们团队的很长时间反复观察、磨炼和思考的结晶。"

三、公共管理学科案例教学实施的有效策略

基于公共管理类案例教学中的要素困境，遵循案例教学规律和特殊要求，从理念提升、有效案例选择、规范教学流程以及激励机制角度探寻有效策略。

（一）树立案例教学理念，正确认识其本质

厘清案例教学内涵和本质，树立正确教学理念是案例教学开展的重要前提。

首先，澄清案例教学本质。厘清案例教学内涵，澄清其与举例教学的共性和异质特征，祛除将案例教学与传统教学截然对立的二元思维，且传统教学强调的理论仍需要深度融入案例分析和讨论中。

其次，重视案例教学理念。针对教师对案例教学理念的认识偏差，应提升对案例教学的重要价值，尤其重视案例教学对学生与他人合作、求真务实的综合能力培养方面重要作用。[1]从学科建设中将案例教学理念深入到师生思想中，重视培养教师案例教学习惯，营造内部案例教学良好氛围。

最后，强化教师引导和组织作用。案例教学是以学生为中心的教学方式，但是成败的关键仍是教师角色的引导和组织。因此，这就要求教师不仅应具备深厚的理论素养，同时也应具有充分调动学生参与的引导和组织能力。

（二）遵循案例选择原则和方法，突破案例选择困扰

遵循案例选择原则和方法，有效选择案例可以为案例教学顺利展开奠定案例支撑。

在案例选择的原则把握方面。首先，案例选择要有典型性。典型性主要是指案例能反映相关的公共管理理论，同时体现社会动态发展中的实际管理问题。其次，案例选择要有针对性。针对性主要是指案例选择应以课程的教学目标、教学内容为依据，并结合学生自身的认知水平和公共管理专业背景。再次，案例选择要有时代性。所谓时代性是指案例的选择要紧跟时代前沿，祛除陈旧案例。比如目前社区疫情管理案例需要结合迅速崛起的数字经济发展、管理动态变化。最后，案例选择要有冲突性。优秀的案例应切中学生思想发展的交汇点，在学生当中能产生较为强烈的思想冲突。

---

① 参见刘京京：《案例教学在教育科研方法课程中的实践研究》，《教育与教学研究》，2020年第5期。

在案例选择方法方面。一般对于公共管理学科课程来讲，课上案例主要是来自教材和教辅资料，但是其他路径也要引起重视。线下治理实践、线上互联网典型治理案例、新旧媒体重要治理议题，以及其他兄弟院校的案例库，都可以成为教师案例选择的重要途径。

(三)规范教学流程，有效组织案例教学

教学流程设计是有效实施案例教学的基础环节，直接影响案例教学的效果。结合公共管理学科特征，规范案例教学流程如下：

第一步：课前准备工作。首先，教师应将案例教学相关资料通过在线方式比如雨课堂等发布给学生，做到整门课程的资料和目标、要求等信息的公开；学生应在上课前浏览或下载相关资料，完成初步准备工作。其次，学生信息通过在线系统呈现给老师，老师通过了解学生信息可以更好预测不同学生为课堂可能带来的多样化观点，从而利于教师课堂的组织。另外，课前教师应提前编辑好典型案例，制定包括教学目标、上课程序、讨论预测等内容的参考资料。

第二步：课堂讨论环节。案例教学讨论需要起承转合。在开启阶段，教师应根据公共管理案例主题、时间规划来选择开启讨论模式，开启模式可以采用即刻进入案例情境或者铺垫后渐进展开；在承转阶段，在承上启下时要衔接顺畅，避免话锋突然转变，学生不容易接受，同时也应详简合适；在合的阶段，教师应根据案例性质、教学目标、时间规划来安排合的方式，合也是讲究详简合适的，这里的详就是要确保学生课后感受到收获，而不是困惑；简则要确保学生课后有独立反思空间。

第三步：课后评估环节。课后评估主要评价师生表现，针对学生来讲，主要包括课堂参与程度、表达能力、考试成绩等。比如将学生课堂参与和表现占到学生成绩的较大部分，打分时教师不仅根据个体贡献的多少，还考虑内容表达流畅程度以及发言时间长短等。当然，公共管理案例教学是否成功关键是学生将课堂上所学能否应用于自身公正向善修为、包容他人意见和实际管理问题的解决等。

（四）激励多元主体参与案例挖掘与创新，夯实案例教学辅助环节

针对目前突出的案例不足和案例陈旧等问题可以考虑通过以下三方面激励多元主体参与案例挖掘和创新。

首先，激励教师案例发现和创作。笔者所在学院多年来一直坚持设立案例教学教改项目，通过学院内资金划拨为教师案例创作和案例教学给予支持，这是一个有益尝试。针对原创性案例库贡献尚未进入教师绩效（学术成果）或职称评定的指标之中，可以考虑针对原创性案例贡献与教学绩效或相关教师评教、职称评审挂钩，从而更好地激励老师挖掘和创新案例。

其次，激励学生参与案例选择和创作。学生是参与案例教学主体之一，可以考虑开拓学生资源，激发学生参与案例选择和创作贡献。比如可以考虑结合国家"大众创业，万众创新"战略实施，鼓励学生在大创项目中采纳案例研究方法以搜集和挖掘管理学案例；再比如结合我们笔者所在学院大力倡导的暑期社会调研，以一定物质奖励和精神鼓舞，激励学生在调研实践中进行案例发现和选择的尝试；尤其针对学生关注的学业成绩，可以鼓励老师和学生共同探讨构建案例教学参与深度和质量与学业成绩挂钩的激励机制和策略。

最后，激励外部力量合作开发和挖掘案例。一般大学院校都建立较多实习基地，比如笔者所在学院与公共事业单位已经建立了多年合作伙伴关系，而教师与这些政府部门、公共事业单位关系较为和谐，有利于师生深入到公共管理实践中挖掘和创作案例，在此基础上，可以考虑通过教师与这些外部力量的深度合作，积极发挥实习基地、相关合作单位的作用，共同构建案例库，丰富案例数量和提高案例质量以及同步更新案例。

作者简介：齐艳芬，女，博士，天津商业大学公共管理学院讲师。

加强公共管理专业学生沟通能力
培养的探索与实践

闫乃权

一、引言

本人在多年的教学实践中，曾经立项过天津商业大学校级教改项目"加强公共管理专业学生沟通能力培养的探索与实践"，本文拟以该项目为例，探讨公共管理专业的学生如何培养沟通能力。

"加强公共管理专业学生沟通能力培养的探索与实践"这个教改项目，是紧密结合公共管理学院人才培养方案而确立的，目的在于探索为社会发展和地方经济建设服务的高素质人才的培养途径。结合我校办学特色及教学资源，我们从学生的语言交际、应用写作、公共关系等方面课程入手，通过课堂教学和参与街道和社区管理活动等多项举措，使学生掌握良好的沟通知识和技能，在沟通能力上形成优势和特色，为今后的学习和工作生涯打下坚实的基础。

课题组通过前期的大量调查研究，对我校所开课程进行了细致的梳理，收集了大量的资料和数据，并对相关课程进行了进一步研究和分析，挖掘相关课程之间的衔接关系，对目前已开设的课程实施进行了细致的归纳，找到很多契合点，所以我们认为这项研究是非常有实践价值的活动。针对沟通能力的特点，我们设计了阶梯式培养方案，力图通过大学期间相关的课程安排，对学生的表达能力进行一个循序渐进的培养。这个方案从培养公共管理专业学生的口头表达能力入手，以语言交际为目标，阶梯式上升到书面表达能力的培养，最终能够实现口头和书面表达能力共同发展，为学生在科研项目的参与以及论文写作和答辩方面做好铺垫,更为学生将来适应社会需求,找到合适的工作岗位而做好充分的准备。

在表达能力得到进一步提高的同时,辅以公共关系相关课程来加以巩固知识和提高能力,重点放在沟通能力的培养和应用方面。相关课程有公共关系、沟通与谈判等。这个方案是结合我校已有的相关课程来开展的,涉及一些全院选修课和一些必修课。我们的研究目的在于解决当前公共管理专业大学生的沟通能力的瓶颈,使之能够更好地适应时代和社会要求,力争培养更多的优秀的大学生,提高学生的综合素质,真正成为具备良好职业技能的公共管理人才。

二、公共管理专业学生沟通能力培养的着力点

本文研究的出发点即在于解决教育教学活动中课程衔接的问题,不仅仅是从单门课来着手,更是着眼于公共管理专业学生学业生涯规划来考虑的。这是基于我们作为公共事业管理专业老师长期的教学工作,以及教授多门相关课程的经验来做出研究的。

实际上,我们深刻体会到了教学中存在的许多问题都是学生与老师的沟通不畅产生的。教师的教学水平、学生的理解能力、师生之间的教学相长,都有赖于良好的沟通能力。同时,大学生在校期间,面临交际交往的困境,对学习也造成一定的困难。所以我们采取的是最基础最实用的方法,从最基本的语言交际做起,通过普通话学习,增强学生的口语表达能力;结合《应用写作》的写作理论教学,锻炼学生们的书面写作能力,进一步升华表达能力,同时为今后的学年论文和毕业论文的写作打基础。在此基础上,结合《公共关系学》课程的教学,使学生们掌握基本的礼仪和交际的知识,将之前所学的语言表达知识加以运用,融会贯通,在实践性较强的《谈判与沟通》等课程中获得良好的应用。运用大局观点,全面协调相关课程之间的衔接和承转,培养学生具备良好的沟通能力和应用知识的能力,是我们一直不懈努力的目标。

所以公共管理专业学生的沟通能力培养,应紧紧围绕我校人才培养目标,努力满足打造宽口径、厚基础人才素质的需要,利用相关教师的专业特

长进行教学工作的创新和拓展,实现人才培养的全方位特色。紧密围绕国家教育改革和发展规划纲要等规章的精神,结合社会对公共管理人才的需求状况,对公共管理专业的课程进行了有效的梳理,并能利用相关课程进行充实和铺垫,使内部和外部的资源得到合理的配置,并能发挥所长,有针对性地对学生进行阶梯式的培养。从大一的口头表达能力训练开始,继而是后面的书面表达能力和公共关系能力的培养,使学生在沟通能力方面得到系统的训练,并促进相关能力的培养。这是根据国家相关教育法规和教育发展方向,紧密结合学校教学的具体情况,尤其是学院发展规划,进行大学生能力素质培养,增加活力和就业竞争力的有效举措。尤其是我们引导学生参与街道和社区管理活动,在实践中进一步检验学习成果,使研究成果有了更大的应用推广价值。

三、我校公共管理专业培养学生沟通能力的实践历程

笔者自担任公共事业管理专业教师以来,一直积极承担我校公共管理专业学生沟通能力培养的教学和实践工作,将我校公共管理专业培养学生沟通能力的实践历程梳理如下:

首先,结合我校办学特色及教学资源,我们从现有的《语言交际》《应用写作》《公共关系》等方面课程入手,通过课堂教学和参与社区管理活动等多项举措,培养学生良好的沟通能力,使之成为我院学生的一项优势和特色,为高素质人才的培养奠定基础。

其次,应将公共管理专业沟通能力的教改研究进一步上升为理论。目前,笔者作为资深教师,已经写作完成关于公共管理专业学生沟通能力的调研报告及相关论文,正在联系刊出事宜。另外还有一些数据资料需要做进一步的整理和加工,争取能够形成更为丰富的成果。在研究过程中,我们融入了很多因素,更努力向更有价值的方向发展,主持人已经作为第三参加人加入天津市哲社规划项目《全面提高教育质量,完善高校质量监控体系的研究》研究项目中,努力为教育教学活动的研究和改革做出更大成绩。该项目已由中国经济科学出版社 2012 年 11 月出版专著《高等教育质量管理研

究》，笔者负责撰写其中的二章内容，约 10 万字。

再次，在我校开展的 SRT 项目研究活动中，笔者积极运用研究成果，鼓励学生们开阔视野，运用已有的知识服务于社会。2011 年 5 月马吉原等 6 名学生成功申请项目《社区养老典型分析及模型构造——以天津市北辰区普东街道为例》，以天津市北辰区普东街道作为观察对象，通过广泛而深入的实地调查研究，总结出具有普遍意义的经验，进而构造社区养老模型，以期能对天津市社区养老工作提供借鉴。2013 年继续指导学生 SRT 项目一项，许英《民勤县志愿者参与风沙源治理的成果分析》，探讨志愿者在推动国家有关政策的实施方面的作用，为志愿者管理提出一套具体可行的方案营造更有利于服务的环境，促进京津地区生态建设快速发展。

最后，笔者组织学习深入实际工作岗位，与企业和社会合作课题多项，涉及企业文化、组织形象传播等方面。项目主持人积极参与公益讲座等文化活动，为爱好者讲解中华文化的精髓。还应邀为大型国企和有关部门进行工作礼仪规范讲座，受到好评。利用曾经挂职红桥区行政审批办公室副主任两年的机会，与有关部门建立了良好的合作关系，积极牵线政府与学校的互动，请在政府工作的校友给学生做报告，请企业家进课堂为学生答疑解惑，带领学生走访行政许可大厅、社区、街道办事处等地。学生们结合走访成功完成 SRT 项目，并在毕业论文写作中得到升华，这种全方位的活动，极大地提高了学生们学以致用的能力。

通过这样多方位的全面的沟通活动和项目研究，我们积累了大量的实践案例，对于培养公共管理专业的学生的沟通能力有了更为深入的认识，这些成果充分证明了我们的研究是有意义的，是能够通过课程的衔接和互动来实现宽口径、厚基础人才培养模式的，同时培养了大量的公共管理人才，为我们今后进一步进行教学改革，做好的课程建设打下了坚实的基础。

四、结束语

加强公共管理专业学生沟通能力培养的探索与实践，总的目的在于探索为社会发展和地方经济建设服务的高素质人才的培养途径。这样就需要随时跟进,及时分析教改课题效果。但是在实际效果的检测和检验方面仍有一定的难度,因为沟通能力是需要一个不断提高的过程,根据个体的原有基础不同或是学习技巧差异,可能有些时候很难准确检测到其中的变化。需要进一步研究的问题主要是增强理论研究的科学性,争取能够联系社会学专家学者,做进一步的数据收集和量化分析,以更好地反映大学生沟通能力的变化,使成果具有更高的准确性和科学性,具备更广泛的推广和应用价值,对于我们培养高素质公共管理人才具有重要的意义。

作者简介:闫乃权,女,天津商业大学公共管理学院讲师。

"金课"视域下公共管理课程
混合式教学研究*

赵伯艳　任文杰

一、研究背景

自 2018 年以来,我国教育系统开始推进高校"金课"建设。2018 年 6 月 21 日,教育部召开了中国高等学校本科教育工作会议,教育部长陈宝生在这次会议上指出:"要提升大学生的学业挑战度,合理增加课程难度,拓展课程深度,扩大课程的选择性,真正把'水课'转变成为有深度、有难度、有挑战度的'金课'"[①],"金课"概念被首次提出。随后在 2018 年 8 月 27 日,教育部专门印发了《关于狠抓新时代全国高等学校本科教育工作会议精神落实的通知》,通知指出:"加强学习过程管理。各高校要全面梳理各门课程的教学内容,淘汰'水课'、打造'金课',合理提升学业挑战度、增加课程难度、拓展课程深度,切实提高课程教学质量"[②],"金课"建设由此拉开帷幕。公共管理课程也亟须提升高阶性、创新性和挑战度,"金课"建设的手段和方法亟须摸索和创新。

2019 年年末新冠疫情突然来袭,给人们正常的生产、生活和学习带来了巨大的影响。疫情伊始,习近平就指出:"对我们来说,这是一次危机,也是一

---

*　本文为天津商业大学《大型活动策划与管理》"金课"建设项目研究成果。

①　陈宝生:《坚持"以本为本"推进"四个回归"建设中国特色、世界水平的一流本科教育》,《时事报告》(党委中心组学习),2018 年第 5 期。

②　《教育部关于狠抓新时代全国高等学校本科教育工作会议精神落实的通知》,中华人民共和国教育部政府门户网站,http://www.moe.gov.cn/srcsite/A08/s7056/201809/t20180903_347079.html。

次大考。"①尤其是对于中国教育事业发展而言,居家隔离的抗疫措施使得学校不得不暂停线下教学,1775 余万大学生通过线上教学方式进行学习。这场史无前例的大规模在线教育实践生动地向我们展示了, 在线技术与课堂教学交互交融的效果和魅力,也让我们认识到深度建构互联网+教育新模式势在必行,混合式教学已成为大势所趋。教育部高等教育司司长吴岩在谈到疫情期间的在线教学时认为,应该结合教育部的课程建设"双万计划",打造线上"金课"、线下"金课"、混合式"金课"、虚拟仿真"金课"、社会实践"金课"这五大"金课",不断推进国家级"金课"和省级"金课"建设,切实把"金课"的"两性一度"即高阶性、创新性、挑战度的要求在在线教学中实现,实实在在地把人才培养质量的提高落实到最关键的课程要素上。②疫情原因而不得不进行的线上教学, 在客观后果上促使线上教学理念和方法得到了宣传和普及,展现了混合式教学的魅力,也是进一步以混合式教学推进"金课"建设的重要机遇。

综上,在国家推进"金课"建设及混合式教学实践发展的背景下,如何进一步推动公共管理课程与混合式教学的有机融合以深度打造公共管理 "金课"是公共管理授课教师亟须思考的问题。本研究从混合式教学理念出发,分析了公共管理课程和混合式教学的契合点,在此基础上对标"金课"建设"两性一度",对公共管理课程混合式教学进行了论述,并结合疫情期间高校在线教育实践经验,提出了"金课"建设视域下公共管理混合式教学实践策略。

二、"金课"视域下的公共管理课程混合式教学

"金课"被首次提出后,教育部高等教育司司长吴岩在将"水课"和"金课"做对比的基础上再次明确解释了"金课"的内涵,就是"两性一度",即高阶性、创新性和挑战度:"高阶性,就是知识、能力、素质有机融合,培养学生

---

① 习近平:《在统筹推进新冠肺炎疫情防控和经济社会发展工作部署会议上的讲话》,央广网,http://news.cnr.cn/native/gd/20200224/t20200224_524988397.shtml。

② 参见《教育部介绍疫情期间大中小学在线教育有关情况和下一步工作考虑》,中华人民共和国教育部政府门户网站,http://www.moe.gov.cn/fbh/live/2020/51987/twwd/202005/t20200514_454317.html。

解决复杂问题的综合能力和高级思维。创新性体现在三个方面,一是课程内容有前沿性和时代性;二是教学形式体现先进性和互动性;三是学习结果具有探究性和个性化,是培养学生去探究,能够把学生的个性特点发挥出来。挑战度是指课程一定要有一定难度,需要学生和老师一起,跳一跳才能够得着,老师要认真花时间花精力花情感备课讲课,学生课上课下要有较多的学习时间和思考做保障。"①

对"金课"而言,知识的传授只是基础性的,更重要的是促进师生在教与学双向过程中的能动性和积极性,以培养学生的高阶思维和综合能力。"金课"关注课程的全过程、全方面打造,既重视课程内容的质量和教学过程,也强调课程主体的能动性和课程效果及评价,致力于通过经典与前沿的教学内容、灵活与互动的教学过程、多元与动态的教学评价来实现学生的全面发展。混合式教学恰为"金课"打造提供了技术和方法支撑。

(一)混合式教学的内涵

2016 年,教育部印发的《关于中央部门所属高校深化教育教学改革的指导意见》中提出要"推动校际校内线上线下混合式教学改革"②,但是在之后几年的时间里,混合式教学改革的效果并不明显,一线授课教师不论是对在线教学方式的了解还是实际的在线教学经验都是较为不足的,混合式教学被"束之高阁",更多存在于学术研究中。直到疫情发生后,高校教学活动不得不转至线上,促使教师去熟悉了解并掌握运用线上教学的方式,这也极大改变了教师对线上教学的态度。有调查表明,有 76.5%的高校教师愿意在疫情发生后采用"线上+线下"混合式教学,45.9%的高校教师愿意继续采用线上教学,而不愿意采用线上教学的只占 23.1%,这说明在线教学已经深入"师心",得到大部分老师的认可。③

---

① 吴岩:《建设中国"金课"》,《中国大学教学》,2018 年第 12 期。

② 《教育部关于中央部门所属高校深化教育教学改革的指导意见》,中华人民共和国教育部政府门户网站,http://www.moe.gov.cn/srcsite/A08/s7056/201607/t20160718_272133.html。

③ 参见郑宏、谢作栩、王婧:《后疫情时代高校教师在线教学态度的调查研究》,《华东师范大学学报》(教育科学版),2020 年第 7 期。

那么,什么是混合式教学呢？学界并没有统一的定义,不同学者都有不同的看法。Barbara 认为可以从线上和线下的教学比例来对混合式教学进行定义, 只有在线教学占到整个教学过程的 30%~80%才可以叫作混合式教学。①Tom Boyle 等分析了传统教学和网络教学都有各自的缺陷,并将混合式教学界定为线上和线下教学两种模式的混合。②何克抗认为混合式教学通过融合课堂资源、网络资源和校外资源等,将传统封闭式课堂教学与线上开放式教学的优势结合起来,既能发挥教师引导、启发、监控教学过程的主导作用,又能有效激发学生作为学习过程主体的主动性、积极性与创造性。③而张锦等认为混合式教学不仅仅是线上和线下教学方式的混合, 而应该是包括空间、时间、方式、评价四方面的混合的教学模式。④

综上所述, 当前对混合式教学的研究大多集中于如何将线上教学和线下教学两种方式有机融合以更好地扬长避短从而实现更好的教学效果,促进学生全面发展。混合式教学是信息技术和高等教育深度融合的产物,运用互联网、视频、动画等技术,突破时间、空间限制,兼具线上教学的便利性和线下教学的互动性,同时坚持以学生为中心的导向,在教师的引导下最终实现学生自主学习。

(二)公共管理课程与混合式教学的契合性分析

公共管理课程既包含专业理论知识的学习, 也包含社会实务的认知和分析。传统课堂教学方式已经不能满足教学需求,混合式教学在诸多方面都和公共管理课程有着契合性。

---

① See Means Barbara, Toyama Yukie, Murphy Robert & Baki Marianne, The Effectiveness of Online and Blended Learning: A Meta-Analysis of the Empirical Literature, *Teachers College Record*, No.3, 2013, pp. 1-47.

② See Tom Boyle, Claire Bradley, Peter Chalk, Ray Jones & Poppy Pickard, Using Blended Learning to Improve Student Success Rates in Learning to Program, *Journal of educational media*, No.2, 2003, pp. 165-178.

③ 参见何克抗:《从 Blending Learning 看教育技术理论的新发展（上）》,《电化教育研究》,2004 年第 3 期。

④ 张锦、杜尚荣:《混合式教学的内涵、价值诉求及实施路径》,《教学与管理》,2020 年第 9 期。

首先在教学方式上，因为公共管理课程具有鲜明的理论和实践结合的特点，因而在课程教学的时候要求教学形式不拘一格。其次在教学内容上，公共管理课程不仅要传授专业理论知识，更要训练和提升学生分析问题和解决问题的能力，促进学生去了解公共管理热点议题和深入公共管理实践，结合所学分析现实以达到知识的内化发展。这无疑与混合式教学的线上线下结合，突破时间空间限制的灵活便利特点有着较高的契合性。最后在教学价值上，公共管理课程致力于培养具有综合素质能力的复合型创新人才，坚持以学生为中心，引导激发学生的分析思考能力、解决问题能力和创新能力等，这与混合式教学所倡导的以学生为主的价值观不谋而合。

（三）公共管理课程混合式教学的内涵

公共管理课程混合式教学，主要是将混合式教学方式运用到公共管理课程中，以混合式教学方式实现对公共管理课程传统教学方式的突破和创新。公共管理课程混合式教学贯穿在课前、课中和课后全过程。在课前阶段，主要组织学生进行线上学习以预习课程学习内容，而且线上提供的学习材料是可以反复观看的精选优质教学资源。教师也可以通过在线教学平台收集并分析学生的学习数据以对学生学习情况进行及时的了解，做好接下来的教学准备。在课中阶段，主要是师生、生生之间对课程内容的重难点以及其他相关方面进行交流讨论，同时可以结合前沿热点案例，在加深对课程内容理解的同时强化对知识的应用，有助于学生把握课程的核心内容。在课后阶段，学生可以借助线上教学平台，一方面进行课程内容测试，以巩固所学知识；另一方面完成师生、生生间的评价，共同总结以实现课程的优化完善。

总的来说，公共管理课程有机结合混合式教学方式所带来的创新不仅仅是教学方式上的创新，更是促进公共管理课程在教学内容、教学评价等多方面的改革创新，其根本目的是真正实现学生的自主学习和全面发展，这与"金课"的目的是一致的。

三、"金课"视域下公共管理课程混合式教学的"两性一度"

公共管理课程混合式教学朝着"金课"的目标发展是必然的,两者之间有着高度的同构性,能够相互渗透影响,两者结合有助于更好地推动我国教育培养高质量复合型公共管理人才的目标。在"金课"视域下公共管理课程混合式教学的两性一度体现在教学目标和教学条件方面的高阶性,教学内容、教学方式、教学评价方面的创新性以及备课和学习方面的挑战度。

(一)公共管理课程混合式教学的高阶性

高阶性是公共管理课程混合式教学"两性一度"中的重要特征,主要体现在教学目标和教学条件上:一是培养学生高阶性综合能力的教学目标,二是线上线下的高阶性教学条件。

1.培养学生高阶性综合能力的教学目标

"金课"高阶性的重点在于知识、能力与素质的有机结合。高校培养的学生应该是兼具知识与思维、情怀与能力的,能够分析解决实际问题和对社会发展有益的人才。在"金课"视域下,公共管理课程混合式教学的高阶性不仅是要让学生掌握公共管理相关的理论和知识,还要促进学生将所学知识内化为思维和能力,去分析和解决现实中的公共问题。与其他学科相比,作为融汇思想政治和专业知识、兼具理论知识与实践技能双重人才培养导向的公共管理学科,培养既具有家国情怀、公共意识、理论视野,又具有辩证思维、创新能力的高阶性复合型时代新人更显迫切。因此,公共管理课程的设置应该紧紧围绕培养学生高阶性综合素质的目标,在传授理论知识的基础上,引导学生树立正确的人生观、价值观和世界观,培养学生的思维力,提升学生高阶性综合素质。

2.创造线上线下相结合的高阶性教学条件

公共管理混合式教学的教学条件主要体现在"人"和"物"两个方面,那么其高阶性亦主要体现在这两个方面。

在"人"的高阶性教学条件上,主要包括领导层面、教师团队和技术团队。首先就领导层面来说,一方面要对国内外高等教育发展潮流和先进教学理念有清晰的认知,对混合式教学发展趋势有深刻把握;另一方面是坚定地支持混合式教学的改革,对公共管理课程混合式教学的开展提供政策和物质上的有力保障。只有领导层面对混合式教学改革的意志足够坚定了,公共管理课程混合式教学才能顺利进行。

其次就教师团队来说,作为混合式教学改革的一线执行者,一方面要有改革创新的精神和勇于探索的勇气,要敢于接受新的教学方式以彻底变革传统教学模式,并在此基础上继续探索完善混合式教学的模式;另一方面要具备强大的学习能力和适应能力,主动学习线上教学工具和技术,适应线上线下混合教学,全程参与到备课、授课、课后评价的课程环节中。

除此之外,公共管理课程混合式教学还离不开强大的技术团队。作为实现混合式教学一系列技术的幕后团队,虽然课堂上看不到其身影,但是却参与了课程的全过程。前期的课程各项数据的分析、中期教学视频等课程材料的准备、后期的线上评价以及结果分析以及全过程的线上教学平台的运营、维护和完善,都少不了技术团队的支持。从上到下、从"台前"到"幕后"的领导层面、教师团队和技术团队互相支持与协作,才能推动公共管理课程混合式教学顺利进行。

在"物"的高阶性教学条件上,主要包括教学资源和硬件软件。公共管理混合式教学的教学资源相当广泛并兼具理论性和实践性,因此在以公共管理课程为基础的前提下,要保证教学资源的丰富性,一方面要有足够的视频资源、案例资源等知识性资源,另一方面要提供足够的调研和实习机会。其次就是硬件软件的稳定性和多样性,多媒体设备、互联网、软件在使用过程中的易操作、不掉线、不卡顿等是推进混合式教学必不可少的条件。

(二)公共管理课程混合式教学的创新性

"金课""两性一度"中的创新性体现在课程内容、教学形式与学习结果这三个方面。创新性在公共管理课程混合式教学的体现主要为教学内容的前沿性、教学方式的灵活性、教学评价的多样性。

1.教学内容的前沿性

公共管理课程因其兼具理论性与实践性，更注重培养解决实际问题的思维和能力，所以仅仅讲授理论知识、讲解陈旧案例等课程内容已然与"金课"建设要求格格不入。对于教学内容而言，教材上的知识要讲，教材外的相关重要知识也要讲；基础理论要讲，前沿理论亦要讲；经典案例要讲，最新案例更要讲。一方面夯实学生的基础理论和专业知识，另一方面开拓学生的视野，提升其思维和能力。强化公共管理课程混合式教学的课程内容的前沿性，力求立足公共管理知识体系并紧跟前沿热点和当下实践进展，既具有理论传承性又不失其时代性。

2.教学方式的灵活性

公共管理课程混合式教学采用线上教学和线下教学相结合的方式，力图融合两种方式的优势，一方面保证学习的系统性，另一方面保证学习的灵活性，这也正是公共管理课程混合式教学的创新性所在。传统教学虽可进行面对面互动，根据学生反应及时调整教学策略，但是"灌溉式"的授课使得学生很难形成完整的知识体系。线上教学虽可把知识高度凝练且随时随地反复学习，便于学生掌握基础知识，但是互动性和实践性欠缺。而混合式教学可以利用线上线下教学结合的优势，在课前阶段的线上教学中，既可讲解知识并发起话题讨论，也可以通过在线教学平台测试并了解学生学习情况；在课中阶段主要以线下方式针对核心内容、前沿案例等面对面进行讨论分享，有条件的还可以去实地进行现场教学；在课后阶段可以借助线上教学平台在帮助学生巩固知识的同时完成多元化的教学评价。同时在线上线下两种教学方式之间的具体搭配使用上，每一节课都是差异化搭配，这种教学方式的灵活性使得课程教学具有了无限可能和极大的丰富性。

3.教学评价的主体性

公共管理课程混合式教学的教学评价不再是教师对学生学习结果进行简单的成绩认证，而是需要课程参与者共同完成对教与学的评价。教学评价的主体性体现在课程直接参与者开展多元化和多向性的课堂教学评价。多元性体现在教学评价的主体不仅包括教师还包括学生；多向性体现在师生之间、生生之间相互评价。师生之间的评价既包括教师对学生的评价，对学生的课堂表现、学习情况等进行评价;也包括学生对教师教学内容、教学方式的评价。师生之间的相互评价,既能促进教师因材施教和不断提升教学质量,亦能增强学生学习的探究性和个性化。生生之间的评价主要是学生之间对彼此课上的分享、交流、讨论等表现情况进行评价。生生评价可以加强课堂互动,激励学生提升学习的积极性和主动性。

(三)公共管理课程混合式教学的挑战度

"金课""两性一度"中的挑战度是指课程一定要有一定难度,需要学生和老师一起,跳一跳才能够得着,老师要认真花时间、花精力、花情感备课讲课,学生课上课下要花费更多的时间来学习和思考。公共管理课程混合式教学的挑战度也主要体现在教师授课和学生学习两个方面。

1.授课挑战度

对于教师来说,授课的挑战度最主要的就是备课和讲课。就备课而言,为了授课内容的丰富性和前沿性,不仅要将基础理论和专业知识熟记于心,还要考虑如何"老话新说",即如何将理论知识用通俗易懂、较为新潮的话语阐释出来;不仅需要查阅大量的最新案例材料,还要对最新案例进行理论阐释;不仅要设计课程授课环节,还要掌握多媒体和互联网使用工具。把课备好了,真正讲课的时候才能更加从容淡定。而课堂节奏的把握、学生积极性的调动、师生间的交流讨论以及线上线下各种技术工具的使用等是在讲课时候会遇到的主要挑战。总的来说,呈现一堂内容丰富又深刻、形式多元又有趣的课,对于公共管理混合式教学的教师来说,是不小的挑战。

2.学习挑战度

对于学生而言,混合式学习的挑战度主要在课堂学习和课下学习两个方面。就课堂学习而言,积极就课程内容和老师交流互动,主动思考,分享自己的观点和见解,既要主动培养自己的问题意识,又要有分析、解决问题的思维和能力。而课堂上良好的学习效果必然离不开课下的学习。课下的学习不论是预习还是复习,都是要将知识理解内化,结合课堂所学进行思考。课上与课下、线上与线下的衔接转换,虽然形式变化,但是所学知识是整体统一的,如何将零碎的知识整合为系统内容,也是学生所要面对的挑战,亦是学生应该锻炼的能力。总的来说,学生学习的挑战一方面是来自于如何汲取知识、培养思维与能力的挑战,另一方面就是学生自觉性、主动性、积极性的挑战,自觉学习、主动思考、积极交流对于大部分学生而言都是不小的挑战。

四、疫情时期高校在线教育实践的启示

疫情时期,全国高校学生主要实行线上教学,向我们展示了课堂教学与在线技术交互补充的效果和魅力,也让我们认识到深度建构互联网+教育新模式势在必行,混合式教学将成为大势所趋。总结新冠疫情时期高校线上教育教学实践的经验,对于后疫情时代推进公共管理课程混合式教学具有重要意义。

(一)课程资源是在线教学的重要基础

2013年以来,教育部持续推进在线开放课程平台和慕课的应用与开放共享,以1291门国家精品在线开放课程和401门国家虚拟仿真实验教学项目为引领的4.1万门优质在线课程,为此次在线教学提供了优质资源和协同教学支持。可见,多年来建设的慕课、视频公开课、资源共享课以及教师自制微课等课程资源,在此次疫情期间的在线教学中发挥了重要的资源支持作用。

(二)多样化在线教学模式优势凸显

多样化在线教学模式体现出了平台、工具、技术、资源、模式、方法等多要素叠加优势。疫情期间,根据实际情况,不同地区有不同教学实施方案、不同学校也有不同的教学实施策略,教师在线教学的具体方式、工具和平台也多种多样,有直播、有录播等方式,有超星、雨课堂、腾讯会议、中国慕课等工具和平台。各种在线教学模式各显神通,不断创新。

(三)在线教学实践助力高校治理效能提升

疫情防控期间的大规模在线教学对于各校治理能力提出了严峻考验。

为了应对考验,许多学校成立了在线教学领导小组和专家小组,优选在线平台与慕课资源,对教师的在线教学技能进行培训,实施在线实时追踪教学过程和教学质量,进行督导、调查和大数据分析,保障了在线教学顺利开展,为常态化地开展在线教学积累了经验。

(四)混合式教学不断发展

一方面是混合式教学新理念开始深入人心。不论是对教师还是学生,这次战"疫"期间的教学实践就像是混合式教学的"启蒙运动",使得教师既练就了在线教学的本领,也让教师感受到了在线教学的便利,这种便利对于学生而言也是感同身受的。另一方面是混合式教学新场景不断涌现。战"疫"期间出现了几百人甚至上千人同时在线听课且实时互动的场面,这无疑重新定义了课堂的概念。后疫情时代在技术的支持下,有望实现高质量的千万人数量级别的实时在线教学,将会有越来越多的混合式教学场景的出现。

五、"金课"视域下公共管理课程混合式教学的实践策略

高校推进混合式教学模式已经成为一种不可阻挡的趋势,公共管理课程运用混合式教学模式同样也是大势所趋,而在此基础上更重要和更加明确的目标是对公共管理课程混合式教学不断进行完善,将混合式教学模式更好地应用于公共管理课程。

(一)完善混合式教学的保障措施

混合式教学在高等教育学校的应用越来越成熟,需要进一步完善线上线下混合式教学的保障政策,保障技术与教育真正地融合,助力"金课"建设发展。在国家不断完善对建设高水平本科教育保障政策和"金课"保障政策的同时,高校也应积极探索符合国家政策且适用于本校的保障措施,以支持混合式教学的开展。

就完善公共管理课程混合式教学的保障政策而言,首先应该在思想上提高对混合式教学的重视,并在实际行动上投入大量的人力、物力和财力探

索适用于学生发展需求的公共管理课程混合式教学模式，从而进一步让公共管理课程混合式教学达到"金课"标准。

其次加强管理政策以统筹保障公共管理课程混合式教学的稳步推进。一方面要加强团队建设，形成合力，实现数据资源共享和经验交流，共绘公共管理课程混合式教学的发展蓝图；另一方面是对线上课程平台和线下课堂教学过程加强建设管理，既要加强线上平台的功能性、稳定性、人性化建设，避免出现代刷网课、网络卡顿掉线、操作复杂等问题，也要注重线下课堂的互动性、灵活性和活跃度的管理。

最后是完善激励政策，对开展公共管理课程混合式教学的教师给予更多的关注和认可，可以结合学生反馈、课堂效果等方面给予不同层次的奖励，以形成鼓励教师开展混合式教学的氛围。

（二）打造混合式教学的评价标准

公共管理课程课混合式教学的评价体系不能套用传统的评价体系，需要构建新型的混合式教学质量评价标准，从而确保课程的正常开展与发展。打造混合式教学的评价标准主要包括三个方面：教学团队、课程内容、课程建设。

首先是在教学团队方面，团队的成员配置、结构配置以及整个团队的教学研究与从业经验等都会影响教学活动的执行力和完成度。另外课程负责人作为课程的灵魂人物，其学术水平、教学风范都决定着整个课程的走向与发展。

其次在课程内容方面，一方面教学内容的思想性、理论性、时代性、创新性、实践性等都是课程建设的重要考量，另一方面教学目标的可分解性、可实现性，教学活动的设计、目标、反馈，教学方法的设计与运用，都是教学设计评级标准的重要内容。

最后在课程建设方面，主要包括建设措施和课程效果。建设措施更多是需要动态的评价，包括对建设方式、资源更新以及维护的评价。评价课程是否达到特定效果需要长时间的检验，短期课程效果的评价则可以从学生对课程的评价结果来进行检测。

(三)培养教师混合式教学能力

在线上线下混合式教学模式下,不少教师不论是在互联网、电子设备、软件的使用上还是对该模式下的较高工作量都不太适应。但是该模式是时代的选择,教师理应为具备良好的线上线下混合式教学能力而努力,同时培养教师混合式教学能力是很有必要的。首先是积极转变教师团队的观念,任何新模式的推行都不是一帆风顺的,部分教师可能不乐于接受新事物,对突然到来的新教学模式存在一定排斥心理,这是不利于混合式教学的开展和推行。教师应当客观地看待公共管理课程混合式教学,积极探索其带给公共管理课程的改变和突破。其次是培养教师混合式教学能力,主要是将教学信息技术与教育教学深度融合的能力。一方面可以邀请国内成功开展混合式教学的团队到校进行讲座或研讨会,促进学习交流;另一方面学校也可以对教师开展从理念到实际操作的集中培训。教师也可以利用空余时间积极自学和相互学习、交流和帮助,以尽快适应混合式教学模式。在混合式教学过程中,教师应该积极将教学内容的理论性、丰富性与线上线下混合式教学的生动性、时代性相结合,将教学方式变得更加科学和有趣,从而提升教学效果,既能将公共管理课程涉及的知识教授给学生,又能深入浅出,使学生有充分的参与感,进而激发学生的主观能动性,将抽象和看似无味的理论知识变得更加感性和生动,让公共管理课程真正地"活"起来。

(四)提升学生的学习主动性

"金课"建设要增加课程的挑战度,促使学生积极地参与和融入课堂,而混合式教学恰恰提供了契机。混合式教学以参与、互动、多元多向评价等方式调动学生学习的积极性。但是在传统的教学模式中,教师在学生的学习生活中扮演的角色则是传授者、督促者,而学生一直充当着教学客体的角色,被动地接收着知识,这使得绝大多数学生缺少主动学习的意识,对混合式教学课程感到不适。当前,学生学习的积极性还需要被不断调动。首先教师应消除师生间的距离感,全程参与学生学习的全过程,对学生线上和线下学习给予积极和快速的反馈;其次要引导学生自主学习,为学生设立合理的学习目标,激发学生学习的主动性;第三要增强学生的知识储备,培养学生的问题意识,提升其洞悉问题和解决问题的能力,并以此保持学生持续学习的动力。

(五)拓展混合式教学的设备和资源

公共管理课程混合式教学主要采取线上线下结合的方式,不论是对硬件设备资源还是对课程内容资源都提出了更高的要求。在硬件设备方面主要是稳定性、多样性和人性化的要求。设备稳定才能保证课堂教学稳定有序地进行;设备多样为课堂教学的丰富性提供更多的可能;设备人性化则主要体现在易操作、交互便捷等方面,为课堂教学及学习提供良好的体验。课程内容资源主要包括线上课程内容和线下课程内容。就公共管理课程线上课程内容而言,可以更侧重于专业理论知识的讲授,不仅要打造更为丰富全面系统的专业知识课程资源库,也要创新课程类型,既可以有本校教师录制的课程、优秀的慕课资源等录播课,也可以组织实时在线、互动性更强的直播课。对于线下课程内容而言,可以更多去讲授分享前沿的热点和案例,重在对基础专业理论知识的具体应用。这就需要建设和利用丰富的、前沿的公共管理案例库,以支持公共管理课程混合式教学的线下课堂。除此之外,要善用政府机构、事业单位、基层社区等教学实践基地,促进学生直观、真实地了解公共管理实际和操作实务,更好地做到理论联系实际,达到学以致用、用以促学、学用相长的效果。

作者简介:赵伯艳,女,博士,天津商业大学公共管理学院副教授。

　　　　　　任文杰,男,天津商业大学公共管理学院在读硕士研究生。

思辨中前行

——基于教学过程中的基本问题

周惠萍

36 年漫长的教学生涯,有过迷茫、徘徊和沮丧。庆幸的是迷茫和徘徊后,并未止步或倒退,而是在思辨中前行。核心点就是潜心静思、立足本岗、尽其所能、不断改进。

一、改进——疑惑中思辨

(一)教学手段

在多年的教学实践中,特别是在多媒体课件、多种新方法用于教学过程以来,我始终思考着这样的七个问题:

1.如何冲破"课程知识+思政要素"的模块,实现知识传导与价值引领融和式的同频共振

习近平在全国高校思想政治工作会议上强调,"高校立身之本在于立德树人。而课程思政正是以立德树人为核心,将高校思想政治教育融入课程教学和改革各方面、各环节的一种实践探索。以往习惯于"课程知识"+"思政要素"模块式,当务之急即充分挖掘专业课程思政内涵,巧妙融入当下政策方面的社会热点与焦点问题等课程德育元素,运用专业知识,结合经典案例,实现"显性教育"与"隐性教育"的结合、理论认识与情境认知的统一,使学生更具备科学认识和理性参与的能力,实现"知识传授"与"价值引领"的融合式同频共振。

首先,可以妙用新媒体。它信息量大、时新性强、形象逼真,既能无限延

伸课程 PPT 的容量,又是充足的课程思政源泉。PPT 所载信息有限,为此,可以利用"PPT+链接 word"文档形式,将 PPT 简约、凸显核心与 word 文档承载量无限的优势结合起来。

其次,继续使用传统的导入式教学、案例式教学、分组研讨、实地参观等多种教学方法和形式。以问题为导向开展专题式教学,探索辩论式、翻转课堂等教学方法的改革创新。每学期第一堂课的总体式(课程架构)导入,每次课"三分钟"(从新闻和政策变化态势讲起)式导入,做到了课程体系与时事、课程知识与思政要素的有效联接。另外,让学生看到、想到、悟到。竭尽所能发布相关信息和学术前沿理论,引导学生从不同角度进行思考,让学生想到更多的可能性,触类旁通、举一反三。

最后,灌输与渗透、理论与实际、历史与现实、显性教育与隐性教育、共性与个性、正面教育与纪律约束相结合。课程是达成教育目标、完成教学内容、开展教学活动的重要载体。因此,"课程思政"必须应用好课程,用足课程,充分开发课程资源,利用课堂教学,构建全课程育人体系与育人环境。同时,挖掘通识课程和专业课程的思想政治教育资源,在隐性课程中根植理想信念,实现知识与价值的同频共振。

2.多媒体课件展示的内容究竟多少为宜? 如何合理安排展示的平面结构

在使用多媒体课件授课时,首要问题就是课件展示内容繁简程度。如果多媒体课件内容只是单纯的原来板书的翻版,那就丧失了多媒体课件使用的真正实际价值和意义,也凸显不了多媒体课件动态明显、形象性强、易于更改与增补内容、简洁明了的优势。

传播的实践效果告诉我们,任何版面的留白约为 60%时,接受者对信息的认知、记忆效果是最佳的。因而,课件内容太多,既对学生的记忆与接受造成较大影响,也会弱化教师深化讲解的效果,更会弱化师生间互动、交流的结果。只是缘于学生一味地低头记录太多的课件内容。

按照以往的教学规律和讲课速度,既讲解又板书,两节课的授课容量约为 12~13 页(1 页 20×20 字)。如果全程采用电化教学手段,容量大致增加 2~3 页。如此大容量,如何通过 PPT 展现核心内容之核心,确实有着很多"奥妙"。

3.多媒体课件内容与板书间的主辅关系

多媒体课件的使用,绝不意味着板书作用的完全丧失,适当的板书加以辅助说明不仅必要,而且作用还十分明显。多媒体课件主要展示课程的基本理论,板书则是对其基本理论适当拓宽的有效平台和空间。切忌:不能把多媒体课件单纯看成是板书电化展示形式。

4.课堂所授内容与所选教材的关系

通常,我们坚持的原则是课堂所授内容要与教材保持高度相关。诚然,评估教师教学状态的标准之一是观其所授内容与所选教材的关联度如何。但对此,我的个人主张是:"基于"教材,更应"高于"教材。

作为教材,它的基本职能除了是教师授课的基础依据外,还是学生掌握老师授课的基本脉络的"载体"。其职能决定它在教学过程中是不可或缺的。但教学实践却使我感到,追求与所选教材保持较高的关联度并非最终目的,正确的做法应是基于教材,更多地给予与教材密切相关的、而教材中又未阐述的前沿理论。

5.大班课堂讨论的效果是否全部予以肯定?

灵活运用多种手段,内容构架合理、全面、易懂,教与学"互动"积极等是教学活动的最基本功能和技巧,也是一名教师必须具备的基本素质。长时间的大班授课后发现,人数众多的课堂采取讨论的方法效果并不完全理想。主要表现:一是发言人的声调、音量问题,导致他人因听不清而出现窃窃私语等课堂"失序"现象;二是教师与发言者"互动"也存有一定的障碍;三是课堂大很难形成真正意义上的整体共鸣。

6. 教师个人魅力的"感召与晕轮"效应

"卡特赖特原则——劝服公众原则"明确指出,要想影响受众,你的信息必须进入他的感官。要影响到人们的行为,必须首先使你传播的信息引起他的注意。传播者要使受播者接受,必须成为他们认知结构中的一部分。

作为一名教师,要使学生这个受众群体接受你的教学信息,必须凭借个人魅力的晕轮效应,对他们形成某种感召。而个人魅力往往是通过教师本人的有声及无声语言自然展现的。这就需要教师具备更高的素质。

7.张扬"我的观点",不做他人理论的"纯粹传声筒"

老师与学生间的知识传授,传统说法常被喻为"一桶水"与"一杯水"关系。对之如赋予现代意义的话,绝非只是数量上的差别。作为传授者更应强调的是"我"——我的观点、我的思路、我的理解……

(二)教学方法——"大导入式"的使用和"案例教学"的尝试

在正式讲授课程体系具体内容前,首先加入了"大导入"(或全课引论)这个环节,即用当下最敏感的焦点问题、本学科最前沿的理论观点"导入"。譬如,"疫情中的政策保障""精准脱贫"等一系列问题导入课程后提出了"社会保障——我想对你说"这个大命题,并合理地转入课程体系内容的讲授。另外,在任何一门课程授课之际,首先介绍大量的阅读和参考书籍、本学科领域的知名学者及他们的主要研究方向,以便学生在更大范围内了解本学科的前沿理论。

无论是"社会保障管理""公共政策分析",还是"公共关系学""新闻学"等,都是实务性、灵动性和时代感极强的课程。这就为我们"案例教学"提供了极大的空间。

二、教学、科研互为促进剂

提高教学质量是教学工作永恒的主题,而科研是提高教学质量的推进器。多年的科研和教学工作的实践经验告诉我们,将科学研究与教学工作紧密地联系在一起,是培养和教育学生不可分割的两个关键环节,是提高教师和学生基本素质的基础,是培养国家合格人才最有力的措施。两者之间相互促进,相互提高,有着极为密切的联系。

(一)多年的教学活动为科研成果提供了积累

经过教学沉淀与总结,先后在多种核心期刊上发表了与本专业密切相关的、具有较高水平的论文:农村养老保险歧义问题再分析城市"弱势群体"医疗保障制度的现实性思考、农业保险进一步发展的可行性分析、略论商业广告传播效果与受众心理等。

（二）以科研促进教学

将科研成果运用于教学过程中，不但使教学变得更为生动、更贴近实际，同时也是对科研成果的检验。课堂上讲授各方面的理论知识，是培养学生从理论上掌握科学本领的重要和必要环节。因此强调以教学为中心、不断提高教学质量是教学工作永恒的主题。而科研是提高教学质量的推进器，以科研促进教学是提高大学教学质量的重要途径。没有科研的支撑作用，很难及时和深入地掌握学科的前沿理论、动态，难以提高旨在培养创新能力的教学质量。科学研究不仅可以增强教学的深度、拓展教学的广度，而且可以更新自身知识结构、完善自身知识体系，提高自身综合素质。以科研增强教学的深度、拓展教学的广度，从而达到促进教学，深化教学改革，更新教学内容，提高教学质量这是我们的最终目的。

把科研成果带入课堂。讲课中充分结合科研项目，穿插科研项目的研究成果，把最新的知识和信息传递给学生，随时保证知识的时新性。并将理论知识通俗化、生活化。

（三）只有科研与教学"并驾齐驱"才能达到我们的目的

科研工作的目标与任务分两个层次：第一，联系教学实践搞科研，通过科研提高自身素质，切实提高教学质量。第二，瞄准学科科学研究前沿，进行较高层次的研究。它们共同的要求就是科研与教学必须"并驾齐驱"，缺一不可。在保证传统教学内容基本稳定的前提下，在科研力量的主导下，注意不断更新、补充前沿学术信息，力求将自己的在研心得及学术界最新成果及时反映到教学中，以增加课程的学术含金量。设立"他山之石""观点集萃""信息传真"等版块栏目，专门介绍各学科国内外最前沿的理论、信息和国外经验对我们的启迪与警示。

（四）支持和引导学生科研活动

在校期间的学生，很容易浸入只是听老师讲、自身主动性不足的"不良惯性"。如果有目的地使学生参加部分科学研究工作,让他们亲自负责一些小课题和小研究,由学生们自己提出解决问题的方案和措施,并具体的实施整个过程,不仅可以培养他们的应对能力,而且可以培养他们的主动性和积极性。一是将学生的学年论文、毕业论文与本人的科研有机结合起来进行,对学生论文的指导能有的放矢地进行。二是引导部分优秀学生参与教师的科研项目,承担一部分力所能及的科研课题。实践证明,部分同学经过"SRT"等项目的实践使其受益匪浅。正如学生所说,参与这些项目调动了他们的科研积极性,培养了他们的创新思维能力和不断探索的精神。

把在科研工作中积累的经验带到了课堂,丰富了课堂教学内容,提高了课程质量,使科研成果更好地转化为教学优势。同时,科学研究也使我和学生更充分地掌握学科发展前沿,给学生以前沿的引导。只有将科研、学术、教学融为一体的教师,才能通过亲临其境的创造经验,把知识讲活,才能培养有创造力,有创业力和发展观点的人才。

(五)以教学为龙头,规划引导科研方向

随着各学科教学内容的不断深入,我们会发现很多研究新问题。这些都为我下一步的科研提供了有效信息和研究方向,既教学又规划并引导了科研方向。企业如何充分利用媒介进行有效的传播、养老保险的改革、医疗保险等都是社会热点问题,他们为我下一步的科研提供了方向。

三、在和谐氛围中不断前行——教学理念的更新

有人呼告,我们的教育,缺的不是题目,缺的是思维;缺的不是有潜力的学生,缺的是能让学生的潜能得到充分发展的老师!虽然不敢妄言我们正在变成能让学生的潜能得到充分发展的老师,但是我们有决心朝着这个方向不断努力。在课堂教学中欲追求这样一种境界:

让学生真正成为课堂学习的主人,

让学生充分感受学科求知的乐趣,

让学生在不断的探索和研讨中发现规律,

让学生在解决问题的过程中全面提高素质!

当务之急,我们必须转变教育观念,以学生为本,以学生的发展为本,进行课堂教学的改革,才能走出一条优质高效的教学改革新路。

作者简介:周惠萍,女,博士,天津商业大学公共管理学院教授。

第四部分

基层教学组织建设研究

新文科建设背景下的基层
教学组织建设研究 *

陶志梅

党的十九大以来,党和国家对高校人才培养提出了更高的目标要求,我国高等教育进入了一个新的发展时期。①习近平多次明确指出:"我们对高等教育的需要比以往任何时候都更加迫切,对科学知识和卓越人才的渴求比以往任何时候都更加强烈。"因此,"必须牢牢抓住全面提高人才培养能力这个核心点"。浙江大学等高校率先试点恢复基层教学组织功能,发展教学与学术研究相结合的教师教学共同体,②同时教育部高教司也将"全面加强基层教学组织建设"列为 2020 年度工作要点。近几年,天津商业大学紧跟高等教育发展的时代新需要,提出加强新文科建设、新商科建设,积极探索适应学校新文科、新商科建设的基层教学组织建设研究。这就要求我们在探索适应学校新发展阶段的教育教学管理机制的基础上,加强基层工作的理论研究,结合实践工作的探索与尝试,找到适应学校新发展阶段的基层教学组织建设的新路径。

一、基层教学组织的基本形式和发展现状

基层教学组织是高校纵向组织结构中落实教育教学任务、承担教学活

---

* 本文是天津市普通高校本科教学质量与教学改革研究计划项目"新文科建设背景下地方普通高校公共管理类一流本科专业建设研究"(项目编号 B201006906)的阶段性成果。

① 参见习近平在中国共产党第十九次全国代表大会上的报告,人民网 http://cpc.people.com.]

② 参见陆国栋、张存如:《基层教学组织建设的路径、策略与思考:基于浙江大学的实践与探索》,《高等工程教育研究》,2018 年第 3 期。

动、组织开展教学学术研究、促进教师教学发展的组织,由学校批准设立。基层教学组织作为我国院系制管理模式下以组织本科教学为主的基本教学单位,从现有的高校基层教学组织来看,主要包括学系、教研室、研究所与学科组织等典型组织形式。①

(1)教研室。新中国成立初期,我国高校仿效苏联建立教研室。教研室主要以课程或课程组为划分,主要职能是完成针对本科阶段的教学业务,制订课程教学工作计划、组织实施教学任务、开展教学研究与改革等教学组织工作。在一些实施学院制管理模式的高校已形成学校—学院—系(所)的组织结构体系,考虑到管理层级数量的限制,现在很多高校的教研室已被取消。

(2)学系。20世纪90年代末,我国高校进行学院制改革,因此产生了学系这一基层教学组织形式。在学院的领导之下,学系处于高校"校—院—学系"纵向组织结构中最基层。学系主要是按专业划分,负责组织实施一个或若干个相近专业的教学,承担与本科专业相关的课程建设和管理工作。

(3)研究所或者学科组织。研究所是教学与科研相融合的基层教学组织形式,主要依科学研究方向而设,主要职责是组织开展科学研究工作,具有研究生的教学和培养职能。近几年,也有高校设置学科组织作为基层教学组织,按一级学科或学科群划分学科组织②,教师按照唯一归属原则,归属学科管理,以研究任务为核心,同时兼顾教学任务,承担了教学、科研、人才培养、社会服务等多种职责实现教学和研究资源的高度共享。

基层教学组织是高校落实教学任务、进行教学管理、开展教研活动、建设师资队伍的最基本教学单位,是推动教师专业发展、提高人才培养质量、促进教育教学改革、培养青年教师的学习发展共同体。广义的基层教学组织包括院系、教学部、教学团队、教学基地、教研室、课程组和实验教学中心等,狭义通常指教研室或系。本文中基层教学组织是指,具有本科专业招生资格的学系和学系之下教研室等基层教学组织。也就是说,本文界定的基层教学

---

① 参见项聪:《我国高校基层学术组织变迁的制度逻辑——基于历史制度主义的分析》,《中国高教研究》,2011年第6期。

② 参见黄海群:《一般地方本科大学基层学术组织治理机制研究》,《福建师范大学学报》(哲学社会科学版),2014年第1期。

组织是能够直接开展人才培养工作、落实立德树人根本任务的基层教学组织单位,不包括课程教学组、教学团队、研究所或者其他学科教学中心等种类繁多的组织。

高等教育承担着传播知识、培养人才、科学研究、为社会服务等项社会职能,高等教育实现其职能的基础是教师,而教师的管理和组织的方式决定着高校提供社会服务能力的高低,高校有效地管理和组织高校基本组织形式是高校的基层组织。著名教育家伯顿·克拉克也指出:"高等教育最佳的端点是基层。"在新时期,深入探讨高等教育的基层教学组织建设,对于提升大学培养创新性人才,为经济社会发展服务,在理论和实践上均具有明显的价值与意义。基层教学组织"是高校落实教学任务、促进教师教学发展、组织开展学术研究、承担群体性教学活动的最基本教学单位"[1],既是学校自上而下进行网格状管理的关键结点,又是教师提升教学能力,并在教学类学术活动开展过程中自觉融入学校整体人才培养体系的基础平台。因此,生动、有活力、有创造力的基层教学组织建设是高等院校培养和培育创新能力建设的动力源泉。但从实际工作看,基层教学组织建设仍存在一定的困惑和问题。

第一,教学与科研结合不紧密。作为以学科(专业)为细胞的大学组织,具有"底部沉重"的特性,大学的教学、科研和社会服务等职能主要由基层学术组织承担。但是在实际运行过程中,高等院校的基层教学组织往往以教学工作为核心,教学系的组成以本科专业建设为基础,以本科课程设置为基本的组织方式。基层教学组织运行也具有典型的行政基层组织的含义。教师的科学研究较少在教学基层组织得到交流和研讨,强化基层教学组织建设就会弱化教师科研工作氛围。

第二,以教师为中心的理念更为明显。对我国的大学发展而言,就教师和学生而论,从学术活动的组织和开展角度看,教师占据主导地位,也就形成了"以教师为中心"的理念。同样,在基层教学组织建设方面,不管是在结构设计,还是管理和运行方面,均是以服务或支持教师为出发点,更多地遵

---

① 陆国栋、孙健、孟琛等:《高校最基本的教师教学共同体:基层教学组织》,《高等教育工程研究》,2014年第1期。

从教师的学科背景等,而相对忽视学生的综合素质培养、知识视野的拓宽等方面的需求和利益,从而创建了更多是一种"教"的组织,而非"学"的组织。

二、新文科建设对于基层教学组织提出的新要求

自教育部提出四新教育以来,新工科、新医科、新农科、新文科建设在高等院校人才培养和科学研究中的地位和作用被广泛讨论。其中和公共管理学科相关度最高的是新文科教育。与传统文科不同,新文科建设在人才培养理念上实现了新的转变。

首先,要树立大专业观。打破学科专业界限,推动文史哲经管法融合,实现人文社会科学之间的学科专业整合,在文理、文工等更大学科专业实现跨度交叉融合。

其次,要树立新质量观。要在新文科建设中引入"以学生为中心,以成果为导向的持续改进"的成果导向教育(Outcome-Based Education,简称 OBE)理念。

新文科教育打破了传统文科教育强化专业内涵和专业差别的理念,强调宽口径的人才培养,要求培养人才具有大学科和知识背景,同时兼具文史哲经管法方面的知识背景,甚至文理和文工学科的相关知识,具有面对社会科学问题的研究能力和研究精神,强调面向社会问题的研究成果的结果导向人才培养模式。

天津商业大学作为地方应用型本科高校,在新文科建设中应把学生发展和成长放在首要位置,主动服务区域社会经济和产业变革需求,深化产教融合,将教育链与产业链、创新链有机融合,将地方文化产业、生产服务性产业对人才的培养需求转化为高校人才培养目标,通过对文科人才培养全过程的质量控制和总结反思,不断丰富新文科本科人才培养的目标与内涵,推进文科教育的高质量发展和实践。

适应经济社会发展进步的新要求,作为高等教育的基层教学组织应积极改革,探索适应新文科教育的基层大学组织建设。首先,大学的基层教学组织应该为学生提供更契合新文科时代背景需求的综合性、跨学科和融通

的知识结构,满足立足新一轮科技革命融合发展对人才建设的新要求。高校的基层教学组织要倡导新教育教学模式。在新一轮科技革命与文科融合化发展背景下,科技革命带来的新课题、新教育教学模式,倒逼我们思考新问题、更新方法、拓展学术视野。要求我们在实践中,培养出知识更复合、学科更融合、实践能力更强的新型人才,同时催生新专业,更新已有专业。

其次,基层教学组织在文科人才培养模式上实现跨学科专业的新突破。在推进文科建设与人才培养改革的实践中,社会问题日益复杂化,要求新文科建设必须从分科走向融合,在文史哲融通、政经哲融合等人文社会科学领域相关学科专业之间实现整合。要突破现有文科人才培养的学科专业限制,在更大范围内实现理论机制创新,促成学科专业间交叉融合,形成文理交叉、文工交叉等更加综合、跨度更大的专业新体系。

三、发展适应新文科教育的基层教学组织

(一)促进跨学科的创新性本科人才培养工作

2019年教育部正式启动"六卓越一拔尖"计划2.0,"四新"建设成为高等教育改革的重要取向。"四新"建设是现代经济社会发展对高等教育学科和专业建设提出的重要挑战与客观要求。新文科建设作为"四新"建设的一个重要方面,其基本内涵就是强调文理、文工交叉渗透,用现代技术推动对传统文科的更新升级和改造。天津商业大学公共管理学院以行政管理专业为依托,借助信息工程学院师资力量合作创办智慧政务实验班,正是在新文科建改造传统专业建设方面进行的积极探索。行政管理信息技术在公共和私营部门管理中的广泛应用,也为既懂管理又会现代信息技术的复合型人才创造了广泛的岗位需求。实验班在原有人才培养方案的基础上,增加《大数据理论与应用》《人工智能导论》《物联网工程》《云计算与分布式计算》四门现代信息技术类必修课,以及《智慧城市治理》《大数据与公共管理》《信息安全概论》三门现代信息技术在公共管理领域具体应用的选修课,以此作为行政管理专业智慧政务实验班的培养方案,培养文工融合的适应公共管理信息化、电子化建设的新型行政管理人才。

(二)促进基层教学组织成为科教融合的基础单元

所谓科教融合理念,就是指"以创新人才培养为前提,使科研与教学在形式和内容上相互渗透而形成的人才培养的新路径,它是对我们普遍倡导的'科研与教学相结合'的更深层涵义的表达"。新文科教育要求实现跨学科的人才培养,适应经济、社会发展的需要。新文科建设是高等教育面对这一人才培养要求做出的及时响应,"交叉融合、跨界培养"成为"新文科人才培养模式的必然选择"。

基层教学组织是本科专业人才培养的基本单元,传统的基层教学组织的主要功能是"教学"这一核心任务所规定,那就是:开展教学活动、参与教学研究、推动教学改革。至于师资培养、科学研究以及社会服务等多重功能,均为在教学活动、教学研究、教学改革进程中衍生的功能。面向新文科教育的人才培养,要求结果为导向,社会需求为导向,而科学研究必然要求不同学科知识的融合,解决现实中的社会问题。[①]因此基层教学组织要适应新发展阶段要求变化,适应人才培养模式变化,以及教育教学理念的变化,也要求基层教学组织从强调学生的人才培养从课堂教学到教师复合能力等改变。适应新文科建设的基层教学组织通过实现不同学校、学科、专业教师在教学学术研究中的互促融合、协同成长,促使"交叉融合、跨界培养"模式真正落地。基层教学组织实现跨学科合作,通过突破常规专业和学科边界,实现跨专业、跨学科的交叉融合。同时也能够通过学科碰撞、凝聚创新思维,实现高水平的教学促进高水平的科研,高水平的科研推动高水平的教学,以教学带动科研发展互动效果,实现基层教学组织同时兼顾教学和科研发展的双重任务。

(三)将虚拟教研室建设成为实现新文科建设人才培养目标的重要组织形式

伴随互联网技术的发展和普及,以互联网为沟通方式的虚拟组织在社

---

① 参见江珩、彭妍、肖湘平等:《双一流背景下高校基层教学组织建设研究》,《中国大学教学》,2017年第4期。

会实践的不同领域发挥着越来越重要的作用，虚拟教研室便是在高等教育教学管理活动中近些年出现基于互联网的虚拟创新型组织。从现在出现的虚拟教研室来看，虚拟教研室一般表现为跨学科、跨校的教研工作者，为解决高等教育教学中出现的共性和前瞻性的问题，利用互联网信息技术组成教学研究团队，通过线上方式进行教学研讨的虚拟教学组织。

从现有研究看，学者们一般认为虚拟教研室是特殊的教学学术组织，就是虚拟教研室同时具备教学组织和学术组织的双重职能。在一定程度上，虚拟教研室和传统教研室具有一定的类似性，同时又与传统教研室具有质的区别，表现在传统教研室以课程为单位，以课程教学为基本内容，组织教育教学活动，而虚拟教研室可以以课程为单位组织教育教学研讨活动，也可以以先办的专业，或者实验班为单位进行教育教学研讨，发现其中的共性问题，进而在实验班人才培养计划实施过程中进行探索研究。同时，传统教研室是一级行政组织，具有官办特点，虚拟教研室是研究型学习为基础，具有自发、自愿等民办组织为特点教学组织形式。虚拟教研室由相关教师基于对教育教学的共同热爱、对高校教育教学规律探索的共同学术旨趣、对提升教学学术水平和打造卓越教学文化的愿景而自愿聚合，具有"学术共同体"属性。虚拟教研室是互联网信息技术催生的产物，主要以网络教学平台、直播平台等作为载体和媒介，破解原有高校教育教学中的地理局限、学科专业局限、行政隶属局限等短板，使志同道合的教师（学者）共同致力于教学学术研究。

基于互联网技术的虚拟教研室成为新文科建设导向下的教育教学改革的重要实现路径。现有学院—系管理模式下的教育教学组织形式，更倾向于将传统知识体系关系紧密的教师在已有的学院、系等教学组织形式中固化下来。对于要求跨学科、跨专业、面向结果导向的新文科人才培养的一个重要问题是基层教学组织的脱节。管理学生的专业、系的老师受到传统的学科知识教育，是该领域的专业高级人才，但是对于距离本科学的知识，尤其是跨度较大的知识体系的了解不足，需要及时更新知识，以满足新文科人才培养的需求。对于经济社会发展的现实问题，也存在着跨学科的特点。因此，跨学科的知识学习、交流、研讨对于新文科的专业建设、学科建设、人才培养都具有重要的作用。

虚拟教研室可以作为培养跨学科的新文科人才培养的重要工作抓手。跨学科的知识体系的虚拟教研室应以新文科人才培养计划的落地中存在的问题为导向，强调教育教学研讨交流，以教学研究、教学改革先行先试为抓手，为教师提供榜样引领、方法示范和技术支持。比如可以通过案例分享、教学示范、讲座沙龙等有组织的培训，使教师教学能力提升落实有途径、实现有平台。虚拟教研室也可以通过推进教研项目和教学成果申报，鼓励教研论文发表等途径，促进教育教学的交流与研讨，将教育学成果固化并宣传推广，形成促进教学组织创新、教师发展培养、新文科建设质量提升等方面具有推广意义的典型成果，通过交流研讨促进教育教学成果的推广交流，促进新文科教育教学改革成果的有效落地和实现。

高校人才培养的新文科建设教育教学改革项目，应通过虚拟教研室等基层教学组织形式，打破传统学院—系—教研室等教学组织形式对跨学科、跨专业的新文科教学项目形式对于人才培养方面存在的固化的不足，以面向社会的学科建设为基础，以问题和结果为导向，以专业教师的知识更新、扩展和融合为抓手，通过虚拟教研室，加强高水平教育教学成果的研究、交流和研讨，为新文科人才培养计划的落实奠定基础。高等院校要在加强新文科人才培养专业创新的基础上，加强适应新文科建设的人才培养计划建设，积极配套适应新文科的基层教学组织建设，使新文科建设的人才培养工作有效落地，使高等院校培养出适应新时期国家经济社会发展活动急需的人才。

作者简介:陶志梅,女,天津商业大学公共管理学院教授。

新文科建设背景下的基层教学
组织优化研究[*]

张志泽

2020 年 11 月 3 日，由教育部新文科建设工作组主办的新文科建设工作会议在山东大学威海校区召开，发布了《新文科建设宣言》，会上教育部高教司司长吴岩做了题为"积势蓄势谋势 识变应变求变全面推进新文科建设"主题报告，为今后新时代哲学社会科学人才培养工作指明了方向，提供了具体的行动框架及路线图。新时代的哲学社会科学人才培养离不开新文科建设。新文科作为高等教育文化浸润、价值铸造、实践规引的主要抓手，是今后高等教育改革的主要突破口、主阵地。高水平教育教学的功能载体只能是分统有序、结构合理、运转协调的基层教学组织单元。新文科建设的终端变革承载主体也只能是具体负责教育教学实施的基层教学组织。因此，有必要深入思考和研究新文科建设背景下的基层教学组织，以确保新文科建设健康有序发展。

一、新文科建设命题的提出

长期以来，在传统教育观念中对"大工科"更多的作为工具学科我们是比较重视的，可以从高等教育招生、人才培养经费投入等方面体现出来。与之形成鲜明对比的是，对于相对工具性"变现"不是那么强的"文科"则没有

---

* 本文为天津市普通高等学校本科教学质量与教学改革研究计划—般项目"新文科建设背景下地方普通高校公共管理类一流本科专业建设研究"（项目编号 B201006906）的研究成果。

受到足够的重视。随着我国经济社会发展水平的长远提升,尤其是网络信息技术及其延伸产业的蓬勃发展,作为文化思想传承、道德价值观铸造最主要载体的文科再一次成为公众关注的焦点。区别与传统简单学科逻辑的新文科,在国家明确提出高等教育改革四个新建设目标导向下,新文科地位和学科功能定位明显提升,不仅仅成为同新工科、新医科、新农科并驾齐驱的四大学科群之一,而且成为其他三个学科思想价值引领、专业现实导向优化的总抓手,持续围绕教育强国增强综合国力,坚定增强文化自信和制度自信,是新时代高等教育培养合格的社会主义接班人的必然要求和应然实践。

新文科建设命题主要酝酿形成于哲学社会科学繁荣发展新阶段,着眼于增强国家文化软实力,致力于建设高等教育"质量中国"的新教育改革主张。新文科建设主要聚焦于发展理念、价值引领等维度的内容更新和学科交融,力图适应新时代对高层次人才培养规格、标准的新要求。新文科建设的实质是要解决高等教育人才培养中,同社会主义新时代人才培养目标要求不相适应、不协调,甚至脱节痼疾。倡导新文科就是在守正创新的基础上深入思考新时代的社会主义教育怎么办,如何办,如何才能有效提升人才培养规格,更好地顺应和促进今日中国经济社会更加健康、有序、协调、高质量发展。《新文科建设宣言》中明确了新文科建设的基本原则是要坚持需求导向、超前引领、交叉融合,主要推进路径包括创新人才培养模式、优化专业布局、深化课程体系改革和普及通识教育等方面。有关新文科建设中"四新"的关系可详见图1"四新"建设逻辑架构图。

二、新文科建设背景下基层教学组织的机遇与挑战

新文科建设要想取得实效,除了要有顶层设计、宏观部署,更要落地实践。新文科建设落地实践的最主要承接主体是承担教育教学、专业建设、课程建设任务的基层教学组织,诸如教研室、学系、教学团队等。作为针对传统课程专业提出来的新文科,必然有其不同于传统文科定位的范畴内涵及目标,势必对传统基层教学组织提出新的规则要求。因此,我们为了更好地探讨新文科建设背景下的基层教学组织发展提高,有必要梳理分析一下当前

基层教学组织面临的机遇和挑战,以更好地推动新文科建设落地实践。

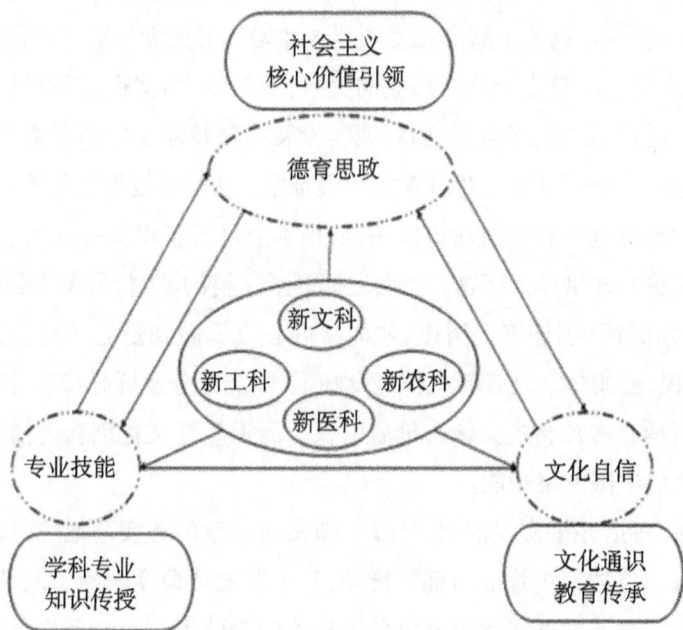

图1　"四新"建设逻辑架构图(架构图为作者自制)

（一）新文科建设背景下基层教学组织面临的机遇

总体来看,新文科建设背景下,基层教学组织面临的机遇主要包括政府高位倡导推动、"四新"协同统筹推进、多措并举实践落地等。

首先,从此次新文科建设启动主体和主要推动机构看,政府高位倡导推动为新文科建设提供了顶层规划指引,提供了深化新文科建设教改的强大动能。新文科建设是由教育部直接推动和部署,作为国家教育行政主管机构其权威性和导向性自不待言,这就为新文科建设为主题的新教改提供了政策制度依据和国家层面的方向指引,也能更加明晰具体的反映新时代国家教育改革的现实需求。对于基层教学组织而言,如何更好更合理地发挥好教育教学组织协调功能,无疑迎来了改革深化的契机。

其次,"四新"协同统筹推进,涵盖了现有国家教育的几乎所有学科群,从国家教育整体角度系统回答社会主义性质的高等教育改革根本方向规定性,是新时代高等教育改革的系统整体呈现。新工科、新文科、新农科和新医科从不同维度明确定义深化了中国特色社会主义高等教育办学的社会主义性质,再一次界定规范了高等教育改革人才培养的使命。从"四新"内在关系看,四者之间也不是完全绝对孤立的关系,新工科、新文科、新农科和新医科应当顺应时代历史发展需要,面对现实发展问题及需要应当适度交叉融合,以便更好地更全面系统地解决现实发展难题。从社会发展功能看,新文科在"四新"中具有基石和导向双重作用,从根本上回答了培养什么人、为谁培养人和如何更好地培养人问题。挖掘发挥好新文科的浸润、熏陶、感染、培育作用,只有知国情,缅怀牢记历史,才能从内心自觉做到爱党、爱国、爱社会主义、爱人民、爱集体。只有新文科建设好了,才能充分发挥好其在"四新"学课群中应当具有的社会主义核心价值引领、通识教育文化创新传播和界定中国问题提供中国方案功能。

最后,多措并举实践推动,凸显了新文科建设的务实落地思维。新文科建设既有高位教育主管部门部署推动,从顶层设计角度明确了改革方向,又从教育教学改革发展实际出发出台了相关配套政策,以及新文科建设主题的教育教学改革实践项目加持。政府教育行政主管部门、高等教育办学主体以及各个专业领域的专家学者和教指委委员等多元主体参与,国内知名院校积极参与深化专业建设、课程建设和人才培养模式创新,以院校联盟的形式酝酿拟订并发布《新文科建设宣言》,从座谈会、研讨会、专题研究等形式不断丰富和深化新文科建设论题。上述举措,为基层教学组织提供了多角度、全方位、深入系统的改革基因,有助于基层教学组织更贴切的适应和促进新文科建设发展。

(二)新文科建设背景下基层教学组织面临的挑战

结合传统教学组织发展历程及作用形态来看,新文科建设背景下,基层教学组织面临的挑战主要包括传统基层教学组织结构僵化、运作机制及方式单一、高等教育评价维度杂乱等。

首先,传统基层教学组织结构僵化,相对孤立。传统基层教学组织多是偏行政职能式的设置,依托相近相关的专业学科门类分设,层级结构通常表现为校、院(部)、系、教研室、课程组,这种相对独立的学科门类划界在一定程度上明确区分了本学科同其他学科的边界,并规定了边界内学课内容的独立性。这在过去一段时期内,这种学科专业的边界独立性区分确保了学科相对独立的课程体系框架,在社会事务尤其是公共事务相对简单的历史时期有其生存发展的合理空间。然而,伴随科学技术迅猛演变成为最重要的生产力要素,社会事务的系统性、整体性、多元复杂性集中呈现,单纯某一个相对封闭的独立学科很难圆满应对这种状况,往往需要多学科交叉协同配合来完成。譬如一场突如其来的重大公共卫生事件的应对,除了需要传染病防治医疗机构积极应对之外,还需要政治力量政治动员强力干预,法律政策及时规范指导,建筑施工企业及时提供救治防护设施,交通运输及时调度运力,实体制造企业及时生产医药防护消杀用品,信息网络及时提供大数据与人工智能输出等,此过程中的每一个环节对于成功防治及最终消除危机都至关重要,不可或缺。这就使得传统基层教学组织,在新文科建设背景下需要急切的破除过去传统相对僵化的结构设置,以需求为导向,能够适应并服务于现代学科交叉融合的协同发展趋势。

其次,传统基层教学组织运作机制及方式单一,灵活性不足。传统基层教学组织往往是偏行政职能式的设置,其运作机制也多参照了行政机构的运作方式,运作方式也往往相对单一,多呈现的是上传下达沟通信息转发通知功能。尽管现在已经开始实施"双带头人"制度,在一定程度上促进了专业发展与党建业务的融合共进,但体制机制的惰性不是一朝一夕能够彻底扭转过来的,需要时间更需要一个不断深化革新的过程。传统的院(部)、系、教研室、课程组层级设置①尽管面临结构僵化难题,但正是这种相对独立的僵化确保了权责相对明确,任何一个环节出了问题都能够第一时间锁定责任人、责任部门。而新文科建设背景下的学科交叉融合模式创新、课程体系创新,如果没有很完善的协调沟通机制保障,很难避免权责不清的状况出现,混乱在所难免。这是传统基层教学组织,在新文科建设中不能忽视的一个潜在的也是客观存在的难题。

---

① 参见宋伟:《论新时代高校基层教学组织改革》,《中国高等教育》,2020 年第 19 期。

最后,传统基层教学组织面临的评价生态杂乱复杂。传统基层教学组织作为高等教育办学的实际承担主体,面临着名目繁多、五花八门的评价考核,总体来说整体评价生态杂乱复杂,难以有效对接新文科建设的目标要求。千根线一根针,传统基层教学组织要面对的评价考核错综复杂、包罗万千,分属不同的职能部门机构,最常见的教学口、科研口、学生口、党务口、就业口等。这些部门各管一摊,但最终这些归口管理的任务落实最后都是在基层教学组织这儿。从中国高等教育发展的历程看,这种状况由来已久,如果不能从根本上改变九龙治水,各自为政的痼疾,基层教学组织天天焦头烂额,忙于应付各类任务清单、报表、会议,很难有充足的精力投入专业建设、课程建设、学科建设,赢取新文科建设成效。

三、新文科建设背景下的基层教学组织发展优化

新文科建设背景下的基层教学组织优化必须充分考虑到新文科建设自身的内涵要求,兼顾到新文科在新时代高等教育中同新工科、新农科、新医科之间的契合统领关系。在"四新"学科群建设整体中,各个学科群既相互独立,又统一于培养合格的社会主义建设者和接班人这一社会主义性质的高等教育办学历史使命。其中,新文科的使命定位更具有统筹全局的价值引领性、方向性,系统回答的是在新时代的高等教育办学实践中培养什么人、如何培养人、为谁培养人的根本性方向规定性。新文科建设进程中基层教学组织的优化,应当从以下几个方面着手,努力推进价值引领是基层教学组织的灵魂,基层教学组织文化传承功能应当以坚定文化自信为导向,基层教学组织的实践需求导向允许作为虚拟共同体以更好地适应新文科专业课程交叉融合趋势等。

(一)努力推进价值引领是基层教学组织的灵魂

新文科建设守正创新应当着力发挥好哲学社会科学的价值观铸造引领功能,这也构成了新文科建设中的基层教学组织的灵魂。坚持社会主义办学

方向,走有中国特色社会主义高等教育发展道路。①基层教学组织更应当充分引导青年学生系好人生第一粒扣子,坚持正确的三观教育规引,爱党、爱国、爱人民,遵纪守法争做合格的新时代公民。从教育教学规律看,价值观教育是核心也是基础。知识教育只有传授给拥有正确价值观的人才会对经济社会发展有所贡献,在更高的水平和层次上推动人类社会往前发展。如果把知识教育传授给三观不正甚至是拥有极端报复社会人格的人,那对社会将是巨大灾难,对国家经济社会发展、人民福祉改善没有任何裨益。基层教学组织应当秉承立德树人根本使命宗旨,不断深入挖掘学科课程及实践中的课程思政元素,传承弘扬好各个领域展现出来的光荣传统、革命基因,把立德树人宗旨使命融入血液、贯穿日常,充分发挥浸润、熏陶、感染、培育作用,培养合格的社会主义建设者和接班人,不断增强对中国特色社会主义的制度自信、道路自信。

(二)基层教学组织的通识教育文化传承功能应当以坚定文化自信为导向

文化是一个国家、一个民族最本质、最核心的精神内涵。除了专业学科理论知识的文化传承之外,通识教育是基层教学组织文化传承的重要载体,是培养青年学生知国情、晓历史、明传统、解实务的重要途径。基层教学组织的通识教育文化传承功能应当更加突出以坚定文化自信为导向,通过挖掘整理宣传传统中国文化中的优秀基因,诸如诗词大会、历史知识竞赛、优秀电影展播、特色专题文化宣介等形式,借助发达的现代网络信息平台媒介,吸引激励青年学生参与其中,耳濡目染潜移默化中铸牢青年学生对中华民族文化的认同根基,强化对中华文化的认同,自觉坚定文化自信。

(三)基层教学组织的实践需求导向可以探索作为虚拟共同体存在以更好地适应新文科专业课程交叉融合趋势

新文科建设试图在人才培养模式、专业设置、课程体系设置层面有所创

---

① 参见杨立国、刘恩泽:《为立德树人夯实基层教学组织基础》,《吉林日报》,2021年7月15日。

新,努力实现多种学科交叉融合,从而在更高的层次和水平上推动教育教学质量提升,积极打造高质量教育。学科专业及课程交叉融合,原有的传统基层教学组织实体边界势必会打破,新兴交叉学科专业可能诞生于两到三个学院或者产业实务部门合作共建,抑或关涉到更多的合作参与主体,这就要求传统基层教学组织尽快适应新文科建设发展需求,积极推动和促进传统基层教学组织优化转型。可以考虑,在明晰厘清各自职责权限边界的基础上积极探索虚拟教学组织共同体,当然要想这种虚拟教学组织共同体有效运转发挥作用,除了明晰权责之外,还要有畅通的信息沟通保障机制,确保虚拟教学组织共同体围绕专业学科建设发挥统筹协调作用。

四、结语

新文科建设如火如荼全面铺开,致力于开拓新时代哲学社会科学人才培养新高地,不断开创更新人才培养新模式,以更好地服务于新时代建设者和接班人培养培育。新文科、新工科、新农科、新医科作为国家教育改革的主要领域,新文科建设具有价值导向性和基础性,为其他学科群建设提供社会主义方向指引,并规范其他学科群的价值范畴。此过程中,传统基层教学组织正经历着迫切开启变革的动力,以更好地适应和服务"四新"建设。明晰了传统基层教学组织在新文科建设背景下的机遇与挑战之后,也为我们深入思考优化重塑基层教学组织提供了一些启示,铸牢价值引领之魂,坚定中华文化自信,问题实践导向等都成为基层教学组织变革的原则和方向。适应学科专业交叉融合需求,建构在权责明晰拥有良好沟通协调保障机制的虚拟教学组织共同体可能会成为今后基层教学组织的有效模式选择。

作者简介:张志泽,男,博士,天津商业大学公共管理学院副教授。

新文科建设语境下的跨学科组织建设研究 *

李增田

一、引言

自 2019 年教育部等十三部门联合启动"六卓越一拔尖"计划 2.0 以来，"四新"（即新工科、新医科、新农科和新文科）建设旋即成为高等教育教学改革的主攻方向。就新文科而言，不同学者虽然对其内涵有不同的理解，但一个基本的共识是：新文科之"新"，在于立足全球新技术发展及其引发的巨大社会变革，通过文理、文工交叉渗透，运用新技术实现对传统文科的更新改造，使哲学社会科学展现出与新一轮产业技术革命交叉融合产生的新变化。[①]最早提出新文科理念并予以实践的美国西拉姆学院即持这种理解。

新文科建设具有知识生产和人才培养的双重维度。但无论知识生产还是人才培养，都需要首先打造一支既有文科知识背景和思维方式，又有理工科知识背景和思维方式，能够实现文理、文工学科交叉和有机融合的跨学科师资队伍。因此，根据新文科建设需要，构建一系列跨学科教学和科研组织，为教师实现文理、文工学科交叉融合提供一个基础平台，就显得尤为重要。也正因如此，"六卓越一拔尖"计划 2.0 实施方案，把促进学科交叉融合作为培养拔尖创新人才的重要途径，倡导建设跨学科课程体系、组建跨学科教学团队、设立交叉学科研究课题，为拔尖学生参与跨学科学习和研究创造条件。

　＊　本文是天津市普通高校本科教学质量与教学改革研究计划项目"新文科建设背景下地方普通高校公共管理类一流本科专业建设研究"（项目编号 B201006906）的阶段性成果。

　①　参见黄启兵、田晓明：《"新文科"的来源、特征及建设路径》，《苏州大学学报》（教育科学版），2020 年第 2 期。

二、跨学科的谱系

自美国心理学家罗伯特·伍德沃斯（Robert S.Woodworth）于 1926 年提出跨学科（interdisciplinary）概念后，其含义至今一直尚未达成共识。伍德沃斯本人认为，超越一个已知学科的边界而进行的涉及两个或两个以上学科的实践活动就是跨学科。①1970 年，经济合作与发展组织在第一次国际跨学科研讨会上，将跨学科定义为："两门或者两门以上不同学科之间的相互联系，这种相互联系可能从简单的观点交流到在一个相当大的领域内组织概念、方法论、规程、认识论、术语、数据、研究和教学组织之间的相互融合。"②2004年，美国国家科学院跨学科研究委员会在出版的《推进跨学科研究》报告中，对跨学科研究给的定义是："一种团体或个人的研究模式，通过整合两门或两门以上学科或专业知识团体的信息、数据、技术、工具、视角、概念和理论来促进更好地理解或解决单一学科或研究实践无法解决的问题。"③我国长期致力于跨学科学研究的刘仲林教授认为，跨学科既指现代科技发展中普遍存在的不同学科、不同领域之间广泛相互作用、交叉参透的现象，也指在此基础上形成的交叉学科群体。④虽然学术界对跨学科的定义各有不同，但其内涵基本包括两个方面：一是所谓跨学科，涉及两门或两门以上学科；二是跨学科之"跨"，不是指不同学科知识的简单相加，而是不同学科之间知识的融合和思维的整合。⑤跨学科的核心在于科际整合。

就跨学科发生过程中的知识来源和所涉及的学科的相互关系来说，跨学科有三种表现形式，即多学科（multi disciplinary）、交叉学科（cross disci-

---

① 参见龙献忠、王静：《研究型大学跨学科组织运行的保障体系》，《高等教育研究》，2010 年第 2 期。

② OECD, *Interdisciplinarity: Problems of Teaching and Research in Universities*. Paris: OECD Publications, 1972.

③ Committee on Facilitating Interdisciplinary Research, et al., National Academy of Sciences, *Facilitating Interdisciplinary Research*. America: National Academies Press, 2004.

④ 参见刘仲林：《科学与人文"二生三"模式的跨学科探讨》，河池学院学报，2011 年第 6 期。

⑤ 参见姚蒙、周群英：《跨学科学习的教学组织构建》，《黄冈师范学院学报》，2018 年第 1 期。

plinary)和超学科(trans disciplinary),这三种表现形式呈现出一种依次递进、逐步深化融合的关系,共同构成跨学科的谱系。[1]多学科主要存在于人才培养领域,具体体现形式是在课程设置上除本专业课程外,还设有跨学科、跨专业的课程供学生选修,或是在第一学位、第一专业之外,开办第二学位、辅修专业,鼓励学有余力的学生在学好本专业之余自愿参加辅修专业或第二学位学习。多学科涉及的学科之间基本上没有联系,是一种简单的并列关系,不过也有助于增长知识和解决较为复杂的实际问题。多学科教育在培养创新型人才方面虽然作用有限,但对于改革单学科教育的弊端、培养适应社会发展需要的复合型人才具有重要作用。

交叉学科是在多学科的基础上将不同学科进行交叉融合,构建新知识、新理论的增长点。交叉学科既体现于人才培养,也体现于科学研究。跨学科教育在本科层次的实现方式,一是在某一学科专业开设体现学科交叉性质的综合性课程。比如,在经济学专业专门开设数学高阶课程,将经济学方法与数学工具相结合,培养既拥有坚实的经济学、数学理论功底,又具备整合思维的人才。二是专门设置交叉学科专业。比如,北京大学在元培学院设有政治学、经济学与哲学、整合科学、数据科学与大数据技术等交叉学科专业,清华大学在新雅书院设有创意设计与智能工程、政治经济与哲学两个交叉学科专业。跨学科在科研领域的实现形式一般是由来自不同学科的科研人员组成科研团队,共同参与跨学科项目研究。

超学科是在不同的学科之间横跨这些学科,并取代和超越这些学科,从而发现一种新的视角和新的学习体验。超学科活动更主要体现在科研方面而不是人才培养方面。就学科整合而言,超学科处于跨学科谱系的最高层次,其与多学科、交叉学科的区别如图1所示。鉴于目前跨学科教育和研究在学科整合上还难以达到超学科层次,主要还是处于学科交叉的层次,所以跨学科与交叉学一般被视为同义语。

---

[1]　参见刘小宝:《论"跨学科"的谱系》,中国科学技术大学博士论文,2013年。

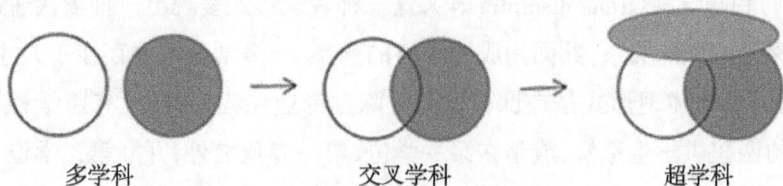

图 1　学科间整合的不同模式和层次

多学科　　　　交叉学科　　　　超学科

三、跨学科教育和研究需要构建相应的跨学科组织

跨学科教育和研究是将跨学科的理念和方法融入人才培养和科学研究之中,使跨学科知识结构和思维能力成为学生、科研人员的一种基本技能。它与传统的单学科教育研究活动的区别在于:传统的单学科教育研究旨在探究学科自身的客观规律,而跨学科教育研究则是在不同学科中寻找共同点或相关性,以探索解决现实问题为目的。[①]

高校开展跨学科教育和研究需要构建相应的跨学科组织。基层教学组织是高校组织教师开展教学和学术研究、促进教师专业能力发展的最基本的组织单元,包括教学系(部)、教研室、实验室(中心)、研究所(中心、院)、课程组、课题组、教学团队、科研团队、学术沙龙、工作坊等。基层教学组织是现代大学制度的组织基础,大学的核心使命就在于基层教学组织。因此,国内外高水平大学都在积极探索适应大学新使命的基层教学组织改革路径。跨学科组织是以开展跨学科教学和研究以及促进教师跨学科专业能力发展为根本任务的基层教学组织,其成员来自不同的院系,具有不同的学科背景。和一般的基层教学组织一样,根据组织化程度,跨学科组织也分实体性、半实体性和虚体性三种类型。[②]

---

① 参见韩大元、杜焕芳、路磊等:《跨学科教育与研究:新时代法学学科建设的实现路径》,《中国大学教育》,2018 年第 4 期。

② 参见茹宁、同广芬:《大学跨学科组织变革与运行策略探究》,《高校教育管理》,2018 年第 4 期。

（一）实体性跨学科组织

实体性跨学科组织具有正式的组织结构、固定的人员编制和经费来源，以及相应的教学和科研设备设施。就高校普遍的状况来看，实体性跨学科组织既有在学院层面成立的，也有在学校层面成立的。在学院层面组建的实体性组织通常由一个学院组织和管理，其他院系参与。在学校层面成立的跨学科基层教学组织通常由学校通过顶层设计直接组建并进行直接领导，一般还有一定的行政级别，成立的目的主要在于开展基础性跨学科研究和承接国家重大科研课题。从组织成员的来源来看，校级实体性跨学科组织一般有两种类型：一种是由学校从不同学院、不同学科抽调人员组建；一种是由学校和校外机构合作组建，主要由学校负责管理，如由学校与校外机构合作创建的研发基地、协同创新中心等。

（二）半实体性跨学科组织

半实体性跨学科组织区别于实体性跨学科组织的地方在于，这类组织没有固定的组织机构，通常以团队形式存在，经费来源主要为课题或项目经费，课题组、课程组、科研团队、教学团队、科研团队等都属于这类组织。这类组织通常由教学或科研骨干、学术带头人等牵头组织来自不同院系、不同学科背景的教师组成，工作中成员在团队负责人的统领下有明确的任务分工。半实体性跨学科组织存续时间一般缺乏持久性，存续时间长短取决于项目或任务的完成时间，项目或任务完成后即自行解散。当然，也有科研团队出于持续研究的必要性，通过某种程序转化成为一种实体性的组织。

（三）虚体性跨学科组织

虚体性跨学科组织是由来自不同院系、具有不同学科背景的教师出于共同的兴趣，自愿组织起来的非正式跨学科组织形式。这种组织一般没有正式的组织形式和工作场所，也没有明确的教学和科研任务，成员组合完全出于个人兴趣和自愿，学术活动一般以学术沙龙、工作坊、午餐会、下午茶等形式展开。因不具有固定的组织形式和经费来源，这种组织在结构上一般比较松散、不具有稳定性和持久性,其活动经费主要来自成员个人集资或接受外部资助。

从虚体到实体,不同类型的组织形态,由于领导体制和资源配置能力强弱不同,其绩效产出不同。实体和组织化程度越高,学科整合的功能越强,学科整合效果越好。因此,跨学科组织发展的总体趋向应该是由虚体到实体的持续演进。近年来,我国许多高校特别是研究型大学,就组建了众多的实体性跨学科组织。但另一方面,实体性跨学科组织在充分实现人员整合方面还存在不少制度性限制,这在很大方面影响着学科整合和创新的程度。

四、跨学科组织建设的制度性障碍

虽然跨学科组织是促进知识生产和人才培养创新的组织载体,但从我国各高校跨学科组织建设的实践来看,跨学科组织在促进跨学科研究和人才培养方面还不够理想,还有许多因素制约和影响着高校跨学科组织的发展。这些因素包括:

(一)激励机制障碍

教师是否有意愿从事跨学科学习和研究是各种主客观条件相结合的结果:一是教师本人有强烈的求知欲和兴趣,二是受外在利益的驱动,三是具有开展跨学科研究的平台和条件。根据本课题组针对普通高校青年教师所进行的一个问卷调查,在 114 位受访者中,有 87 位教师认为自己对从事科学研究没有兴趣或兴趣不强烈,发表论文主要是为了应付考核,只有 27 位教师认为自己对从事科研工作有强烈或比较强烈的兴趣,这部分人仅占受访总人数的 23%。但当进一步问道,"如果学校能够为教师从事科研活动和发表科研论文提供资助或物质奖励,您从事科研活动的意愿是否会增强"时,这部分人中有 20 人(占比 74%)回答了"会"或"可能会"。而当被问及"如果您想从事跨学科研究,您认为目前主要制约您开展跨学科研究的最主要的因素是什么"时,在"跨学科知识""合作伙伴""科研设备和设施""其他"四个选项中,这部分人中有 24 人选的是"跨学科知识,"占比 89%;19 人选了

"合作伙伴",占比 70%;11 人选了"科研设备和设施"。从问卷调查结果可见,给予一定的资助或其他外部激励,有助于促进教师参与跨学科科研合作,但在不考虑经费资助的情况下,缺乏合适的合作对象是仅次于跨学科知识影响青年老师参与跨学科研究的第二大因素。

(二)教师管理体制障碍

实体性跨学科组织相对于非实体性跨学科组织,在资源配置和自主性方面具有更大的优势,但相对于院系,在很多院校也并不具体完全的自主性。目前,高校教师管理体制一般实行的都是院系单位制,即教师在编制上隶属于某一院系。而院系是以学科或专业门类分科设置的,学科或专业背景相同或相近的教师隶属于同一院系,学科或专业背景不同的教师隶属于不同院系。教师的业务考核、绩效分配、工资福利、职称晋升乃至退休养老等,均由所在院系进行管理。近些年,许多高校虽然设置了跨学科组织,但在教师管理上并没有打破这种以院系为单位的教师管理体制。各个高校成立的许多跨学科组织,甚至是实体性组织,教师的业务考核、职称晋升等许多事务都仍由原来所在院系负责管理。这种僵化的编制管理使得教师难以全身心地参与到跨院系的学科合作,参加跨学科研究似乎只能算作教师从事本职工作之外的一项"副业"。

(三)资源配置模式障碍

和教师管理一样,目前高校的教学科研设备、设施和经费也主要在各院系之间进行分配,很少拥有院系之外的学术资源供跨学科组织使用。学科建设经费也一般是按学科体系进行投入,跨学科研究属于资金投入的"盲点"。另一方面,院系虽有资源,但跨学科组织难以在院系之间协调、整合这些资源。这两方面的原因,使得跨学科组织一般难以像院系一样有相对充裕的科研和学科建设经费及其他资源支持。这样跨学科研究开展就比较困难,缺乏发展的根本动力。

（四）学术评价制度障碍

目前学术界对学术成果的评估鉴定主要采取的是同行评议，同行同议的先决条件是能够找到"同行专家"。但跨学科研究由于涉及多个学科领域，是基于多个学科的交叉渗透，同时懂得这些学科的"同行专家"相对较少，而单学科专家对科研成果的评价又往往倾向于采用本学科固有的评价范式与标准，这使得跨学科研究成果难以获得客观、准确的评价较。而且，跨学科研究的跨度越大，涉及的学科越多，就越难找到"同行专家"，研究成果就越难获得客观、准确的评价。跨学科研究成果在评价上的困难，使得教师一般不愿意开展跨学科研究，特别是大跨度的、多学科的跨学科研究，从而在较大程度上限制了跨学科的发展。

另外，学校和院系在科研考核和评价上，只看项目负责人、个人名下的经费数和学术成果的第一署名作者等，也使得各项目负责人不愿与他人合作，从而使得跨学科研究合作大打折扣。

五、促进跨学科组织建设的基本路径

（一）构建有助于跨学科组织发展的激励机制

鉴于物质激励和缺乏合作对象是影响青年教师参与跨学科研究的重要因素，出于知识创新和人才培养模式创新的需要，高校应倡导和鼓励各院系和教师，积极开展跨学科教学和研究，并根据自身的资源和条件，因地制宜地创建各种类型适宜的跨学科组织，无论是研究所、研究中心、教学系、教研室、实验室，还是课程组、课题组、教学团队、科研团队、学术沙龙、工作坊等。特别是对于没有任何经费来源的跨学科组织，在条件许可的情况下，予以一定的经费资助，将有利于其确实开展跨学科教学和学术活动，从而有利于跨学科组织的整体发展和跨学科教学和科研氛围的形成。

（二）突破院系单位制，创新跨学科组织结构

跨学科研究在师资、资源方面受到的制约，根本上源于跨学科组织与院

系单位制的体制性冲突。一方面,作为行政管理单位的院系,没有为跨学科研究所需要的人员流动、资源分配与学术评价提供制度支持的积极性和主动性;另一方面,作为学科单位的院系"画地为牢""各管一片",致使跨学科被学科单位人为分割,跨学科研究变成了"跨院系研究",学科交叉与融合难以打破固有学科单位的壁垒。

因此,对于一些跨学科组织,特别是以承接国家重大科研项目和实现重大科研创新为目标的跨学科组织,学校应赋予其更大的组织人、财、物的自主权,在此基础上,让其通过项目制的形式,组织跨学科研究人员。具体来说,就是在纵向上实行由学校相关领导直接领导与协调的扁平化管理,在横向上以项目管理的形式,加强与院系之间的协调与沟通,增加跨学科组织的灵活性和多样性,从而形成一种以多学科交叉和需求导向的矩阵式组织结构。①在这种组织体制下,跨学科组织按照项目需求从不同院系组织跨学科研究人员,但不改变研究人员的行政隶属关系,研究人员仍在原来的院系进行考核,在跨学科组织完成的科研业绩可以用于研究人员在原院系的考核。

当前国际上许多高校的跨学科活动多以综合学院为单位,在校院层面建立跨学科集群和中心,形式非常多样,有些高校直接取消了原来的学科与学院建制。例如,美国欧林工学院建立了大学—专业的组织结构,促使大学的教学与管理结构趋于扁平。洛克菲勒大学只设立实验室和研究中心,舍弃了按学科划分的教学单位。②这样,跨学科组织突破传统院系单位制和学科制度的束缚,实现了更好、更高效的学科研究。

(三)建立科学合理的跨学科研究成果评价机制

建立科学合理的跨学科成果评价机制是鼓励和保证跨学科研究长足发展的基础。由于跨学科研究具有应用性和问题导向的特点,因此其成果涉及的利益群体非常广泛,而这些多元的利益相关者对跨学科研究成果的关注视角与价值诉求往往各有不同,这就要求评审专家在构成上既能反映成果

---

①　参见张洋磊、张应强:《大学跨学科学术组织发展的冲突及其治理》,《教育研究》,2017年第9期。

②　参见张炜、马香媛:《基于跨学科协同创新的高等教育核心竞争力提升路径》,浙江大学出版社,2018年,第108页。

所涉学科的多样性,也能反映研究成果利益相关者的多样化特征,以便形成多角度、多层次的评价认知,从而确保跨学科研究成果获得科学和客观、公正的评价。

另外,鉴于跨学科研究具有较强的探索性,对跨学科研究成果的评价需要考虑跨学科研究成果的阶段性。不过,跨学科研究更重要的收获可能产生于学科发展的过程中所形成的跨学科整合。因此,对跨学科研究成果的评价不能采取以结果为导向的绩效考核方式,而更应该注重对过程的评价和对阶段性工作的考察。基于这种认识,对跨学科研究成果的评价,宜采取层次分析法,即:将创新、跨学科整合度、解决实际问题的成效等需要考虑的各相关因素,按不同属性自上而下分解为不同层次,建立一个多层次的分析结构模型,继而通过构建成对比较阵以及进行权向量和组合权向量的一致性检验,对跨学科科研成果进行定性与定量相结合的科学性评价。

六、结论

对于新文科建设,虽然不同学者有不同的理解,但新文科建设的要义之一,无疑在于实现文理、文工学科交叉,用信息技术实现对传统文科的更新升级和改造。实现学科交叉,需要通过一定的组织载体。因此,大力促进新文科建设需要高校组建一批有助于实现文理、文工学科交叉渗透的各种跨学科组织,包括研究所(中心)、教研室、教学系、实验室、课程组、课题组、教学团队、科研团队、学术沙龙、工作坊等。然而,从我国高校跨学科建设和跨学科组织发展的现状来看,还存在多方面的制约因素,特别是激励机制、教师管理体制、资源配置方式、成果评价方式等制度性因素。进一步优化健全跨学科组织,最大限度地发挥跨学科组织在新文科建设方面的载体作为,需要在这些领域做出制度改进和创新。

作者简介:李增田,男,博士,天津商业大学公共管理学院教授。

第五部分

教学管理研究

疫情防控时期高校在线教学
新模式与实证分析*

胡　莹

一、研究背景

随着科学技术的飞速发展,大数据、人工智能、5G 移动网络、云计算的广泛应用,教育行业产生了巨大变化。2020 年年初新型冠状病毒肆虐,开学不能如期而至,在这样的背景下,教育部提出了"停课不停教、停课不停学"的要求,各大高校积极响应。截至同年 4 月 3 日,全国在线开学的普通高校共计 1454 所,95 万余名教师开设 94.2 万门、713.3 万门次在线课程,参加在线课程学习的学生达 11.8 亿人次。2020 年第一季度,我国在线课程平台上,在线慕课上涨了 5000 门,其他在线课程增长了 1.8 万门。高等教育"学习革命"深入推进,改变了教育的"形态"。教育部将启动高校在线教学英文版国际平台建设项目。[①] 全国各高校在线疫情期间全面开展线上教学的模式,促使未来的在线课堂教学发生前所未有的变革。

(一)国内相关研究

1. 国内政策研究

2019 年,教育部等十一部门联合印发《关于促进在线教育健康发展的指导意见》,使得在线教育有了明确的发展方向和发展理论依据。2020 年 2 月

---

　　*　本文为天津市教育工作重点调研课题(课题编号:JUDY-20201029)
　　①　参见《中国正在进行的这场史无前例的教育大实验世界都在关注》,新浪网,https://mil.sina.cn/2020-02-21/detail-iimxxstf3273615.d.html?Ivk_sa=1023197a,2020-3-29。

4日,教育部《关于疫情防控期间做好高校在线教学组织与管理工作的指导意见》印发,要求采取"政府主导、高校主体、社会参与"的方式,共同实施并保障高校在疫情防控期间的在线教学。2020年9月,天津市教委发布关于印发天津市普通高校在线教学工作指南(试行)的通知,指出力争经过三年建成十所在线教学特色示范高校,打造百门中国质量、世界水准国际在线课程,建设千门在线教育示范课程。

2. 国内文献研究

疫情前的在线教育研究主要围绕翻转课堂、慕课建设等课堂设计探索教学方式的改进。疫情后的研究梳理了国内在线教育的发展历史,全面考虑到在线课堂的实际情况及未来发展可能性。刘畅在《26年现代远程教育体系构建与高校在线教育发展——基于新冠肺炎疫情推动下高校在线教学行动的观察与思考》中对国内现代远程教育体系构建与网络教育发展进行了梳理;王辞晓等在《高校在线教育的发展脉络、应用现状及转型机遇》中结合国内外高校在线教育发展情况探讨在线教育的价值及其与高校运营模式的兼容性,并指出未来高校在线教育的发展机遇及挑战;陈宏民课题组在《疫情下高校在线教育的问题审思与发展路向》中以问卷调查与访谈的形式综合考量在线教育中影响学生学习的因素以及推广在线教育可能面临的阻力。陈玲玲和高新阳在《高校在线教育教学实践中的问题及解决策略探析》中通过疫情期间的在线教育教学实践,总结出显现问题并给出解决对策及建议。蒋惠凤在《在线教育方式下高校教学改革的行为选择、动因与对策研究》以博弈论的委托——代理视角为基础,在理性经济人和风险中立的假设下,结合疫情防控期间高校在线教育现状,分析在线教学方式下高校教师及高校的行为选择及相应的效益和成本,研究在线教学方式改革的动因,并提出推动在线教学方式改革的对策。

二、研究报告

(一)研究的目的和意义

本调研的目的在于对疫情期间的高校在线教学模式进行分析，通过搜集教师和学生对在线教学的满意度，来客观地测评疫情期间在线课堂实施的有效性，对课堂上呈现的特点进行总结，针对问题提出解决方案。另外，通过在线课堂应用的真实情况，探究在线教育未来的发展趋势。

由于在线教育在大众生活中日渐推广开来，各种平台和课程内容层出不穷。针对高校在线课堂开展调查研究，可以在充分了解在线教育的实施情况基础上，对在线课堂、高校教育提出及时而有针对性的改进建议，为日后高校在线教育的发展提供有力依据。

(二)调查问卷与调研对象

调研主要针对天津商业大学的教师及本科生，其他少量高校教师参与了调查，另外还对天津商业大学公共管理学院的师生进行了有针对性的访谈。2020年3月共收取493份教师调查问卷及1235份学生问卷。2020年11月第二次调查共收取了110份教师问卷和620份学生问卷结果。调查问卷设计侧重平台、教师、学生三个主体，问卷内容涵盖教师和学生双方从多个维度对在线教学模式的反馈，包括对在线课堂平台满意度、授课形式满意度、课程内容满意度、教师在线授课满意度、学生在线学习满意度等几个方面。

(三)调研分析

详细的问卷涉及16个问题点，设置教师问题16项，学生问题13项。我们希望通过问卷分别以教师、学生、平台三方面视角入手，通过有效数据进行比较研究，以此测评此次疫情情况下大家对在线教学的真实感受。

1. 对使用过的在线教学平台或软件的满意度的评价

2020年3月天津商业大学对教师使用在线平台情况进行了调查。从平台使用情况来看，学校主导的四大平台雨课堂(学堂在线)使用占比45.8%、中国大学 MOOC(爱课程)占比 34.1%、超星(学习通)占比 11.2%、智慧树占比 7.3%；腾讯会议使用占比 38.7%，腾讯课堂占比 7.9%，云班课和课堂派各占 1.6%；其他的平台或教学方式占比 34.1%。学生使用频率最高的为腾讯会议，其他依次为超星(学习通)、雨课堂(学堂在线)、中国大学 MOOC(爱课堂)、智慧树、云班课、腾讯课堂、课堂派及其他。

2020 年 11 月，我们再次针对常用的 12 种软件平台，分别对教师和学生进行了调查。非常满意度前五位分别为腾讯会议 37.5%、QQ 群 20.83%、腾讯课堂 12.5%、微信群 12.5%、云班课和中国大学 MOOC 为 8.33%；满意度前五位为腾讯会议 58.33%、雨课堂 45.83%、超星学习通 37.5%、QQ 群 33.33%、腾讯课堂 33.33%；使用体验一般前五位为微信群 45.83%、QQ 群 41.67%、中国大学 MOOC33.33%、ZOOM20.83%，超星、雨课堂、智慧树、学堂在线、云班课、钉钉均为 16.67%；教师没有使用过的软件第一位是智慧树 66.67%，腾讯会议和 QQ 群未使用人数占比只有 4.17%；不满意的软件有钉钉 8.33%、云班课 4.17%；非常不满意的使用体验为雨课堂 4.17%。学生的满意度来看，排名前五位的为雨课堂为 88.73%，超星学习通 79.38%，QQ、微信 77.46%，腾讯会议 74.1%，智慧树 51.32%。

2. 疫情期间，对线上教学方式的使用频率进行的调查

2020 年 3 月，在对教师喜欢的在线教学方法进行的调查中显示，有 27.8% 的教师采取了 PPT+录屏(录音)+答疑的形式。根据学生调查问卷中统计的结果，依照学生们的选择，最喜欢的在线教学方式和方法是 PPT+录屏(录音)+答疑，其余按数据显示依次为直播、MOOC+答疑、电子文档资料+答疑及其他。

在 2020 年 11 月的问卷中我们将在线教学方式具体分为：①同步在线教学模式(教师利用腾讯会议或 zoom 等直播软件建立虚拟教室)；②异步在线教学模式(教师提前录制好音视频课程或在 MOOC 上选择学习课程，安排学生自学)；③利用 MOOC、雨课堂、智慧树等课程平台实施翻转课堂；④利用网络平台进行传统互动教学，将课程从线下搬到线上；⑤利用互联网工具进行一对一教学。调研结果显示大多数老师选择的是同步在线教学模式，即教师利用腾讯会议或 zoom 等直播软件建立虚拟教室的比例增高。这项调查

结果与 3.1 项教师对软件平台的选择具有关联性。可以看出很多教师采取了将传统在线课程直接搬到线上。另外也会采取利用 MOOC、雨课堂等课程平台实施翻转课堂的模式。然而异步在线教学模式，如提前录好音视频课程或在 MOOC 上选择课程，安排学生自学和一对一教学的方式很少有人采用。

学生选择的在线教学方式比较集中在"同步在线教授模式"，其次是"基于网上现有资源互动的多重交互教学模式"。异步教学的模式比翻转课堂和 QQ、微信为媒介的简单自学要多得多，这点与学生选择的在线授课平台有一定关联性。

3. 对在线教学优点的调查

在 2020 年 11 月的调查中，83.52% 的老师认为在线教学不受时间、地域限制，课堂人数限制小；76.92% 的老师认为教学资源丰富多样，可以与大家迅速分析，可重复学习；67.03% 的老师认为信息技术的使用让教学变得轻松；59.34% 的教师选择了教学成本变低，可以缓解教育资源不均的问题；42.86% 的教师选择了教学方式多样。有个别老师补充到，在线教学可以减少对实体资源的浪费，可以减少学生在疫情期间的聚集。学生的选择和教师基本吻合。

4. 您认为线上教学模式发展前景如何的调查

从 2020 年 3 月的问卷结果来看，与课堂教学相比，大部分教师对在线教学模式的体验和评价不一。其中认为在线教学"信息量大，效果好"的占比 21.9%、"有新意，效果一般"的占比 46.7%、"教学效果不好"的占比 10.8%、"不好说"占比 20.7%。学生调查结果显示，27.61% 的同学对于学院的在线学习非常满意，有 51.82% 的同学对于学院的在线学习比较满意；只有 4.86% 的同学认为非常不满意，因此总体的授课情况较好。

从 2020 年 11 月问卷结果来看，结合问卷的 3.13 和 3.15 项结果，可以对在线教育的发展前景进行预期判断。在经历了近 1 年的教学实践后，大多数老师认为在线教学模式前景很好，非常支持线上教育；部分老师认为感觉一般，不过是社会发展所必需的；极少数老师认为不是特别看好线上教育；没有人认为线上教育将逐步衰落或被取代。学生持相同观点。

5. 在线教学呈现出的新特点的调查

从 2020 年 11 月的问卷结果可看出,认为"课程模式趋向线上线下混合课堂"的老师占到 83.52%;感觉到"教师的角色从知识传授者向学习服务者转变"的教师占到 52.75%;认为"教学主体由教师为中心迁移到以学生为中心"的教师占 45.05%;认为"学习形式从固定课堂学习过渡到泛在场景学习"的老师占到 41.76%。其次教师认可的方面为"教学过程注重知识、能力、素质相结合,引导学生探究式和个性化学习""课堂设计应用的软件体现智能化、创新性、数字化手段加强"。

6. 对在线课堂教学内容的特点的调查

2020 年 3 月通过对在线课程教学资料来源(视频、音频、PPT、PDF 等)进行的调查, 可以得出自建课程教学资源是主流, 借助平台教学资源为辅助。有 55.4% 的教师自建 PPT 课件/PDF 文件;13.0% 的教师自己录播(音频/视频);不到 1/3 的教师利用现有平台资源开展教学。

在 2020 年 11 月的调查中,重点调查了在线课堂教学内容的特点,对自建课程教学资源进行整体评价。认为"教学内容具有前沿性,体现专业前沿的核心理论和成果,有较高的科学水平"的老师占 65.93%;认为"教学内容具有规范性,课程定位准确,知识体系科学完整"的老师占 56.04%;认为"教学内容呈现多样性,体现多维、立体、层次化的内容"的教师占 53.85%;认为"教学内容突出思想性,坚持立德树人、课程育人"的教师占 43.96%;认为"教学内容体现高阶性,增加研究性、创新性、综合性内容,培养创新性思维和批判性思维"的老师占 36.26%。

在学生的调查中,74.34% 的学生选择了"教学内容的规范性,课程定位准确,知识体系科学完整";69.54% 的学生选择"教学内容具有前沿性,体现专业前沿的核心理论和成果,有较高的科学水平";67.39% 的学生选择"教学内容突出思想性,坚持立德树人、课程育人";59.23% 的学生选择"教学内容体现高阶性,增加研究性、创新性、综合性内容,培养创新性思维和批判性思维";58.99% 的学生选择了"教学内容呈现多样性,体现多维、立体、层次化的内容"。

7. 对影响线上学习效果的因素的调查

分析问卷结果可看出教师认为影响线上学习效果的因素排序为学生>工具>教师>资源>支持>管理>培训。学生的学习行为习惯、自主学习能力和学习态度是非常重要的因素；工具的教学平台及功能稳定性，终端设备支持与服务和教师的教学策略及讲授（演示）方法相较重要。其余大家比较重视的方面依次是线上教学的课程内容、课程配备的电子教学资源，教学空间选择、教学秩序管理和政策的支持；在线课堂的督导机制、课程效果评价方式方法，以及对教学平台和工具的熟悉程度及应用技能培训则显得不太重要；最不重要的是管理方面，既督导机制和评价方式方法。

8. 对线上教学活动做出的评价

2020 年 3 月调查中教师对在线教学的总体评价，认为"满意"的占比 18.7%、"比较满意"的占比 57.1%、"一般"的占比 21.5%、"不满意"的占比 2.6%。在线教学过程中，71.6% 的教师与学生互动较多，没有互动的仅占 0.6%。

通过汇总教师和学生 11 月份的数据可以看出，大家对当前的在线教学总体评价较好。对教学效果表示"满意"的教师占比 43.96%；表示"一般"的教师占比 37.36%；对自己的教学效果"非常满意"的占比 16.48%；表示"不好"的教师占比 2.2%。没有教师选择"非常不好"。在教学准备、教学过程以及教学反馈都取得了满意的效果。

48.35% 的教师表示自己有明确的教学大纲、教学目标、合理的教育方案；56.04% 的老师表示自己能有效组织线上教学，维持教学秩序；48.53% 的教师表示能根据线上教学特点有效备课，参与平台课件的研发；46.15% 的教师表示能在线布置、批改和反馈作业，及时肯定学生的努力，对学生的贡献、分享和建议立刻表达感谢；49.45% 的教师表示能推荐学生使用各种电子教学资源，使用当下的案例增加虚拟环境中的现实感；54.95% 的教师表示能采用适当教学策略，通过各种平台与学生互动，提高学生注意力，激发学生创新思维；52.75% 的教师表示能使用各种工具进行课程测试或评价，利用数据分析和跟踪学生学习行为，适时、巧妙地指出学生学习的不足；46.15% 的教师表示能与督导进行及时的沟通，进行有效的自我激励，能投入时间进行培训和学习，获取各方面的支持。

对"教师有明确的教学大纲、教学目标、合理的教育方案"方面,45.8%的学生表示"很好";对"教师能有效组织线上教学,维持教学秩序"方面,44.6%的学生选择了"很好";对"教师能根据线上教学特点有效备课,教学课件能吸引和激发学生上课兴趣"方面,40.05%的学生选择了"很好";对"教师能在线布置、批改和反馈作业,及时肯定学生的努力,对学生的贡献、分享和建议立刻表达感谢"方面,43.88%的学生选择"很好";对"教师能推荐学生使用各种电子教学资源,使用当下的案例增加虚拟环境中的现实感"方面,43.88%选择"很好";对"教师能采用适当教学策略,通过各种工具与平台与学生互动,提高学生注意力,激发学生创新思维"方面,42.45%学生选择"很好";对"教师能使用各种工具进行课程测试或评价,利用数据分析和跟踪学生学习行为,适时、巧妙地指出学生学习的不足"方面,43.17%的学生选择"很好";对"教师能投入时间指导学生实习实践活动,适当融入网络教学手段"方面,43.65%学生选择"很好"。

9. 教师在线教学时遇到的突出问题的调查

从2020年3月的问卷看到,虽然第一次开展线上教学的教师占比较高,在教学过程中遇到的问题也很多,但都很好地克服了困难,完成了教学任务。遇到的突出问题中,"时间紧备课量大"占比40.6%;"平台使用不熟悉"占比31.0%;"与课程相关的数字资源少"占比30.0%;可喜的是"计算机操作不熟练"的仅占2.2%,说明老师们的计算机操作能力还是很强,这是开展在线教学的基础。

从上网设备和网络环境方面看,网络卡顿是常态。笔记本电脑(占比79.1%)或手机(占比73.0%)是主要上网设备;采用宽带(占比96.6%)或手机移动数据(占比35.5%)是主要的上网连接方式。网络教学流畅的只占32.3%,偶尔有卡顿现象的占比57.5%,经常卡顿的占比10.2%。

11月的调查的问题项分为:①原有教学策略及教学方法不适应线上教学,原有教学大纲与在线教学进度不匹配;②原有教育质量评价方式方法不适合网上教学,对教师的考核缺乏对在线教学情况的考量;③课程资源更新缓慢,质量参差不齐、案例陈旧、偏向理论;④课程从制作到上线时间太匆忙,课件缺少个性化设计,不能因材施教;⑤无法开展实验课程,实训课程无法在平台开展；⑥教师对在线教学的态度不积极、无法开展教研活动,缺少教学方面的培训；⑦缺乏情感注入,师生间及时互动性不强,学生课堂参与度较低,教学目标很难完成；⑧课程使用平台不统一,考试无法开展有效监控,网课学习进度、成绩折算出现问题；⑨学生不会自主学习,课程进展缓慢,作业完成不及时,学习成绩不理想；⑩教学空间环境及设备支持不足,由于人数过多而导致平台卡顿,干扰教学秩序。

从老师们的反馈来看,对①项 41.67% 的老师选择了赞成；②项 37.5% 的老师选择了赞成；③项 33.33% 的老师选择了一般；④项 50% 的老师选择了赞成；⑤项 50% 的教师选择了赞成；⑥项 33.33% 的教师选择了一般；⑦项 37.5% 的教师选择了赞成；⑧项 33.33% 的教师选择了赞成；⑨项 45.83% 的教师选择了一般；⑩项 45.83% 的教师选择了一般。

结合前文对线上学习效果的影响因素来看, 教师遇到的问题和影响教学的因素基本一致。学生的“学习行为习惯、自主学习能力、学习态度”显得格外重要,继而是与平台相关的方面,如“教学空间选择,教学秩序管理,在线教学政策支持”和“教学平台及功能稳定性,终端设备支持与服务”。然后是“教师的教学策略及讲授(演示)方法”和“线上教学的课程内容,课程配套电子教学资源”这些方面。

10. 学生对自主学习的满意度评价

此项调查分别为:①“我认为自己课前准备充足,将新旧知识联系起来,自主设计明确的学习目标”；②“我认为自己课后复习总结效率高,能用自己的语言概括出在线课堂的主要内容”；③“我认为自己有能力解决课堂遗留问题,可以使用互联网工具向老师和同学请教”；④“我认为自己完成课后作业的效率高,考试成绩满意”；⑤“我可以自主决定学习时间、学习进度、学习地点,灵活且高效”；⑥“我可以自主选择在线课程内容及在线平台,自觉提前进入平台等待课程开始”。通过问卷结果看出,学生具备一定程度的自学能力,且对于学习行为习惯具有一定自控力。但学生对于自主学习效能尚不够满意。学生在学习时间、地点及平台的选择上具有自主灵活性,符合 3.3 学生对在线教学优点的调查。

表 1　学生自主学习满意度调查表

题目 \ 选项	非常满意	满意	一般	不满意	非常不满意
我认为自己课前准备充足,将新旧知识联系起来,自主设计明确的学习目标	58 (13.91%)	123 (29.5%)	178 (42.69%)	38 (9.11%)	20 (4.8%)
我对自己在课堂中的学习效率满意,有主动学习的欲望	58 (13.91%)	135 (32.37%)	170 (40.77%)	35 (8.39%)	19(4.56%)
我认为自己课后复习总结效率高,能用自己的语言概括出在线课堂的主要内容。	57 (13.67%)	134 (32.13%)	174 (41.73%)	34 (8.15%)	18(4.32%)
我认为自己有能力解决课堂遗留问题,可以使用互联网工具向老师和同学请教	59 (14.15%)	147 (35.25%)	163 (39.09%)	31 (7.43%)	17(4.08%)
我认为自己完成课后作业的效率高,考试成绩满意	60 (14.39%)	126 (30.22%)	183 (43.88%)	31 (7.43%)	17 (4.08%)
我可以通过平台展示自己的学习成果、构建自己的知识库,多方面拓展知识	62 (14.87%)	134 (32.13%)	176 (42.21%)	29 (6.95%)	16 (3.84%)
我可以主动发起提问或讨论,参与课堂教学活动	61 (14.63%)	130 (31.18%)	174 (41.73%)	34 (8.15%)	18 (4.32%)
我可以自主决定学习时间、学习进度、学习地点,灵活且高效	66 (15.83%)	150 (35.97%)	156 (37.41%)	28 (6.71%)	17 (4.08%)
我可以自主选择在线课程内容及在线平台,自觉提前进入平台等待课程开始	74 (17.75%)	146 (35.01%)	153 (36.69%)	28 (6.71%)	16 (3.84%)

11.对在线课堂中学生所出现的问题程度的调查

在 2020 年 3 月的调查中,教师对学生在线学习的总体评价,认为"满意"的占比 24.6%、"比较满意"的占比 59.3%、"一般"的占比 15.4%、"不满意"的占比 0.6%。学生们在线学习面临的主要问题要是网络卡顿,并且平台使用不熟悉和手机等上网设备性能不好这两种情况也有较多学生反映。

通过 2020 年 11 月调查,详细对学生在线课堂中发现的问题进行了汇总。从教师角度反馈的结果来看,学生反应的问题大多集中在学习自主能力、对课程的感受、学习的强制力和效率方面。继而看到学生对教学平台不熟悉,学习空间环境缺少课堂氛围,一个人学习时面对屏幕产生孤独感等此类问题。

表 2　在线课堂中学生出现的问题调查表

题目\选项	没有	少部分	一半	大部分	全部
学生对教学平台和工具操作不熟练，学生的终端设备支持不够	21 (23.08%)	44 (48.35%)	18 (19.78%)	6 (6.59%)	2 (2.2%)
学习空间环境缺少课堂氛围，一个人学习时面对屏幕产生孤独感	13 (14.29%)	43 (47.25%)	20 (21.98%)	12 (13.19%)	3 (3.3%)
学生自主学习能力弱，自律性差，缺乏创新思维和知识建构能力	16 (17.58%)	34 (37.36%)	18 (19.78%)	18 (19.78%)	5 (5.49%)
在线教学缺乏强制力，感觉不到竞争力，学习效率较低	16 (17.58%)	31 (34.07%)	23 (25.27%)	17 (18.68%)	4 (4.4%)
学习没有动力，对在线教学内容感觉枯燥压抑，学习态度不积极	16 (17.58%)	32 (35.16%)	27 (29.67%)	16 (17.58%)	0 (0%)
学生对授课形式喜好无法统一，没用过 MOOC，SPOC 等在线资源	18 (19.78%)	29 (31.87%)	28 (30.77%)	14 (15.38%)	2 (2.2%)
学生抱怨与线下相比，课业压力加大、作业量增多	26 (28.57%)	27 (29.67%)	26 (28.57%)	10 (10.99%)	2 (2.2%)
学生与老师互动交流不方便，学生没有机会参与课堂讨论	23 (25.27%)	32 (35.16%)	26 (28.57%)	10 (10.99%)	0 (0%)

52.52%的学生表示自己"自主学习能力弱，自律性差，缺乏创新思维和知识建构能力"，随之而来的是"学习没有动力，对在线教学内容感觉枯燥压抑，学习态度不积极"和"在线教学缺乏强制力，感觉不到竞争力，学习效率较低"；41.97%的学生表示"学习空间环境缺少课堂氛围，一个人学习时面对屏幕产生孤独感"。从表 1 和表 2 项同样看到学生的自主学习能力是最主要的影响因素。

12. 疫情期间在线课程效果满意度调查

由于大部分课程在线上开展，因此可以看出教师对于理论课程部分是比较满意的。毕业设计、论文写作及考试测试由于同样应用到网络手段，收到的效果也比较好。部分老师对于实验演示、虚拟仿真课程表示满意。对于实践教学课程和实验示范课程出现了很不好的评价。

13. 对于未来教学专题培训的主题的调查

希望加强"混合式教学"的培训的老师占到 61.54%，另外部分教师选择了"课程思政""过程考核""打造金课""研究型教学""慕课制作""软件应用"，而选择"泛在学习"教师最少。

14. 对于疫情后教学方式的调查

就授课方式来看，在 2020 年 3 月的调查中，绝大多数同学还是倾向于线下教学或线上线下混合教学方式。11 月调查时多数老师选择线下教学主导线上教学辅助的混合模式。其次是线上教学主导线下教学辅助的混合模式。还有少量教师选择仅线上或仅线下的教学。学生与教师的选择一致。多数学生支持线下教学为主导，线上教学辅助的混合模式。

三、研究结果分析

第一，从为期 1 年的使用情况看，师生在平台选择习惯上未发生较大变化，受欢迎程度较高的教学平台依次为以腾讯会议为代表的同步在线教学平台，以 MOOC、智慧树等为代表的异步教学平台和 QQ、微信为代表的即时通信工具。好的方面是师生能较快适应当前的教学安排，从线下转移到线上的过程比较顺利，能较快熟悉在线平台的操作方式方法。不好的方面是由于教学平台服务器端并发处理能力不足导致访问拥堵是干扰课堂秩序的主要原因。

第二，在教学的实施过程中，师生从之前的线下课堂转移到线上，出现了采取通过 PPT+录屏+答疑的形式向腾讯会议同步教学方式转变，开始体现出明显的混合在线课堂的新特征。考虑到情感支持和课堂氛围等方面，相比传统线下教学，以线下教学主导线上教学辅助的混合模式更受广大欢迎。通过对天津商业大学公共管理学院教师的访谈可以了解到，尽管已经开展了在线授课的模式，教师和学生还是比较倾向于线下讨论模式或借助通信工具进行答疑解惑，很少开展大范围的在线小组讨论。除已有的虚拟仿真实验课程外，毕业论文、测试和作业和答疑等仍旧可通过网络系统进行传递。但目前的在线课堂还不能满足如实习实践、实验课等实际需要。

第三，师生对在线教学模式都表示欢迎，师生基本都能很快投入到线上教学当中,总体对在线教学模式持满意态度。对在线课程影响度较高的因素刚开始还在于网络设备及平台的流畅性,慢慢突出的因素是学生的自主学习能力,及教学过程中的互动设计,这两个方面是既重要又急需长期加强的。在线教学过程反映出课堂角色从教师为中心慢慢转向学生为中心,教师的工作重心从侧重传授知识到侧重学习服务,是 OBE 学习理论的继承,体现出混合在线学习理论和交互式学习理论特点。

第四,目前在线教学课程资源大部分由教师自建,短时间大范围扩充了在线教学资源。对于在线教学资源的开发和利用情况将在未来做进一步的调查研究。大家认为现有教学内容已经具有规范性,课程定位准确,知识体系科学完整。教学内容具有前沿性,体现专业前沿的核心理论和成果,有较高的科学水平。结合学生所反映的在线学习过程中遇到的困难可以看出"教学内容的规范性,课程定位准确,知识体系科学完整"对学生的学习困难造成的影响最小。因此可以判断的是,以往线下教学过程中积累的课程内容素材、课程设计和课堂组织管理方法可以同线上课堂很好地结合在一起。

四、结论与建议

梳理当前在线课堂教学案例,结合当前在线课堂教学的特点,可将高校在线教学情况概括为"四新"[1],即学习新理念、解决新任务、适应新环境、鼓励新协作。

(一)学习新理念

从内部建设角度来看,大家对很多理论概念尚不十分清楚,如"混合学习理论""交互影响距离""在线协作学习""泛在学习"理论等[2]。因此教学过程中需要增加更多的教育理论的讨论,让师生对在线教学有更加深入的理解。对教师参与教学设计、课题研究、教改项目等给予更多引导和支持,在打

① Ying Hu.Classroom Study of Online Education Experiment in China under Epidemic Control Situation[J]. *International Journal of Social Science and Education Research*, No.6, 2020(3): pp.150–153.

② 参见王卫军,杨薇薇等:《在线课程设计的原理与理念思考》,《现代远距离教育》,2016 年第 5 期。

造金课、课堂思政建设方面注意与线上教学的结合；面向学生开设关于自主学习方面的培训和指导课程。要不断提炼和总结新形势下在线教育的理论知识，更新教学方式方法，在教学方法和学习方法上努力提升，从而为高校人才培养解决内部动力问题。

(二)解决新任务

解决上述内部建设问题的同时，要完善外部建设。可以看出，师生在疫情当下能很快开展线上教学。相对而言在线教学评价系统目前稍显薄弱，在线教学质量监控有一定的复杂性，教学评价、课堂管理和考试系统需要研发和完善。在线教学还需解决的问题是如实习实训等课程如何在线开展，一些课程内容无法在线呈现，教学互动嵌套技术手段产生了复杂性等具体问题。解决这些问题需要的是强大平台功能，提高平台的服务能力；加强网络建设，加大学校自有平台建设投入，形成校内数据沉淀，借助大数据分析提高教学和科研管理水平；另外需要及时出台在线课堂规章和规范，形成机制建设，对在线教学全流程及教育知识产权形成制度保障；及时将在线课堂资源转化为教学生产资料，向社会推广优秀的教育资源，开创校企合作的新领域。借由此次疫情带动起国内在线教育的爆发，是国内教育走向国际的良好契机，通过网络的互联互通，高校可挖掘优质双语教学资源，向打造优秀国际在线课程的目标迈进。

(三)适应新环境

此次疫情的到来，也是国内高校面临的一个非常具有挑战性的课题。在线课程采用了一种全新的课程教学模式，将现实课堂环境转移到网络虚拟环境之下，具有与传统教学模式截然不同的特点。疫情下的在线教学改变了教师与学习者的角色，平台、工具和资源的结合为虚拟课堂环境提供了重要的教学条件。新的环境带来新的机遇和挑战，如疫情下的在线学习就体现出在应对环境危机时高校管理的能力和水平。因此在教学管理的过程中要加强管理队伍建设，加强教师队伍建设，加强学生学业日常管理，在今后教育资源多样化、个性化教育形势下显得尤为重要。

（四）鼓励新协作

由于平台的加入，在线学习除传授课程知识的功能以外融入了学习服务的特性。一门优质的在线教学课程需要由多个角色共同完成，有教师、有教学设计人员，是新的团队协作方式。今天开展在线教学绝不是直接将线下资料搬到线上，平台设计者的参与变得非常重要。因此，在线教学需要师生间以平台为媒介进行协作，高校管理方与平台方协作，以往高校间的协作、校企实习实践合作也不可缺席。协作是多领域的、国际化的。因此，应借助在线教学契机，要鼓励创新教育协作，在此方面进行更多的探索和尝试，推动在线教育可持续发展①。

作者简介：胡莹，女，硕士，天津商业大学公共管理学院教学秘书、助理研究员。

①　参见杨启光、杜蕊：《高校开放教育资源的发展问题与教育应变——以 OCW 与 MOOC 为线索》，《高等理科教育》，2020 年第三期。

构建适应高校一流本科专业建设的
教学管理服务平台 *

佟紫娟

2018 年,教育部印发《关于加快建设高水平本科教育 全面提高人才培养能力的意见》,其中提出了"大力推进一流专业建设"的意见,掀起国内高校关于本科专业建设的教育改革热潮。目前国内大部分的研究主要集中于新形势下专业建设改革的整体思路和举措,基本都是从专业带头人或专任教师的角度出发,围绕专业结构调整、师资队伍建设、课程建设、人才培养方案调整等方面进行研究,为一流本科专业建设提供理论支持和经验借鉴。但研究视角较为单一, 提出的专业建设思路和举措也都是基于教学工作本身的,忽略了教学管理在一流专业建设中的重要辅助地位和作用。教学管理在教学改革中发挥着先导和规范作用, 高效且与时俱进的教学管理工作不仅是一切教学活动正常开展的保障,也对一流专业建设有巨大的推动作用。高校应当重视教学管理,以创建一流本科教育为契机,自觉将教学管理变革纳入规划建设,实现同频共振、同向同行①。

一、高校本科教学管理的特点

教学管理工作是教学活动正常平稳运行的保障, 是一流专业建设过程中必不可少的内容,研究教学管理的特点,有助于有针对性地加以利用以适应一流专业建设进程。本科教学管理是高校教学管理部门和管理者,通过实

---

① 参见洪早清:《本科教育新时代下的教学管理变革省思》,《中国大学教育》,2019 年第 11 期。

施计划、组织、领导、协调、控制等职能来安排教师和学生的活动,最终实现人才培养的过程。教学管理通常是事务性工作,主要在教学运行、考务安排、实习实践、教学研究、质量保障、综合事务等方面发挥作用,工作内容琐碎而繁杂。管理者不仅要科学合理的安排所有教学相关事宜,保障教师的"教"和学生的"学"都在特定的轨道上进行,而且要处理教学过程中出现的意外情况,帮助教师和学生沟通,使之重回正轨。同时,教学管理部门通过教学质量监控和数据收集,可以得到比教师和学生更全面准确的信息,将这些信息整理分析,能够为领导者提供制定政策的依据,提高教学质量。可以说,在教学管理部门的统筹安排下,教学活动得以正常开展平稳运行,教学秩序规范良好。

本科教学管理工作有两个最主要的特点:

(1)周期性和规律性。高等教育以学年学期为单位进行,每学年的教学活动基本保持一致,甚至学期之间都有重复性内容,且在一学期中的各个时间段具有相对固定的教学事项,对于管理者来说,教学管理工作呈现出明显的周期性和规律性。如在同一人才培养方案下,即使不同学年对应的是不同年级的学生,但在管理者的角度,本学年的排课、选课、考试安排等工作和上一个学年没有区别,甚至一学年内的两个学期都要重复开展这些常规工作。而这也引申出教学管理深层次的内涵特点,即工作内容具有可预见性和典型性,这虽是教学管理的乏味之处,但利用好这些特点,能够有效提升管理效率。一方面,教学管理者可以梳理日常教学事项和流程,向师生展示教学全过程环节,使其明晰教学流程,为下一步教学活动做好准备;另一方面,教学管理者通过总结经验教训,基于典型问题改进和完善各环节工作,也可以在典型问题上向师生作出更多提醒和建议,减少失误。如何利用教学管理的"可预见性"和"典型性"以提高管理效率,是保障一流专业建设顺畅进行的基础。

(2)管理性和服务性。本科教学管理部门依据各项规章制度统筹安排教学事宜,对涉及教学的所有环节进行把控和监督,对教师和学生的行为进行规范和引导,出现问题按照程序进行处理。传统教学管理强调统一性和行政性,以统一规范的形式取得良好的教学秩序,保证教学计划顺利实现[①],是一种基于规则的精细化、全过程管理活动[2]。同时，"以人为本"的教育理念引入高校后，"教学管理"慢慢向"教学服务"过渡。教学管理工作的服务性逐渐显现，表现为尊重教师和学生的个性发展和需求，在制度刚性外和条件允许下考虑特殊情况，为师生解决实际问题。制定政策时不以控制和完全问责为取向，而是以激励和改进为取向，以有效促进学生成长和发展、真正激励和保障教师全身心投入本科教育作为标准。[3] 从实际情况来看，目前高校教学管理的工作性质仍是管理性大于服务性，因为以行政命令式上传下达的管理比以人文关怀式响应需求的服务更容易操作，能够更大程度地规避管理双方的随意性和主观性，能够高效率地实现目标，但随着时代发展和教育教学改革，"服务"导向是必然趋势。如何平衡教学管理工作中"管理"和"服务"的尺度，是保障一流专业建设可持续发展的关键。

二、高校本科教学管理存在的问题

如今，本科教育教学改革进行得如火如荼，但具体到教学管理改革却不温不火，在飞速发展的教学改革面前，固有的管理问题难以隐藏和忽略，既有的管理模式难以维持和适应，作为一流本科教育重要内容的一流本科专业建设事业，更是对教学管理提出了新的挑战。分析现今教学管理存在的问题，有助于有针对性地进行教学管理改革以加快一流专业建设进程。

（一）落后的教学管理理念阻碍一流专业建设的起步

教学管理不只是物质条件的调配，不只是涉及师生具体的行为和相关制度，更包含教育教学价值取向和理论设计[4]。一流的教学管理不能没有先进的管理理念，起指导作用的理念必须具有鲜明的时代性，符合教育教学规

---

① 参见刘立龙：《人本管理理念下的高校教学管理改革》，《教育与职业》，2014 年第 26 期。

② 参见王哲：《浅谈中国高校精细化教学管理之构建》，《教育理论与实践》，2019 年第 21 期。

③ 参见苏永建：《高等教育强国建设需要什么样的高等教育质量》，《高等教育研究》，2019 年第 5 期。

④ 参见别敦荣、齐恬雨：《国外一流大学本科教育教学与改革建设动向》，《中国高教研究》，2016 年第 7 期。

律,反映教育教学发展趋势,引领教育教学改革的走向,全面促进育人水平提升,但我国高校本科教学管理存在理念更新不及时、不到位的问题①。高校教学管理理念仍是管理者为主导,以"控制"为主,强调"规范",即使管理者在逐步增强服务意识,也只是被动响应师生需求,思维逻辑没有跳出"管理"的范畴。

管理者对教学改革的动向不敏感,对管理理念的更新无动力,习惯用固有的思维和经验去管理和推进教学改革事宜,而落后的管理理念直接产出落后的管理制度和管理手段,这势必会阻碍一流专业建设的起步。一流专业建设要求人才培养模式改革创新,形成新的培养机制、专业课程设置、授课方式等,以及随之而来的现代化、信息化教学模式,如微课、慕课、小规模限制性在线课程等网络教学模式,不仅需要配套的教学管理制度保障实施和促进发展,而且需要先进的技术手段进行有效管理和监督反馈。但教学管理者如果对管理制度更新不及时,掌握的管理手段不够现代化信息化,则难以适应出现颠覆性变化的教学活动,对于新兴事物只能事后响应而非前瞻引领和促进实施,这对一流专业建设的发展是极其不利的。究其原因,是管理者尚未跳出以"管理"为中心的理念,没有平衡好"管理"教学与"服务"教学的尺度。

(二)师生参与度低的教学管理组织结构制约一流专业建设的进程

我国高校内部教学管理组织结构仍是等级制的,形成校、院、系(教研室)层级式结构,教学管理工作基本是按照上传下达的方式进行,校长具有一切教学事务的决定权,各级按照管理目标进行教学资源的配置和安排②。这种等级化行政化的组织结构虽然一定程度上保证了管理效率,但忽视了学生和教师作为教学管理参与者的主体性,压抑了二者参与教学管理的主动性,在这种层级制关系中,师生参与教学管理的程度很低,决策者和管理层难以及时、精准地发现并满足师生需求,最终限制学生的个性和创造性发

---

① 参见朱力影:《角色转换:高校教学管理者的新追求》,《江苏高教》,2019 年第 11 期。

② 参见崔伟、陈娟:《创新背景下的高校教学管理研究》,《中国成人教育》,2017 年第 9 期。

展,难以激发教师的工作积极性和创新性。此外,这种组织结构将管理者仅定位为事务性工作执行者的角色,忽视了管理者的经验价值和潜力。

教师和学生对教学管理的参与度较低,导致管理者与师生的沟通机会较少、沟通程度较浅,双方习惯站在对立的立场上看待问题,这抑制了教学活性,势必会制约一流专业建设的进程。一流专业建设过程中教师和学生是核心,教师是人才培养的实操者,学生是培养效果的实践者,是承担一流专业建设最基础最关键的主体,他们对新型人才培养模式和现代教学形式的感知理解、实践应用、问题提出、需求反馈等是最直观的,也是最有价值的信息。在教学管理中缺失教师和学生的参与,容易导致管理者对教学改革政策的制定出现不切实际或不易操作的地方,与真实情况出现偏差,不仅不能有效保障一流专业建设工作的开展,而且会抑制教师和学生的自主性、积极性、创新性,进一步制约一流专业建设的进程。教师和学生参与教学管理的程度较低,这既有现行教学管理组织结构没有渠道让师生参与教学管理的客观原因,又有教师和学生习惯依照规章制度和通知命令行事没有意识参与教学管理的主观原因。

(三)同质化的教学管理模式影响一流专业建设的效果

目前很多高校存在人才培养目标定位模糊的问题,不能将学校特色和专业特色与社会对人才素质能力的需求有机结合,导致高校人才培养与社会发展需求脱节。[1]在进行本科教育改革时大多高校又习惯使用相同或相似的概念,这不可避免地会出现明显的本科教育效果同质化,具体表现为概念一致、思路一致、设计一致,而在实践层面上却看不到真正基于学校自身问题所进行的本科教育教学建设与改革。[2]同质化的人才培养目标、定位和教育教学改革思路、设计,催生了同质化的教学管理模式,而没有特色且强调统一的同质化教学管理模式进一步导致了同质化的培养效果和改革路径,

---

① 参见陈武元、李广平:《高等教育普及化背景下的我国高校教学管理变革》,《大学教育科学》,2020 年第 6 期。

② 参见别敦荣:《一流本科教育的特征与实践走势》,《山东高等教育》,2017 年第 1 期。

很明显这样的模式不利于本科教育,进而影响一流专业建设的效果。

新时代所强调的"本科教育"不同于过去常谈的"本科教学",它不是教学部门的单一职责,而是涉及学校全面工作的系统过程。①同样,一流专业建设作为本科教育改革的重要内容,也需要教学和管理同向而行、协同发展。一流专业建设需要在招生选拔模式、人才培养方案设置、课程体系、师资队伍建设、就业联动机制等方面进行改革和创新,发挥出学科专业的优势和特色,这不仅要求教学管理要随之做出改变以应对和保障专业建设带来的新事物,而且要求教学管理应当更进一步改革以促进和融入专业建设形成的效果。一流专业建设进程中,应当配备适应专业特色的教学管理模式,在保证大方向正确的前提下将管理权限下放至二级学院,为专业量身打造具有专业特色的教学管理服务,最大程度的保障和促进一流专业建设的效果。

三、构建适应一流本科专业建设的教学管理服务平台

各高校一般都有属于自己的教学管理系统,但系统开发或定制的功能不尽相同,能够提供的教学管理业务也各不相同。优质的教学管理系统应当是一个全员参与、全过程管理、全方位服务的智慧平台,依托现代信息技术和大数据技术,既能保障日常教学管理需求,又能够为学科专业提供个性化自主管理功能,推动一流本科专业建设高速发展。

构建适应一流本科专业建设的教学管理服务平台的原则为:

(一)实现师生自主管理和自助服务

结合教学管理的周期性和规律性特点,梳理日常教学管理事项和流程,在简单的教学日历基础上填充带有详细信息的教学事项,使师生在教学管理服务平台能够清晰直观地了解到各个时间段内已经完成、正在进行和即将开展的教学事宜及具体要求。教学管理服务平台还应当具备管理性和服

---

① 参见贺祖:《新时代本科教育的内涵建设——兼议"不重视本科教育的校长不是合格的校长"》《现代大学教》,2019 年第 3 期。

务性功能，当有新的任务通知发布时，及时将消息推送到相关师生的界面中，师生在点击每个时间点或时间段下的教学事项时，可以链接查看官方通知和下载所需表格，同时可以阅读该事项的常见问题及解答。一方面，学生和教师可以充分了解到学年学期内的教学事项，对教学规律有整体的认识，既有利于及时高效地完成每个阶段的任务，又有利于对自己的学习规划和教学活动提前做好准备。另一方面，学生和教师可以在平台上直接获得最新的通知信息和相关材料，大大减少信息层层传递的时间成本和断层风险，提高管理和沟通效率。这是教学管理服务平台在本科一流专业建设过程中实现的基本功能。

如图1所示，面向全校师生搭建规范化过程化的校级教学管理和质量保障信息平台，实现师生自主管理和自助服务。

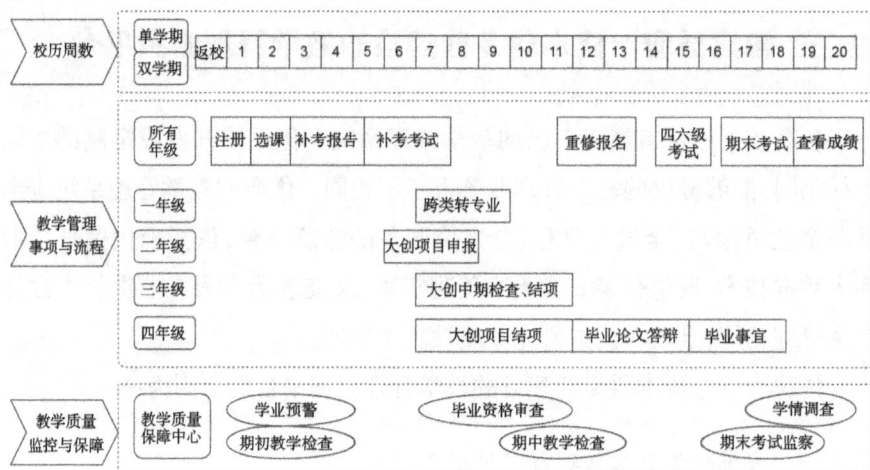

图1　校级教学管理和质量保障信息平台

(二)实现全员参与和信息交互

传统的教学管理系统一般用于自上而下的数据发布，学生和教师只有查看权限，不具备信息交流功能。高校各职能部门承担总体管理工作，各二级学院承担具体培养任务，学生除了和本学院教师有联系外，最多涉及教务处和学生处两个部门，而各部门之间的联系也只是管理层面的交流，不涉及或很少涉及与学生和一线教师的直接沟通。

因此,搭建教学管理服务平台,首先要保证参与人员全面。教学管理服务平台应当包含学生、学校、社会、家庭四个方面的成员,其中学校方面除与学生招生培养密切相关的招生与就业处、教务处、学生处和各二级学院之外,还应当添加图书馆、后勤处、产学研办公室等其他部门,社会方面应既包括本校优秀校友,又包括与学校有合作关系的企事业单位等。

其次,保证承载的信息丰富。多方角色的加入,会带来大量信息的汇集,学校各部门把关,将符合管理规定的涉及人才培养和专业建设等的信息发布到平台上,让每一位平台成员都能及时关注和全面了解,进而有想法参与到教学管理中来。

最后,保证交流的渠道畅通。在全员参与和丰富信息的基础上,各类角色都有和其他角色沟通的方式和渠道,以高校为信息汇集中心,各部门既有自上而下的信息发布,又能接收自下而上的信息反馈,使教师和学生,乃至更多的相关人员都积极主动地参与教学管理中来,为一流专业建设带来新的活力、注入新的力量。这也是"三全育人"理念的具体体现。

如图 2 所示,面向全体成员搭建信息交流的教学管理服务平台,实现全员参与和信息交互。

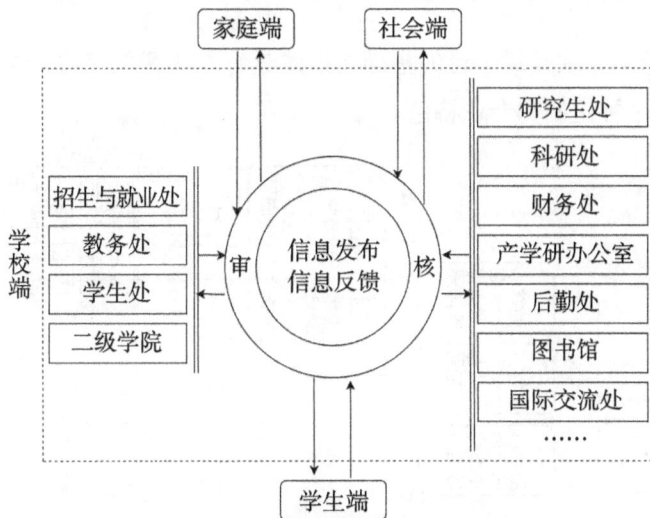

图 2　教学管理服务平台信息交流

（三）实现个性定制和专业特色

一流专业建设是教学改革的过程,落脚点在专业优势和专业特色上,这就要求高校不能对所有专业都"一刀切"式管理,应该从具体专业的微观层面出发,打造出适应各个专业发展的管理模式。在学校统一的教学管理服务平台基础上,向二级学院开放以专业为单位的管理权限,各专业可以定制或添加属于本专业的教学事项或管理功能,使教学管理服务工作体现专业差异,能够满足专业建设的特殊需求,更加贴合专业发展。与传统以学院为最小管理单位的教学管理模式相比,以专业为最小单位进行管理具有两方面的优势:一方面,各专业根据自己的专业特点,在学校审批通过的基础上,有一定的自主权设置和管理具有专业特色的教学活动和管理制度,从课程体系、实践环节、授课方式、考核方式、师资队伍等人才培养的方方面面进行深入研究和创新,充分挖掘专业特色、聚焦专业优势、保障专业建设成果,以管理促发展,借管理出成效。另一方面,与基层教学组织建设和课程建设相配合,教师和学生可以在本专业管理平台上开展教学活动,实现基础数据的过程化自动化采集,为一流专业建设提供第一手详细、丰富、全面的数据支持和信息反馈,有利于质量监控、持续改进、成果推广等,实现专业建设的可持续发展。

如图3所示,在校级平台的基础上搭建具有专业管理权的教学管理服务平台,实现个性定制和专业特色。

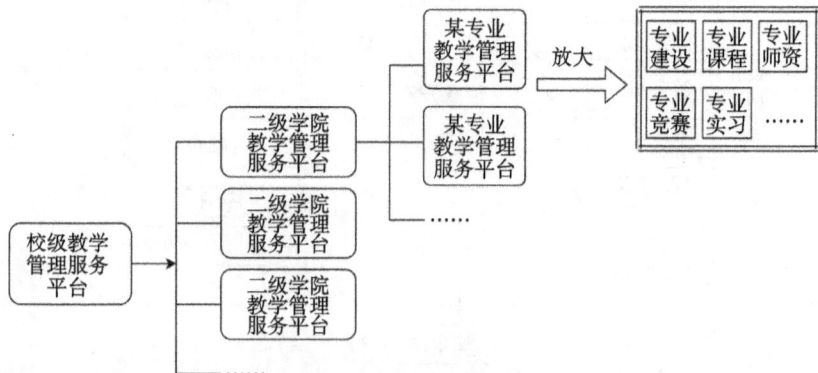

图3　校级教学管理服务平台

　　将承载三个教学管理服务功能的模块放到一个平台上，最终呈现的教学管理服务平台框架如图4所示。

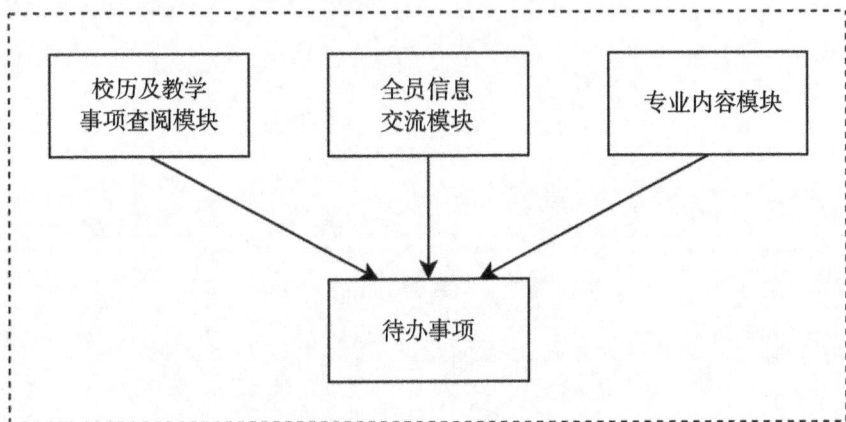

图4　教学管理服务平台框架

　　构建的教学管理服务平台，借助计算机技术和大数据应用，在保障日常教学活动平稳运行的基础上，实现教师和学生自主管理自助服务、教学运行过程化监控和质量保障，实现学生、学校、家庭、社会多角色沟通和信息交互，实现专业的个性化定制和特色管理，充分发挥教学管理服务对人才培养的积极作用，从而对一流专业建设带来巨大的推动作用和保障作用。

作者简介：佟紫娟，女，硕士，天津商业大学公共管理学院教学秘书，助理研究员。

第六部分

思想政治教育研究

浅谈高校大学生思想政治教育工作

石 慧

新时代,党和国家时刻重视高校大学生思想政治教育工作,将其作为一项长期任务摆在教育工作的重要位置。习近平曾多次发表系列重要讲话,为大学生思想政治教育工作指明前进方向和行动思路,引领高校进一步提高战略定位,深化教育内涵。无论是选人用人还是发展党员,明确要求将政治标准放在首位,作为大学生,正是接受高等教育的关键时期,是民族的未来,也是国家的希望。如何根据新形势、新要求,结合大学生实际做好思想政治教育工作,成为当下重要课题。

一、高校大学生思想政治教育工作的意义

(一)加强大学生思想政治教育有助于促进大学生的全面发展

党的十九大报告中明确指出,青年兴则国家兴,青年强则国家强。在高校,大学生的教育发展,要将思想政治教育摆在重要位置,并始终贯穿于大学生教育的全过程,紧跟时代步伐,不断创新变化,结合专业知识的积累、思维模式的搭建、人生规划的思考、价值观念的形成,旨在把握大学生的思想动态和主观思考,提高其对思想政治教育必要性的认识和对内容的掌握,在教学实践过程中不断提升思想道德修养,提高综合素质,共同促进全面发展,实现全方位育人的效果,争做社会主义建设者和接班人。

(二)加强大学生思想政治教育有助于营造和谐的校园氛围

大学生思想政治教育是校园建设的重要组成部分之一，通过系列教育宣传活动，进一步将思想政治教育以更加结合实际、结合生活的方式覆盖校园，根植在日常，倡导以学生为本，从而构建人人共享的良好态势。大学生尤其要关注校园发展情况，以夯实自身思想政治理论为基础，逐步强化实践效果，发挥大学生的主观能动性，积极为校园建设献言献策，共同打造和谐的校园氛围。

(三)加强大学生思想政治教育有助于满足时代的发展需要

大学生在时代发展过程中具有重要作用，是社会进步和发展的重要力量。大学生容易接受新生事物，具备较高的专业素养和清晰的认知能力，能够在正确的思想引导下发挥价值。基于正确的理想信念、爱国主义、意识形态、社会道德伦理等教育，夯实针对大学生的教育基础，将其应用在实际工作岗位中，正确分析对待遇到的难题，均能起到先锋模范带头作用，有效形成智力供给，满足新时代新要求，为实现中国梦贡献人才力量。

二、高校大学生思想政治教育工作问题聚焦

(一)大学生思想政治教育内容有待丰富

新时代，网络技术、通信技术等科技逐渐发达，大学生能够通过多种渠道了解各类信息，容易受到多元思想的冲击，带来片面的价值思考，同时，个人的抗压能力不足、心理焦虑突出、情绪易波动等情况，均制约着大学生学习能力和行为习惯的养成，难以辨别和抵制社会不良诱惑，时而冲动冒险，时而情绪低落，不能准确找到自己的价值和定位，缺乏长远规划目标。而针对大学生思想教育的内容略显单一和静态，没能很好地与时代和实践相结合。

(二)大学生思想政治教育队伍整体素质有待加强

"打铁还需自身硬"。高校大学生思想政治教育队伍必须由具备较高的专业素养和道德水准的工作者来组成,才能起到教育的引领和示范作用。目前,部分思想教育工作者对于专业知识掌握不甚牢固,没有结合新时代大学生的成长特点进行针对性地指导,经验方法不足,缺乏相互配合和有效衔接,整体效果发挥不够。同时评价考核的配套保障措施仍需进一步完善,队伍整体的工作积极性不够高。

(三)大学生思想政治教育途径有待拓展

大学生思想政治教育途径主要以理论教授为主,缺乏与之相匹配、相融合的其他途径,无法引起大学生的兴趣和关注,共鸣点少,其参与意识不强,主动意识不足,融入教育实践活动的效果不佳,逐渐与教育目标相背。这无形中给思想政治教育工作带来了不小的阻力,教育力量略显不足,难以取得工作的突破性进展,从而影响教育效果。

三、高校大学生思想政治教育工作提升建议

(一)丰富教育内容,指导开展实践

在校党委的统一领导下,结合教育目标,教育内容既要涵盖社会规范,还要以满足教育需求、解决教育问题为根本目的[①]。主要包括中国共产党的发展历史、优秀传统文化,以坚定大学生的理想信念为核心,培养爱国主义情怀,倡导社会主义核心体系、正确的世界观、人生观和价值观,接受心理健康教育等,用丰富的教育内容武装大学生的思维头脑,打牢理论基础,全面推进教育实效。通过主题党日、主题团日及志愿服务等活动方式,深化并升华思想政治教育的学习内容和思想精髓,用理论学习成果指导具体行动,进

---

① 参见李款等:《基于"时、度、效"开展大学生思想政治教育工作的思考》,《思想教育研究》,2019年第4期。

一步锤炼大学生的品格,增长知识才干,提高综合思考能力,适当缓解学习生活压力,积极主动适应新社会、新时代、新常态。

(二)加强队伍建设,注重教育实效

高校思想政治工作者是思想教育的基础,合理的教育队伍结构对大学生成长成才至关重要。高校党政干部、思想政治理论课教师、班主任、辅导员、组织员和心理健康教师等作为专职教育主体,要确保源源不断、教育衔接。

一是在选人用人方面,要具备过硬的思想素质,政治站位高,政治定力强,理想信念坚定,坚持学习马克思主义基本原理,夯实业务水平,不断学习新知识、新技能,将立德树人作为根本任务,足以成为学生健康发展的引路人。

二是在培训学习方面,鼓励工作人员参加专题教育培训,结合大学生的现实表现,全方位、分层次、多手段开展学习,分享交流教育经验和心得,扩大优势、补足短板,富有实效。

三是在评价考核方面,针对各类思想政治工作者制定切实可行的评价标准,实行定性和定量相结合的考评方式,适当提高补贴,对于表现突出者给予工作表彰,支持工作人员自我提升,申报职称,调动队伍整体的工作积极性。

(三)拓展教育途径,适应时代需求

第一,做好大学生思想政治工作,利用思政课堂主阵地,其中的概念、方法、观点等都是基于对实践的总结、归纳和提升[①]。大力推广课程思政,授课教师主动学习思想政治理论知识,深入研究该领域的理论精髓,结合专业课程探索创新教学方式,贴近实际,走进学生,潜移默化引导学生明辨是非,提高教育的吸引力和感染力。

第二,班级是高校对大学生进行统一教育、管理的重要依托,同样承担着思想政治教育功能。在课程学习、行为规范、安全教育、职业规划等方面强

---

① 参见张艳丽等:《新时代增强大学生思想政治理论课获得感的思考》《中国高等教育》,2019年第6期。

化思想引领,号召学生积极参与到学风、考风及班风建设当中,做新时代先进思想的传播者和践行者①。从中选树优秀榜样,发挥示范作用,激励学生自我教育、自我学习、自我提升,形成人人求进步、人人做先锋的良好班级氛围。第三,在新媒体环境时代,加强网络文化建设,通过微博、微信、论坛等信息载体,定期推送学习素材,提供意见发表渠道,引导大学生广泛思考,形成线下与线上相衔接、传授与交流相结合的互动式教育模式。需要特别注意严格把关审查网络学习内容,注重意识形态,筑牢思想防线,净化新媒体环境。

作者简介:石慧,女,硕士,天津商业大学公共管理学院组织员。

---

① 参见曹斯:《基于班级视域的大学生思想政治教育研究》《思想理论教育导刊》,2019 年第 6 期。

以学生党建为核心进行思想政治教育与学生管理工作有机结合的探索

次云波

习近平指出："思想政治工作从根本上说是做人的工作，必须围绕学生、关照学生、服务学生"，明确指出大学生的思想政治教育工作是关键。本文围绕目前大学生思想政治教育的重要意义，梳理党员先锋工程自上而下、层层发展体系建设，探究以学生党建为核心与学生管理工作的有机融合。

一、思想政治教育工作的重要意义

加强高校学生思想政治教育是人才培养的重要环节。在新的历史条件下，高校在提高学生科学文化素质的同时，引导学生树立正确的世界观、人生观和价值观。高校最基本的职能就是培养社会主义事业所需要的高素质人才，而开展思想政治教育工作与培养高素质人才息息相关。主要的思想政治教育渠道有第一课堂和学生活动第二课堂，两个渠道相辅相成的，各具特点和作用。学校必须要将知识的传授和思想政治教育紧密的联合起来，坚定学生们的信心，塑造学生们积极乐观的心态。通过第二课堂能够有效地实现学生自我鼓励和自我教育的作用，从根本上提高学生们的积极性和主动性，提高学生的组织能力、协调能力和团队意识等综合能力。在西方思想和我国社会转型期各种思潮冲击下，做好高校思想政治教育，确保学生在德、智、体、美各方面健康成长，具有极为深远的意义。

二、思想政治教育与学生管理工作相融合的方式

（一）发挥党员先锋作用，强化党员队伍建设 提升学生政治素养

通过党员模范机制的带动形式，规范积极分子思想行为加强积极分子群体的教育和培养，促进学院党建工作发展。借助举办"抗击新冠疫情，发挥先锋模范作用""厉行勤俭节俭，反对餐饮浪费""四史主题教育""观看四史教育影片""铭记'政治生日'，感悟初心使命""学习党史读书分享会""'奋斗百年路，起航新征程'主题征文活动""'缅怀先烈爱国魂，幸福不忘英雄史'杨连第纪念馆参观活动""'辉煌百年，见证有我'书法、绘画、摄影、视频等征集展览活动""'读懂中国'系列视频作品征集活动""以'乐'为名，唱响青春主题合唱比赛"等活动，使党员、积极分子深入学生工作，培养党员思想政治意识。"党员先锋工程"充分发挥党员和积极分子在思想政治教育方面的先锋模范带头作用，加强对该群体的教育和培养，进一步提高其组织纪律性、先进性和创造性；提高积极分子的党性修养和服务意识，增强党组织的凝聚力、战斗力，提高人才培养质量，在高校学生群体中起到先锋模范带头作用，强化了党员队伍建设。

（二）发挥党员示范效应，引领优良学风建设，改善学生挂科情况

党员和积极分子对责任班级内的挂科人员和学困生进行谈话，并给予其学习建议。被谈话人员由最初的学习目标不明确，学习方法不奏效，学习自信心不足及学习计划不明晰的状况，进步到能够在学习过程中树立明确的学习目标，转变效率低下的学习方法，做好自身的学习规划的良好状况。"先锋工程"项目的实施，更好地发挥了学生党员的先进性效应，本科生及研究生上课出勤率显著提升，课堂纪律明显进步，学生的自主学习意识不断加强，学院内已形成更快、更强、求知、求学的浓郁学习氛围。

（三）就业帮扶党员先行，落脚学院就业问题，完善择业调查机制

党员认真负责的跟踪所分配毕业生的就业状态。经过责任党员与该毕

业生的在校辅导员以及就业办的负责人对其进行定期回访和心理疏导,拓宽供其咨询的渠道。目前大部分毕业生都能够适应从学生到社会人的身份的转变,遇到问题时会积极面对解决,逐渐重拾对生活的信心,工作积极性逐渐回升。"党员先锋工程"实施以来,学院就业率得到显著提升,完善毕业生就业择业跟踪调查机制,鼓励更多毕业生积极实习,同时辅助解企业用人需求,推动就业工作提质增效。强化毕业生职前"择业观"教育,通过电话访问、问卷调查、实地走访等方式,摸清底数,建立跟踪帮扶机制,及时有效解决其相关就业需求和生活问题。

(四)疫情防控党员往前站,提升安全防护意识,完善学生宿舍管理

先锋小组按时按点地对所负责的宿舍进行走访。根据各个小组汇总的信息,学生党员和积极分子所负责的责任宿舍卫生良好,物品摆放整齐,屋内整洁无异味,无违禁物品和用电等情况。学生党员和积极分子充当志愿者,于宿舍楼下帮助宿舍管理员开展疏导学生以及辅助测温等工作。学生党员在疫情防控值班期间都能够在规定时间到达值班地点,从未出现过迟到、早退现象。学生党员积极履行值班的义务,对其所属责任区进行详细严格的登记信息,为其责任区间的同学在出入宿舍楼时测量体温,并做好体温登记,检测其体温是否在正常范围内,并提醒同学们佩戴口罩,做好自身防护。

三、思想政治教育与学生管理工作相融合深入发展路径

(一)构建党员交流平台,拓宽互助学习渠道

随着智能手机的普及和利用,微信已经成为生活中常用的通讯平台,成为信息来源的主要渠道,高校党建工作也需要与时俱进。"党员先锋工程"开通了"党员先锋工程"微平台,平台上载入了"先锋动态""党章党规""系列讲话"等相关内容,让党员利用碎片化的时间随时随地学习理论知识。通过发送文字、图片、视频、语言的形式上传学习心得,并和其他党员一起讨论。"党员先锋工程"微信平台的融入,将会成为党组织开展教育活动、党员干部进行自主学习、沟通的重要渠道,使党员可以及时了解和掌握党建工程最新动

态,为党员们相互交流、教育学习开辟了新的阵地。

(二)坚持活动目标导向,创新党建活动方式

党建活动是党建教育的载体, 也是党员与组织保持联系的一种形式。"党员先锋小组"活动目前形式比较单一,为了进一步丰富活动内容,将采取如下形式:一是开展多种多样的"党员先锋工程"学习培训,采取参观访问、考察、讲座、报告、竞赛等形式,走出去,请进来,扩大项目活动的时间和空间。二是利用现代化的手段开展"党员先锋工程"网上论坛、网上考试答题等,提升先锋小组成员的理论水平和素质。三是开展丰富多彩的"党员先锋工程"党日活动。利用重大纪念日、红色文化资源、开展理想信念教育、爱国主义教育、核心价值观教育等。

(三)实施建设目标管理,建立有效评估机制

为将"党员先锋工程"项目工作落到实处,促进党建工作规范管理,从建设角度出发实行目标管理,定期检查,建立评估制度非常必要。

一是定期开展先锋小组工作评估检查,以评促建。建立年度或学期检查评估机制,让党组织更加科学规范地开展党建工作,学生党员和积极分子都要高度重视党建工作,要制定明确的工作目标,落实工作任务和职责,将任务分解细化,同时还要建立健全各项规章制度,迎接学院检查。

二是制定切实可行的评估体系和操作方法,以评促改。"党员先锋工程"项目工作起到的是引领和带动作用,实际工作涉及人员多,工作面广,因此评估的标准要具体,有可操作性。评估结果要客观公正,查找问题,促进先锋工程工作的整改提升。

三是评估检查的方法要科学全面,服务学生。评估检查工作要坚持科学有效的方法,切合实际,不搞形式主义。要做到"三个坚持",即坚持自我评估与上级评估相结合,坚持党员评估和群众评估相结合,坚持查阅材料汇报、座谈、问卷调查相结合。通过评估达到项目自我总结、自我促进、自我提高的目的。

（四）打造学院党建项目，打响学院特色品牌

一是增强特色品牌意识，制定有效对策。品牌意识是品牌形成的思想前提。在接下来的计划中，将积极尝试党建工作的新模式。当前学院党建工作重点是将品牌建设融入党建工作中，借鉴品牌的管理理念和经营手段创新党建工作。党建品牌工作的实践是以习近平新时代中国特色社会主义思想为统领，多渠道、多层次、多形式、多手段创建党建基地，不断提高党员主体意识，再通过党员向群众宣传和服务，助力基层党建工作全面发展，牢记基层党组织战斗堡垒的目的和使命，简单概括，贴近高校党组织生活，定位于服务。

二是进一步培育"党员先锋工程"特色品牌活动，增强影响力。进一步加强理想信念教育，将党员先锋与日常生活相结合，进一步帮助同学们端正入党动机，积极向党组织靠拢。通过党员的先锋作用，将党员先锋工程项目有效落地，形成良好社会效应，提升"党员先锋工程"项目活动影响力。

三是利用新媒体进行推广宣传，构筑信息发布平台。"党员先锋工程"将进一步顺应新媒体发展趋势，有效整合资源，在高校新媒体平台建立主阵营，与外界微信、QQ 等主流媒体形成辐射。充分利用微信群、QQ 群、微信公众号等媒体的宣传优势，有效传播党组织的最新动态和活动情况。此外，还将通过演讲比赛、知识竞赛等形式向全体师生传播党建品牌，或是在公告栏、校内公共场所等地粘贴党的最新动态，充分利用资源，构建信息发布平台，营造浓厚的"党员先锋工程"品牌氛围。

作者简介：次云波，女，硕士，天津商业大学公共管理学院副书记，政工师。

以史铭德，以德促教，
实现教育与德育融合发展

槐　琳

在教育环境中，教师是知识的直接输出方，学生作为知识信息的接收方，这个过程看似简单，但从教育目的角度看，教师除了传授专业知识，还应包括做人的道理。反之，受到良好教育具有高尚道德情操的学生将有意识地使用符合普世价值观的正确行为处理教育问题，影响教师使用道德行为回应。无论是教师还是学生，对道德素养的追求目标都应该是一致的，通过掌握和运用道德影响他人，进而提升社会整体道德素质。要想全面了解道德建设在教育中发挥的重要作用，实现教育与德育的融合发展，就必须要从历史发展角度出发，了解其建设发展和角色塑造过程。

回顾历史是为了在历史规律中总结经验，从经验中获得发展的强大动力。新中国成立后，勤劳的中国人在共产党带领下，从建国初期一穷二白的局面，发展到如今全面建成小康社会，无数普普通通的中国人书写着我国勤劳、奋斗的开拓史。共产党人学习历史，是为了总结历史经验，更是为了展望未来，我们要借鉴历史、了解历史，掌握历史发展规律，顺应历史发展趋势，为了为更好地进行伟大斗争、建设伟大工程、推进伟大事业、实现伟大梦想。

一、从历史中汲取智慧和力量，深刻把握学习"四史"的必要性

忘记历史就等于背叛，历史不仅记录了一个民族、一个国家的文化、经济等领域的发展情况，更是子孙后代汲取智慧和力量的源泉。我们学习党史，

就是学习中国共产党的发展史，是带领千千万万中国人翻身做主人的奋斗史。我们不能忘记中华民族曾经经历过的屈辱历史，更不能忘记中国共产党为人民谋幸福、为中华民族谋复兴的历史使命。我们学习新中国史，是为了更好地探求、实践和认识新中国诞生以来，中国人凭借勤劳和智慧创造富强国家的历史必然，这是对四个自信的最好诠释，很好地回答了"中国特色社会主义为什么好"的问题。学习改革开放史，是社会主义强大发展动力、马克思主义伟大思想、中国前进与发展历史必然的三者有机统一。

中国已经全面建成小康社会，并实现第一个百年奋斗目标。回顾历史，改革开放从很大程度上创造了国家发展所需的强大动力，推动国家各个领域同世界联通，促进了教育、人文、经济等领域的合作与交流，扩大了同世界各国间的理解，树立了中国共产党在中国改革开放史中的主导作用。学习社会主义发展史，是对"只有共产党才能救中国，只有共产党才能发展中国"的最好诠释。在社会主义发展的过程中，涌现出一批革命先辈、进步青年、时代楷模，他们的奋斗和创业精神激励着无数人在平凡岗位做出不平凡的事业，以民族复兴为己任。

二、汲取新时代教育思想力量，对标职业道德建设新高度

强化为党育人思想，从党史学习教育看师德发展观。2021 年 2 月 20 日，习近平在党史学习教育动员大会上的讲话中强调："全党同志要做到学史明理、学史增信、学史崇德、学史力行，学党史、悟思想、办实事、开新局，以昂扬姿态奋力开启全面建设社会主义现代化国家新征程，以优异成绩迎接建党一百周年！"[1]习近平的讲话指明了开展党史学习教育的目的和意义，广大教师通过持续学习党史，可以将党的奋斗历程和伟大成作为自身激励发展教育事业的决心、厚植教育使命的初心，强化使命担当，用崇高师德展现新时代人民教师本色。

教育是崇高的人类事业，具有公共属性，关系国家未来发展。教师是教

---

① 习近平总书记在党史学习教育动员大会上的讲话，2021 年 2 月 20 日。

育体系中重要组成部分,被称为教育工作者,但其在政治环境中又被赋予更深层次含义——国家公职人员。国家公职人员服务国家战略发展,教师具有为国家发展培养相适应的人才的义务和责任。从该角度看,教师需要具备符合国家发展利益的道德素养,良好的政治素质是道德之基础。我国社会主义制度下的师德发展是一种党史价值观的传承,师德反映出的政治要求体现出社会主义道德观发展的新特点,坚持社会主义办学方向,坚持科学发展观,践行社会主义核心价值观。

教师应强调道德底线,将社会主义核心价值观作为内生信仰,自觉抵制迂腐思想和本位主义。习近平总书记在全国教育大会的讲话明确了新时代党的教育方针的政治要求,为实现立德树人根本任务落实指明方向,教育要坚持社会主义办学方向,将社会主义核心价值观融入课堂教学。推进社会主义教育向前发展,需要在增强"四个意识"、坚定"四个自信"、做到"两个维护"的同时,强化道德底线,让正确意识形态成为教育的安全防线,开创我国教育新局面。

三、将学习"四史"与教书育人相结合,推动"大思政建设", 聚焦培养合格社会主义接班人

高校在培养学生、做好立德树人根本任务的过程中,要始终聚焦"培养什么人、如何培养人、为谁培养人"的根本问题,思考如何将思想政治工作有效落实到日常教育教学中。将"四史"学习和教育的成果深度融入思政教育中,有助于培养和帮助学生树立正确三观。要将学习"四史"与大学生职业生涯规划相结合[1],激发学生的务实精神,从根本上提升他们的历史和民族责任感,对自己负责、对社会负责、对民族和国家负责。通过让学生搞懂社会发展同人生事业关系的命题,可以使学生更好地意识到干事创业同祖国命运的联系,进而坚定社会主义理想信念。此外,还要将学习"四史"与思政课教育相结合,通过多种形式的学习教育,帮助学生树立高度的政治责任感和历

---

[1]　参见刘子林:《从"四史"中汲取智慧和力量　加强新时代高职院校党的建设》,《柳州职业技术学院学报》,2020 年第 8 期。

史使命感，提升大学生对中国特社会主义制度和中国特社会主义道路的认同，发挥青年一代建设国家的作用。新形势下，教育需要更加弹性地适应社会和教育环境，在不断变革中寻求高质量发展。教师作为一股中坚力量，始终强化党建引领，完成各项重点工作任务，实现道德建设和教育教学双赢，推动教育改革发展再上新台阶，将高校干事创业的奋斗史与"四史"同步，用实践和成绩巩固"四史"学习成果。

学习"四史"，就是要树立正确的历史观，理性、全面地看待历史问题，只有如此，才可更好地展望未来。我们要以历史为鉴，不忘初心，砥砺前行，以强烈的历史担当，做好教书育人工作，推动教育事业向前发展，与党史、新中国史、改革开放史、社会主义发展史同步、统一，切实创造出经得起历史考验的伟大成绩。

四、结语

2021 年是中国共产党成立 100 周年重要历史时刻，也是我国全面建成小康社会的开局之年，在经济取得巨大成就的同时，也应看到道德和教育对社会发展的巨大推动作用。道德是一个社会进步的具体表现，是一个国家教育水平的充分反映，师德作为教育根基，其发展过程可被视为党史学习价值观的一种传承形式，所反映的政治要求体现出社会主义道德观发展的新特点，坚持社会主义办学方向，坚持科学发展观，践行社会主义核心价值观。教育与德育的良性互动将对社会产生深刻影响，互动过程本质是知识与道德融合发展的过程，也是成为社会道德人的必经之路。

作者简介：槐琳，男，硕士，天津商业大学公共管理人事秘书，助理研究员。

应用型高校辅导员队伍建设问题研究

郑栋元

当前,我国高等教育体系已形成较大规模,为国家经济发展做出了巨大贡献,随着国内外经济形势的变化,国家经济发展对应用型人才的需求日渐加大,地方高校向应用型高校转型将成为未来国家高等教育发展的战略之一,培养应用型、复合型和创新型人才也将成为未来人才培养的主要方向。地方高校在向应用型高校转型的过程中, 由大学生产生的育人问题将随着转型呈现多样性变化,必将出现诸多问题。辅导员作为高校中对大学生开展思想政治教育的中坚力量, 面对应用型高校发展过程中学生独特的思想特点、心理状况和衍生问题时,需要在思想、能力和心理上做好充分准备,从而迎接新问题和新挑战。因此,应用型高校建设一支数量充足、结构合理、能力精湛的辅导员队伍,对培养新时代国家建设需要的应用型人才具有重要意义。

一、应用型高校辅导员队伍建设现状分析

以天津市地方应用型高校为例, 专职辅导员在数量上已基本达到师生比不低于 1:200 的比例,加上新进教师第一年兼任辅导员工作,目前专兼职辅导员已基本配齐。各高校专职辅导员的引进在天津市人社局和市教育两委的指导下开展,由学校人事部门牵头,学工部门和组织部门共同参与,以公开招聘的形式引进,相对公平公正。各高校均针对辅导员制定了相关管理办法和激励措施,例如在职称评审时单列计划、单设条件,并允许辅导员在教师系列和政工系列中“双线”晋升等。市教育两委和高校负责对本校辅导员每年开展不少于 96 学时的系统培训,推动辅导员队伍专业化建设。各高

校根据学校实际,制定了辅导员岗位奖励绩效发放办法,积极为辅导员的工作和生活创造便利条件。

二、应用型高校辅导员队伍建设存在问题

(一)角色定位和工作职责不明确

国家出台的相关文件中已明确了辅导员的角色定位,规范了辅导员的工作职责。作为高校中对大学生开展思想政治教育的中坚力量,除学生日常管理外,辅导员要更加注重对大学生的思想理论教育和价值引领。但实际工作中,辅导员承担最多的是学生常规事务性管理工作,角色上更像班主任,大量琐碎的常规事务性工作占据了辅导员的主要工作时间,再加上受到院级和校级的双重管理,往往还要承担一部分党政工作,真正面向学生开展思想政治教育和各类指导的时间很少,导致多数辅导员对自身角色定位认识不清,逐渐由"引路人"变成了"大管家",失去了辅导员工作职责中最核心的职能。对于应用型高校的辅导员,目前仍缺乏对培养应用型人才过程中应担负责任的深入思考,对更注重实践教学和技能培养的教学模式下辅导员应扮演怎样的角色认识不清,进而导致辅导员队伍整体工作热情不高涨、努力方向不明确、作用发挥不明显。

(二)师资队伍和梯队建设不稳定

目前,辅导员队伍数量上虽然基本满足生师比 1:200 的配备,但是在队伍稳定性上仍然存在突出的问题。一是队伍结构不合理,在调研过的天津市地方应用型高校中发现,无论学生中男女比例如何,辅导员中的男女比例均严重失衡,女性辅导员仍然占据多数,比例的失衡带来了工作量的不均,加之近几年辅导员扩招后,基本都是硕士研究生刚毕业便进入工作岗位,随后的家庭和生活压力导致部分女性辅导员不得不将重心转向家庭,虽然人员数量充足,但常出现人手缺位的现象。二是人员流动过快,辅导员的工作岗位充满了挑战和锻炼,相较于一入职便在机关职能部门的人员,其工作能力具有适应性广、综合性好、抗压性强的特点,往往是高校机关职能部门抽调

工作人员的首选,成为高校内流动速度最快的人群,有的辅导员甚至入职工作不满三年便以各种形式抽调至其他部门，导致梯队建设时常出现青黄不接甚至断档的问题,严重影响了队伍建设和发展。

(三)激励措施和培养体系不完善

针对当前开展大学生思想政治工作的重要性和紧迫性，国家通过一系列政策措施为辅导员打造平台、创造机会、提高待遇,各高校虽然及时制定了本校的辅导员激励政策,但多数是按照上级文件要求制定,即使在职称晋升、津贴补贴、评奖评优等方面给予了一定的倾斜,但仍旧存在职称晋升条件不注重实绩仍以论文课题论英雄,考核细则不明确津贴补贴人人有份,评奖评优轮流来后续用不上等隐性问题,加之在办公环境、住房条件、培训交流等软条件方面对辅导员的支持不足,真正的激励效果有限。辅导员作为高校中需要具备宽口径知识储备的角色,其培养体系应当科学规范,但目前各高校对辅导员的培养体系均不完善,仅将每年的培训学时数作为硬性要求,对培训内容、培训形式和培训教材等均无明确要求,更没有成体系的培训计划与课程,对辅导员的培训仍处在由学工部牵头开展专业知识培训,穿插参加其他部门党务知识培训等传统模式上，对于新形势下培养应用型人才应具备的知识储备、实践能力和个人素养没有相应的培训计划,逐步降低了辅导员与时俱进意识和能力。

三、应用型高校辅导员队伍建设对策研究

(一)明晰角色定位,规范工作范畴

在国家出台规范辅导员工作的有关文件后，高校应当结合自身办学特点和人才培养目标,打造一支充分适应学校发展的辅导员队伍,在队伍内部要做到各司其职、协同创新,形成"横向互助、纵向传承"的队伍协作模式。横向方面,要合理调整专职辅导员、新进教师兼职辅导员、班主任和辅导员学生助理四支队伍的人员配备,科学划定四支队伍的工作范畴,确保每部分群体都能各司其职、互帮互助,彻底将专职辅导员从事务性工作中解放出来,

从而有更多精力从事应用型人才的思想政治教育和培育引导工作。纵向方面,构建以中青年骨干为主,青年和中年为辅;以中级职称为主,初级和高级职称为辅;以思政专业为主,其他相关专业为辅的多层次、多元化队伍结构,在应用型高校辅导员队伍建设中形成"横向各司其职互帮互助、纵向以老带新发扬传承"的格局,明确辅导员角色定位和工作职责,从而激发队伍整体工作热情。

(二)强化政策导向,完善管理机制

应用型高校辅导员队伍建设,要不断强化政策导向,完善管理机制,要建立一套相对完善的辅导员准入、培养、流动、晋升和退出机制。要严格准入制度,严把招聘首关,将政治素质作为招聘的首要条件,要根据高校自身的办学特点和人才培养目标,有针对性的细化招聘条件,除以往常规的中共党员、思政相关专业、学生干部经历等条件外,要增设相关专业领域实习或工作经验等要求,确保能够选拔出适合应用型高校的辅导员。要明确岗前培训制度,确保在走向岗位前具备辅导员应具备的专业知识和能力素养。要完善流动制度,针对不同年龄、职称、专业和学历层次的辅导员,制定相应的流动条件,既要保证新入职辅导员能踏实工作,又要确保骨干辅导员有机会多岗位交叉锻炼,还要帮助老辅导员能在更大的平台发挥优势,让队伍内部人员充分流动锻炼起来。要健全晋升制度,在辅导员职称晋升、职务晋升、待遇提升等方面,敢于破除传统思路,进一步加大政策倾斜,丰富激励措施,确保辅导员队伍的快速发展。要制定退出制度,在辅导员离开岗位后,要做好衔接和传承,确保后续工作有序开展。通过完善管理机制,进一步稳定辅导员队伍规模结构和梯队建设的稳定性。

(三)丰富专业内涵,提升能力素养

应用型高校要结合自身师资队伍建设目标,不断丰富辅导员的专业内涵,建立完善的培养体系,丰富辅导员的能力素养。一是要建立理论学习体系,以习近平新时代中国特色社会思想为指导,引导辅导员坚定理想信念,加强师德师风,践行立德树人使命。二是要建立职业能力培训体系,要有计

划、有步骤的选送辅导员参加职业化培训,要形成"岗前培训+日常培训+提升培训"三级培训模式,围绕应用型人才培养的特点,科学合理的为辅导员量身定制培训内容,加强学历教育,不断提升职业能力水平。三是要建立科研培训体系,要推动辅导员积极开展科学研究,加强科研培训和资金支持,鼓励并支持辅导员结合自身实践工作和理论研究,形成具有决策咨询价值和推广示范意义的研究成果,不断将应用型高校学生工作经历转化为可供借鉴的经验成果。

应用型高校要坚持把立德树人作为中心环节,把培养应用型人才作为基本任务,把建设一支数量充足、结构合理、能力精湛的辅导员队伍作为有力抓手,整体规划、统筹安排,保证辅导员工作有条件、干事有平台、待遇有保障、发展有空间,从而不断提高辅导员队伍的专业水平和职业能力,打造出一支助力学校事业发展和人才培养的高质量辅导员队伍。

作者简介:郑栋元,男,硕士,天津商业大学党委组织部综合科科长 助理研究员。